날마다 새로운
새벽만나

시편 I

새벽만나 시편 I

발행일 | 2013년 10월 7일

저자 | 이세용
발행인 | 김웅재
디자인 | 조현자
발행처 | 만나북스
출판등록 | 제 2012-000025호
주소 | 경기도 안산시 단원구 초지2로 11, 1710동 804호
문의 | 대표전화 010-9083-6984 FAX | 031-483-7727
ISBN | 978-89-98643-07-2 03230

Copyright @ 2013 이세용

- 이 책은 저작권법에 따라 보호받는 저작물이므로 무단전재와 복제를 금하며 이 책의 내용의 전부 또는 일부를 이용하려면 반드시 저작권자와 만나북스의 서면동의와 허락을 받아야합니다.

- 잘못된 책은 구입하신 곳에서 교환하여 드립니다.
- 책 가격은 표지 뒷면에 있습니다.

새벽 만나

새벽 만나같이 새벽 강단에 내려주신 은혜의 말씀

시편 I

· 이세용 저

Dawn Manna From Heaven

만나북스

차례

시편 1

머리말 • 8

내가 시편을 향(向)하여 눈을 들리니… • 10
복(福) 받는 사람이 됩시다! • 13
주를 의지하는 자는 복을 받습니다 • 17
구원(救援)은 여호와께 있습니다! • 20
주께서 내 마음에 두신 기쁨으로! • 25
아침에 드리는 나의 기도를 들으시고… • 29
뻔뻔스러운 일이라도 기도는 해야지! • 33
어떠한 형태로든지 항상 드려야! • 37
주의 이름이 어찌 그리 아름다운지요? • 41
역사의식이 투철해야 제대로 알지! • 45
하나님은 보시고, 아시고, 행하십니다! • 49
하나님의 터 위에서! • 53
신행일치(信行一致)의 삶으로! • 57
기승전결(起承轉結)의 방법으로! • 60
의인의 세대와 그 은혜… • 64
명령(命令)과 금령(禁令) 중에서… • 67
생명의 길로 내게 보이시니… • 71
주(主)의 날개 그늘 아래로… • 74
내 의(義)를 따라 상(賞)주시리니… • 77
내 손의 깨끗한 대로 갚으시리니… • 81
나의 구속자이신 여호와여! • 86

우리 하나님의 이름으로! • 89
노래하고 찬송(讚頌)하겠나이다! • 94
새벽을 깨워 기도해야겠지요? • 98
그에게 영광을 돌릴지어다! • 102
하나님의 끈을 붙들고… • 106
영원한 문들아 들릴지어다! • 111
긍휼과 인자, 그리고 선과 정직으로! • 114
송죽(松竹)의 절개(節槪)처럼! • 118
강(强)하고 담대(膽大)한 믿음으로! • 122
하나님의 손길을 느끼는 차원으로! • 126
하나님의 소리에 민감(敏感)하게! • 130
나를 고치셨나이다! • 134
강(强)하고 담대(膽大)하라! • 138
회개와 치유의 앙상블(ensemble) • 142
새 노래로 주를 찬양하라! • 146
맛보아 알지어다! • 150
내 기도가 내 품안에 돌아오다니! • 154
악인과 의인의 삶을 비교해 보세요! • 158
믿음의 눈으로 살펴보세요! • 162

섭리 속에 구원이 있습니다! • 166
입을 열 때와 닫을 때! • 171
허사(虛事)와 진실(眞實)의 전도서 • 175
주의 뜻 행하기를 즐기오니… • 179
참 멋진 신앙의 고백입니다! • 183
시냇물 찾는 목마른 사슴처럼! • 187
주의 빛과 주의 진리(眞理)로… • 191
주의 오른 손과 팔과 얼굴의 빛으로! • 195
네 아비 집을 잊어버릴지어다! • 199
하나님은 우리의 피난처가 되시니… • 203
찬양하라! 하나님을 찬양하라! • 206
저 북방에 있는 시온 산이! • 211
듣고, 귀 기울이고, 묵상하라! • 215
네가 나를 영화롭게 하리라? • 219
내 안에 정직한 영을 새롭게 하소서! • 223
선(善)하신 주의 이름 앞에서! • 227
의인의 영광을 얻는 세대로! • 231
하나님은 나의 돕는 자시라! • 235
네 짐을 여호와께 맡겨버리라! • 239

사랑이 두려움을 내어 쫓나니… • 243
내가 새벽을 깨우리로다? • 247
귀머거리 독사와 소멸하는 달팽이! • 251
내가 주께 찬송(讚頌)하오리니… • 255
주를 경외하는 자에게 기(旗)를 주시고! • 259
땅 끝에서부터 부르짖는 기도로! • 263
하나님은 우리의 피난처시로다. 셀라! • 267
침상에서도 주를 기억하기 원합니다! • 271
하나님이 저희를 쏘시리니… • 274
다 즐거이 외치고 노래하자! • 278
섭리와 기적과 시험의 역사를! • 281
열방은 기쁘고 즐겁게 노래할지니… • 235
날마다 우리 짐을 지시는 주(主) • 289
모순지사(矛盾之事)? 당연지사(當然之事)! • 293
건지소서! 도우소서! 임하소서! • 298
내가 늙어 백수가 될 때에도… • 302
먼저 그 나라와 의(義)를 구하라! • 306

맺음 말 • 310

Manna 1

시편 I

Dawn Manna From Heaven

머리말

성경66권의 각 권들은 모두가 다 나름대로의 독자성(獨自性)을 띠고 있으며 예수 그리스도의 모형(模型)으로서 전체(全體) 성경을 위해 공헌(貢獻)하는 공통점을 가지고 있음이 그 특징입니다.

그러니까 한권 한권을 모아 66권을 이루는 것을 넘어 그 이상의 역할(役割)들을 하고 있다는 것입니다. 이러한 맥락(脈絡)에서 볼 때, 이제부터 우리가 살필 시편(詩篇)의 말씀도 성경 66권 중에 있는 한 권의 역할로 끝나는 것이 아니라 그 속에 나타난 하나님의 생생한 구속사(救贖史)의 역사적(役事的)인 개념으로 살펴보면 전체 성경의 핵심적인 역할을 하고 있음이 명백하게 드러나고 있습니다.

특히 시편은 하나님 말씀인 성경의 한복판에 자리하고 있는데, 이는 위치(位置)로서의 정중앙(正中央)을 차지하고 있다는 뜻도 있지만, 역할(役割)로서는 우리 모든 성도들의 신앙의 정수(精髓)를 담고 모든 신앙생활의 중심이 된 책이라는 의미가 더 강하다는 말입니다.

그래서 그런지 우리 주님께서도 가장 많이 사랑하시고 또 가장 자주 인용(引用)하여 쓰신 말씀이 곧 이 시편(詩篇)입니다.

이 시편 안에 예언(豫言)의 말씀이 들리고, 하나님을 찬양(讚揚)하는 노래가 울려 퍼지고, 낭랑(朗朗)하게 외우고 가르치는 성경 교육(敎育)의 교실(敎室)이 환히 나타나 보이고 있지 않습니까?

마치 맛있는 저녁을 준비해놓으시고 아이들을 부르시는 어머니의 애정(愛情)어린 음성(音聲)같이 인생의 축복(祝福)의 자리를 마련해 놓으시고 우리를 부르시는 하나님의 인자(仁慈)하신 음성이 은은히 들리는 곳이 바로 시편(詩篇)속의 삶의 현장(現場)입니다.

다른 성경도 마찬가지겠지만 특히 이 시편은 옛날 옛적 히브리인들의 노래와 찬양으로만 볼 것이 아니라 바로 오늘, 현대(現代)를 살아가는 우리들의 삶의 생생한 현장이라는 사실이 한절, 한절 볼 때마다 그 속에서 새록새록 솟아나고 있음을 느끼고 있습니다.

시편은 그 속에서 유유히 흐르고 있는 인생의 모든 삶들, 절망과 희망, 슬픔과 기쁨, 감사와 불평, 환희와 좌절, 그리고 그 속에서 같이 웃고, 울며, 달리고, 뛰는 우리의 모습을 볼 수 있는 내 집 앞마당, 그리고 우리 학교 운동장과 같은 느낌이 들지 않습니까?

시편은 총 150편에 이르는 방대(尨大)한 분량(分量)의 "신앙의 고백(告白)"들로써 이스라엘 신앙공동체의 삶 속에서 뗄레야 뗄 수 없는 불가분리(不可分離)의 "생활 그 자체"에 속(屬)하는 것입니다.

시편은 그 주변의 욥기(記), 잠언(箴言), 전도서, 아가(雅歌)서 등과 함께 시가서(詩歌書)의 한 그룹(Group)을 형성(形成)하기도 하지만 그 자체 내에서는 총 5권(卷)의 묶음을 통해 모세 오경(伍經 תורה토라)인 창세기, 출애굽기, 레위기, 민수기, 신명기에 맞춰 예배용(禮拜用) 찬양의 짝(Partner)을 제공하는 근원이 되기도 합니다.

이 시편은 우리 성도들의 삶 속에서 하나님과 교제(交際)하는 통로(通路)가 되어 은혜(恩惠)를 담은 그릇의 형태로 서로 주고받는 가장 귀한 매개체(媒介體)의 역할을 합니다.

앞으로 이 귀한 말씀들을 자세히 살펴보면서 오늘을 살아가는 우리들의 삶의 현장 속에 나타내시는 하나님의 뜻과 역사를 잘 활용해서 우리 인생의 모든 문제를 기쁨으로 풀고 감사하며 나아갈 수 있기를 바랍니다.

할렐루야! 아멘.

내가 시편을 향(向)하여 눈을 들리니…

1. 시편의 구조(構造)

시편은 1편에 복(福)있는 사람은—오직 여호와의 율법을 즐거워하여 그 율법을 주야로 묵상하는 자로다! 로부터 시작(始作)해서, 150편에 호흡이 있는 자마다 여호와를 찬양(讚揚)할지어다! 할렐루야! 하고 마칩니다.

그러니까 시편의 구조는 "인생(人生)의 복(福)"을 추구하는 데서부터 시작해서 "하나님을 찬양하는 것"으로 마치는 성경입니다.

"복(福)있는 사람(אשרי-האיש아쉬레 하이쉬)"으로부터 출발해 "찬양(讚揚)받으실 하나님(הללו-יה할렐루야!)"으로 끝나는 노래(讚頌)요, 시(詩)요, 간증(干證)이요, 기도(祈禱)요, 고백(告白)입니다.

구약의 구조(構造)로 보아서 가장 중요한 성경의 부분은 역시 모세 오경인데, 딱딱하고 엄숙한 오경(伍經)을 아버지로 본다면 시편은 부드럽고 감정이 풍부해서 어머니로 비유해 볼 수 있습니다.

또한 제사(祭祀)나 절기(節期)중에서 오경을 읽으면 동시에 시편도 똑같이 읽혀져야 하는 오경의 영원한 동반자(同伴者)입니다.

2. 시편의 용도(用度)

첫째, 하나님께 드리는 예배에서의 찬양용(讚揚用)으로 쓰입니다.
둘째, 성도들의 신앙생활에서 교훈(敎訓)받는 지침서가 됩니다.
셋째, 감동적인 신앙체험에 대한 간증(干證) 및 고백(告白)입니다.

3. 시편의 특징(特徵)

(1) 하나님 중심적(中心的)입니다.

시편은 하나님의 백성들이 하나님을 섬기다가 받는 은혜를 중심으로 신앙을 고백하는 것이기 때문에 그 중심에는 반드시 삼위일체 하나님이 나타나게 됩니다.

(2) 직관적(直觀的)이라 할 수 있습니다.

논리적 연역이나, 귀납적 추리보다는 실생활 속에서 즉각, 즉각 체험되어지는 진리의 실체들과 부딪치는 직관적인 체험들을 중심으로 하나님을 찬양하는 것이기에 감동이 넘칩니다.

(3) 음악적(音樂的)입니다.

음악은 인간의 감정을 표현할 수 있는 최고의 수단으로서 하나님의 은혜에 대하여 기쁘게 하나님께 표현하는 가장 좋은 방법입니다. 따라서 시편은 가장 뛰어난 음악성을 가지게 됩니다.

(4) 단편적(斷片的)입니다.

시편은 문학적(文學的)인 속성 중에서도 가장 짧은 시(詩)의 특징을 나타내므로 단편적인 특징이 있습니다.

사람들은 복잡하고 긴 것 보다는 짧으면서도 응축된 감정을 표현할 수 있는 것을 아주 좋아합니다.

(5) 감각적(感覺的)입니다.

원래 신앙의 특징은 이상적(理想的)이고도 추상적(抽象的)인 개념을 바탕으로 하는 것이 대부분인데, 시편의 내용들은 오히려 현실적이고도 감각적인 삶의 체험들을 중심으로 표현하고 있습니다. 날마다 만지고 보고 느끼는 것들을 보며 그것을 통해서 영원하고도 초월적인 하나님을 가장 실제적이고도 구체적인 하나님으로 연결을 시킬 수 있는 부분이 곧 시편(詩篇)입니다.

(6) 종교적(宗敎的)입니다.

인간의 모든 사상(思想)중에는 종교적인 것이 가장 고상하고 가치있는 부분입니다.

시편의 대부분은 성전의 예배용으로서 하나님을 찬양하는 가장 고상하고 가치있는 노래인 것입니다.

(7) 일상적(日常的)입니다.

시편은 이 세상과 전혀 동 떨어진 천상의 세계에서 일어난 일을 노래하는 것이 아니라 매일 같이 우리의 주변에서 일어나는 일을 통해 얻는 기쁨, 슬픔, 괴로움, 감격(感激), 흥분(興奮), 충격(衝擊), 고통(苦痛)들을 노래로 표현한 것입니다.

그러니까 시편은, 우리의 삶의 일부(一部)라고 해도 과언(過言)이 아닐 것입니다.

시편을 우리의 삶 속에 넣기도 하고, 우리가 시편의 삶 속에 들어가기도 하며, 시편을 향하여 눈을 들어 성경 속을 달리는 "말씀의 자녀"들이 되셨으면 참 좋겠습니다.

시편(詩篇) - 1

복(福) 받는 사람이 됩시다!

"복 있는 사람은 악인의 꾀를 좇지 아니하며 죄인의 길에 서지 아니하며 오만한 자의 자리에 앉지 아니하고 오직 여호와의 율법을 즐거워하여 그 율법을 주야로 묵상하는 자로다 저는 시냇가에 심은 나무가 시절을 좇아 과실을 맺으며 그 잎사귀가 마르지 아니함 같으니 그 행사가 다 형통하리로다 악인은 그렇지 않음이여 오직 바람에 나는 겨와 같도다 그러므로 악인이 심판을 견디지 못하며 죄인이 의인의 회중에 들지 못하리로다 대저 의인의 길은 여호와께서 인정하시나 악인의 길은 망하리로다."(1:1-6)

오늘부터 시편의 말씀을 보며 은혜 받고자 합니다. 150편의 마지막 장을 덮을 때까지 하나님께서 큰 은혜로 함께하실 것을 확신합니다.

시편의 주제(主題)는 사람이 하나님과 교제를 나누며 받고 누리는 "인생의 복(福)"이 그 전체적인 흐름입니다.

이제부터 우리도 하나님과 교제하며 인생의 복을 누리며 사십시다.

시편(詩篇)은 그 첫 장을 펴서 1편의 문을 열면 눈에 보이는 첫마디가 곧 "복(福)있는 사람(אשרי-האיש아쉬레 하이쉬)"이라는 말입니다. 그러니까 시편은 인생의 복으로부터 시작하는 성경입니다.

그리고 마지막 장을 덮을 때 보이는 말씀은 150:6절에, "찬양 받으실 하나님(הללו-יה할렐루야)"이라는 말로 끝납니다.

그러니까 시편은 인생의 복으로부터 시작(始作)해서 찬양받으실 영광의 하나님으로 마치는 찬양시(תהלים테힐림)라고 할 수 있습니다.

이렇게 시작하는 찬양시(讚揚詩), 곧 시편1편의 주제(主題)는 크게 두 가지 면에서의 "복 받는 인생"에 대한 것을 강조하고 있습니다.

첫째, "복 받는 인생"의 존재(存在 Being)에 대한 의미입니다.

시편 1편을 열면서 제일 먼저 눈에 띄는 점은 "복 받는 사람"과 "그렇지 못한 사람"에 대한 존재적인 차이의 대조표(對照表)입니다.

복 받는 사람을 의인(義人)이라 보는 면과, 그렇지 못한 자를 악인(惡人)이라는 면에서 그들 존재에 대한 의미를 비교하고 있습니다.

악인(惡人)은 겨(מֹץ모쯔)와 같은 존재라는 것입니다.
의인(義人)은 나무(עֵץ에쯔)와 같은 존재라는 것입니다.
이들의 차이(差異)를 비교(比較)하면 다음과 같습니다.

나무(עֵץ에쯔)	겨(מֹץ모쯔)
시냇가에 심기운 존재이다.	바람에 날리는 존재이다.
모든 행사가 다 형통하다.	모든 행사가 형통치 못하다.
시절을 따라 과실을 맺는다.	때가 되어도 열매가 없다.
잎이 마르지 않고 청청하다.	정 함이 없으니 근거도 없다.

따라서 하나님의 자녀가 된다는 것(to be) 자체(自體)는 무엇보다 우선(優先)하는 가장 귀한 축복(祝福)임을 알아야 합니다.

둘째, "복 받는 인생"으로 해야 할 일(Doing)에 대한 의미입니다.

시편 1편의 1-2절은 이렇게 "복(福)받는 인생(人生)"으로서의 "해야 할 일"과 "하지 말아야 할 일"에 대한 차이의 대조표입니다.

하나는 "하지 말아야 할 일"의 세 가지 금지용법(禁止用法)입니다.
1절에는 이 세 가지의 금지(禁止 לֹא로)사항을 반복하고 있습니다.
첫째는 악인(惡人)의 "꾀"를 좇지 말라(לֹא로)는 것입니다.
둘째는 죄인(罪人)의 "길"에 서지 말라(לֹא로)는 것입니다.
세째는 오만(午慢)한 자의 "자리"에 앉지 말라(לֹא로)는 것입니다.

금지사항들의 특징인 "하지 말라(Do not it)"는 것은 권유(勸誘)적으로써 어떻게 보면 소극적(消極的)인 면에서의 권면사항들입니다.

다음은 "해야 할 일"에 대한 실천사항(實踐事項)에 관한 것입니다. 오직 하나님의 율법에는 전심전력하여 지켜 행하라는 것입니다.

첫째, 율법(律法)을 "즐거워하라"는 것입니다.

운동선수도 운동을 즐겨하는 자가 운동을 잘하는 이치와 같습니다.

둘째, 율법을 주야(晝夜)로 "묵상(黙想)하라"는 것입니다.

하나님의 말씀은 늘 보고 생각해야(黙想) 나의 삶 속에 들어옵니다.

이 실천사항들의 특징은 "하라(Do it)"하는 명령적(命令的)인 것으로 적극적(積極的)인 면에서 행하여야만 온전히 이룰 수 있습니다.

그러니까, 외형적인 면에서 보면 "하지 말라"하는 것이 "하라"하는 것보다 훨씬 더 강력한 이미지(Image)를 띄는 것 같지만, 실제로는 "하라"는 것이 더 강력하고 힘 있게 능력을 발휘할 수 있습니다.

따라서 "율법을 즐거워하고, 주야로 묵상하는 것이,…하지 말라는 것보다 훨씬 더 힘들고 어려운 것임을 알아야 합니다.

그러면 말씀(율법)을 통해서 받는 복은 어떠한 복이 될까요?

첫째는 심령(心靈)이 평안(平安)해지는 복입니다.

말하자면 영혼이 안정되는 복이지요!

둘째는 모든 행사(行事)가 형통(亨通)해지는 복입니다.

하나님의 말씀은 막힌 것을 뚫는 기구와 같아서 막히고 불통되는 것들을 제거하며 모든 일에 형통한 복을 줍니다.

셋째는 삶에 대한 축복입니다.

하나님의 말씀은 생명력을 가지고 있기 때문에 말씀이 있는 곳에는 항상 생명이 살아있는 것처럼 생생한 삶의 복을 누릴 수 있습니다.

여러분!

하나님의 자녀들은 오직 "여호와의 율법"을 즐거워하고, 늘 묵상하는 생활이 모든 삶의 기본이어야 합니다.

항상 말씀을 주야로 묵상하며 즐겁게 받으시기를 바랍니다.
할렐루야! 아멘.

시편(詩篇) - 2

주를 의지하는 자는 복을 받습니다

"어찌하여 열방이 분노하며 민족들이 허사를 경영하는고 세상의 군왕들이 나서며 관원들이 서로 꾀하여 여호와와 그 기름받은 자를 대적하며 우리가 그 맨 것을 끊고 그 결박을 벗어 버리자 하도다 하늘에 계신 자가 웃으심이여 주께서 저희를 비웃으시리로다 그 때에 분을 발하며 진노하사 저희를 놀래어 이르시기를 내가 나의 왕을 내 거룩한 산 시온에 세웠다 하시리로다 내가 영을 전하노라 여호와께서 내게 이르시되 너는 내 아들이라 오늘날 내가 너를 낳았도다 내게 구하라 내가 열방을 유업으로 주리니 네 소유가 땅 끝까지 이르리로다 네가 철장으로 저희를 깨뜨림이여 질그릇 같이 부수리라 하시도다 그런즉 군왕들아 너희는 지혜를 얻으며 세상의 관원들아 교훈을 받을지어다 여호와를 경외함으로 섬기고 떨며 즐거워할지어다 그 아들에게 입맞추라 그렇지 아니하면 진노하심으로 너희가 길에서 망하리니 그 진노가 급하심이라 여호와를 의지하는 자는 다 복이 있도다." (2:1-12)

    오늘 우리가 본 본문 2편은 단순히 1편 뒤에 나오는 시편이라는 개념으로 보아서는 안 됩니다. 왜냐하면 이 2편은 시편 전체를 편집(編輯)하는 중에서 볼 때, 매우 중요한 위치에 있기 때문입니다.

    2편은 1편과 함께 "복(福)있는 사람(אשרי-האיש아쉬레 하이쉬)"의 틀을 맞추면서 "복(אשרי아쉬레)"의 근원(根源)을 다루고 있습니다.

    따라서 이 아쉬레에 관해서는 2편과 1편이 서로 연동(連動)되어 시편 전체의 출입문(出入門)역할을 함으로써 1편은 오른쪽 문, 2편은 왼쪽 문이라는 양문(兩門)의 역할을 하고 있다고 보시면 됩니다.

첫째, 1편에서 "복 있는 사람"은 누구인가로 시작된 말씀의 구조(構造)는

둘째, 2편에서 "여호와를 의지하는 자가 다 복이 있도다"합니다.

특히 이 "복(אשרי아쉬레)"에 연결(連結)되어지는 단어(單語)로써는

첫째로, 1절에서 "의인(義人)의 길"로 연결합니다.

둘째로, 2절에서 "여호와와 그 기름 부음 받은 자(者 יהוה-משיחו)"로 연결됩니다.

여기에 보면 기름부음을 받은 자인 "메시야"라 하는 존재가 도출(圖出)되고 있는데, 이는 바로 우리 인생의 복을 주관하시는 분입니다.

따라서 "메시야"의 실체(實體)를 궁극적으로는 만왕의 왕이신 예수 그리스도를 지칭(指稱)한다고 볼 때, 본문은 메시아에 대한 예언시의 정수(精髓)에 해당된다고 볼 수 있습니다.

이는 신약성경에 인용(引用)된 말씀들을 통해 보면 잘 알게 됩니다.

먼저 본문 7절에 "너는 내 아들이라 오늘날 내가 너를 낳았도다"하신 말씀이 신약의 사도행전4:33에 "곧 하나님이 예수를 일으키사 우리 자녀들에게 이 약속을 이루게 하셨다 함이라 시편 둘째 편에 기록한 바와 같이 너는 내 아들이라 오늘 너를 낳았다…"하신 말씀으로 인용되어졌던 것을 비교해 보십시오!

시편 2편은 1편에 소개된 "복 받는 인생"을 위한 예수 그리스도의 "왕권(王權)과 주권(主權), 그리고 메시야"이심을 잘 나타냅니다.

본문에서는 메시야이신 예수 그리스도의 사역에 대한 묘사를 4연(聯) 12행(行)으로 구성(構成)하여 역동적으로 전하고 있습니다.

몇 가지의 드라마틱하게 묘사된 단어들을 살펴보십시다.

첫째, (1-3절)에서 가장 중요한 단어는 "어찌하여"라는 말입니다.

이는 메시야로 오시는 이를 영접하지 않음에 대한 책망의 말입니다.

어찌하여(למה 라마)라는 말은 메시아로 오시는 이를 영접하지 않음에 대한 책망의 말입니다. 일종의 정신차리라는 말입니다.

둘째, (4-6절)에서 가장 중요한 단어는 "웃으심이여"라는 말입니다.

이는 사람들이 미련하게 그리스도를 십자가에 달아 죽이나 도리어 그것을 웃으시고 그를 통해 구원을 완성하시는 것을 나타내십니다.

셋째, (7-9절)에서 가장 중요한 단어는 "낳았도다"라는 말입니다.

이는 구원의 완성을 위해 행하신 두 가지의 큰 역사이신 부활(復活 Resurruction)과 성육신(成肉身 Incarnation)에 대한 예언(豫言)의 말씀으로 전하십니다.

넷째, (10-12절)에서 가장 중요한 단어는 "그 아들에게 입맞추라"는 말입니다.

이는 성경에서의 "입맞춤"의 뜻인 "순종(順從), 복종(服從), 경배(敬拜), 사랑"을 행(行)하라는 하나님의 절대명령인 것입니다.

예수 그리스도께서 우리에게 메시야(משיחו)가 되신다는 것은 다음과 같은 의미(意味)를 나타냅니다.

첫째는 예수 그리스도는 사랑이십니다.

요3:16절 "하나님이 세상을 이처럼 사랑하사…" 예수님은 사랑입니다.

둘째는 예수 그리스도는 빛이십니다.

요8:12절 "나는 세상의 빛이니…" 예수 그리스도는 세상의 빛입니다.

셋째, 예수 그리스도는 짐이십니다.

마11:28절 "다 내게로 오라 내가 너희를 쉬게하리라" 예수님은 우리의 짐이 되셔서 짐을 대신 져주시고, 덜어주시고, 빼어버리십니다.

여러분!

하나님은 우리의 복을 주관하실 메시야를 보내셨습니다.

우리가 해야 할 일은 메시야를 향한 섬김과 경외를 통하여 온전한 관계를 맺고 그에 필요한 은혜와 은사를 사모하는 자세를 가져야만 합니다.

온전하게 예수 그리스도를 의지하며 복(福)받는 성도가 됩시다.

할렐루야! 아멘.

시편(詩篇) - 3

구원(救援)은 여호와께 있습니다!

"(다윗이 그 아들 압살롬을 피할 때에 지은 시) 여호와여 나의 대적이 어찌 그리 많은지요 일어나 나를 치는 자가 많소이다 많은 사람이 있어 나를 가리켜 말하기를 저는 하나님께 도움을 얻지 못한다 하나이다 (셀라) 여호와여 주는 나의 방패시요 나의 영광이시요 나의 머리를 드시는 자니이다 내가 나의 목소리로 여호와께 부르짖으니 그 성산에서 응답하시는도다 (셀라) 내가 누워 자고 깨었으니 여호와께서 나를 붙드심이로다 천만인이 나를 둘러치려 하여도 나는 두려워 아니하리이다 여호와여 일어나소서 나의 하나님이여 나를 구원하소서 주께서 나의 모든 원수의 뺨을 치시며 악인의 이를 꺾으셨나이다 구원은 여호와께 있사오니 주의 복을 주의 백성에게 내리소서 (셀라)." (3:1-8)

오늘 우리가 본 본문은 표제(標題)에 "다윗이 그 아들 압살롬을 피할 때에 지은 시"라고 되어 있습니다.

다윗이 아들 압살롬의 반역(反逆)을 피해서 피난살이 할 때였으니 그 상황(狀況)이 얼마나 고달프고, 슬프고, 어려운 때였을까요?

문제는 사람이 과연 이렇게 어려운 역경(逆境)속에서도 하나님을 찬양할 수 있고, 마음으로 시(詩)를 쓸 수 있느냐? 하는 것입니다.

사람은 세상을 살아가다보면 수많은 역경을 당할 때가 있습니다.

그런 때마다 나타나는 현상(現狀)은 다 제 각각입니다.

첫째는 어떤 이는 역경의 고통을 이기지 못하여 자살(自殺)해버리는 사람도 있습니다.

둘째는 어떤 이는 역경의 고난을 견디지 못해 도피(逃避)해버리는 사람도 있습니다.

셋째는 어떤 이는 역경을 전심전력하여 극복(克復)하고 오히려 그 역경을 축복(祝福)으로 바꾸는 사람도 있습니다.

그런데 여러분! 누구든지 역경(逆境)을 만나면 극복하여 승리하고 복 받고 싶지 도피(逃避)하거나 자살하고 싶겠습니까? 그러나 문제는 역경은 아무나 극복하고 싶다고 극복되어 질 수 있는 것이 아니라는 말입니다.

역경은 반드시 "하나님의 섭리"가 있어야 극복할 수 있는 것입니다. 과연 그렇습니까? 세상적인 역경과 하나님의 섭리관계를 보십시다.

체험인물	역경(逆境)들	섭리역사(攝理役事)
아브라함	약속의 땅이라고 갔다가 가나안의 흉년으로 나옴	잃을 뻔한 아내로부터 아들 이삭을 얻음
요 셉	형들에 의해-종으로 팔림	그 팔림으로 해서 도리어 애굽의 총리가 됨
다 윗	아들 압살롬이 반역함	온 이스라엘이 오히려 다윗을 중심으로 뭉침
바 울	전도하다가 감옥에 갇힘	기적으로 풀림과 도리어 간수 가족들을 구원함

오늘 우리가 본 본문도 바로 이러한 "역경의 극복자"인 다윗의 모습을 보여주는 귀중한 진리(眞理)의 말씀입니다.

시편3편은 1,2편에 이어서 다윗의 그 많은 시 중에서도 처음 등장하는 단어와 내용이 몇 가지의 특징을 보여주고 있습니다.

첫째, 셀라(סֶלָה)라는 표시입니다.

시편3편에는 세 번씩이나 나타납니다. 셀라라는 말은 간단히 보자면 휴지(休止), 또는 정지(停止 Pause), 중간휴식(中間休息)이라는 정도로 알려져 있지만, 사실은 찬양(讚揚)이 클라이막스(Climax)에 올랐을 때, 온 회중이 감동되었을 때, 아니면 개인이 하나님 앞에서 깊은 은혜에 몰입(沒入)한 때에 하나님께 영광 돌리는 표시입니다.

둘째, 저주시(詛呪詩)의 효시(嚆矢)입니다.

흔히 시편에는 저주시라는 것이 자주 등장합니다.

저주라는 말은 남을 나쁘게 말하며 망하기를 원하여 비는 말입니다.

시편에는 다윗의 시 중에 의외(意外)로 이러한 저주시가 많습니다.

그렇다고 다윗이 남을 저주하는 일을 많이 했다는 말이 아닙니다.

물론 다윗이 억울한 일을 당하거나, 극한 핍박에 시달릴 때 저주하는 기도를 많이 하기는 했습니다. 그런데 문제는 다윗이 이런 일을 당할 때에는 결코 핍박하는 사람에게나 반역하는 사람에게 대하여 맞대놓고 저주한 것이 아니라 오직 하나님 앞에서만 기도한 것 뿐입니다. 한 마디로 사람에게는 전혀 맞대결하지 않고 하나님께만 기도했다는 사실입니다. 이것이 매우 중요한 교훈을 주고 있습니다.

셋째, 가위표 짝지움(Chiasmus) 시(詩)의 원조(元祖)입니다.

본문은 다음과 같은 구조(構造)로 구성되어 있습니다.

1절에 "여호와여! 나의 대적이 어찌 그리 많은지요?"합니다.

나의 대적(對敵)이 어찌 그리 "많은지요?"…"많소이다!"(1절), "많은 사람이…"(2절)하고 강조한 후에 "셀라(סֶלָה)"하고 마칩니다.

이러한 표현을 Anaphora(아나포라, 악절반복(樂節反復)이라 합니다.

여기에 가위의 반대편 쪽 같은 내용이 대칭적으로 나옵니다.

3절에 "여호와여 주는 나의 방패시요 나의 영광이시요!"합니다.

나의 주는 "방패(防牌)"와, "영광(榮光)"으로 "성산(聖山)"에서 "응답(應答)"하신다는 사실을 알리신 후에 "셀라(סֶלָה)"하고 마칩니다.

6절에 "천만인(千萬人)이 나를 둘러치려 하여도…"합니다.

여기에 다시 가위의 반대편 쪽 같은 내용이 대칭적으로 나옵니다.

7절에 "여호와여 일어나소서! 하나님이여 나를 구원하소서"합니다.

7절에 "주께서 나의 모든 원수의 뺨을 치시며…악인의 이를 꺾으셨나이다"하니 이어서 또다시 가위표 짝지움의 내용이 나옵니다.

8절에 "구원은 여호와께 있사오니…"하고 최종 찬양을 합니다.

2절에 "저는 하나님께 도움을 얻지 못한다!"하는 비방을 깨끗이 잠재우고 구원은 여호와께 있다! 고 찬양하고 마치려할 때, 마지막으로 "셀라(סלה)"하고 마칩니다.

이제 시편 3편의 전체적인 내용을 다시 한 번 확인하고 마칩니다.

첫째, (1-2절)/ 다윗이 자신에 당한 역경에 대하여 호소합니다.

1절에 "여호와여! 나의 대적이 어찌 그리 많은지요?"합니다.

사울로부터 아들 압살롬에 이르기까지 수많은 대적들의 공격과 반역으로 말미암아 어려운 역경에 처하였을 때 그는 오직 하나님께만 호소(呼訴)합니다.

둘째, (3-4절)/ 다윗이 자신의 기도에 응답해주시기를 호소합니다.

4절에 "내가 나의 목소리로 여호와께 부르짖으니 그 성산(聖山)에서 응답(應答)하시는도다"합니다.

다윗이 압살롬의 반역을 대항하지 아니하고 오히려 피하여 나가면서 감람산으로 올라갈 때에 하나님 앞에 통회자복(痛悔自服)하며

기도한 것을 들으시고 그를 다시 복권시켜 주심을 추억한 것입니다.

삼하15:30절에 "다윗이 감람산 길로 올라갈 때에 머리를 가리우고 맨발로 울며 행하고…"하신 말씀 그대로입니다.

셋째, (5-8절)/ 다윗이 하나님께 자신을 구원해주심에 대하여 감사하며 기도합니다.

다윗은 자신의 손으로 친히 복수(復讐)하지 아니해도 하나님께서 역사하심으로 자신을 다시 높이시고 구원하심에 감사로 기도합니다.

반역자에게 쫓겨 다녀도 오히려 두 다리 쭉 뻗고 "누워 잘 수 있도록" 붙들어 주신 은혜를 베풀어 주심에 대하여 감사한 것입니다.

8절에 "구원은 여호와께 있사오니 주의 복을 주의 백성에게 내리소서"

하신 말씀을 보세요!

이보다 더 아름답고 은혜로운 노래가 어디에 있을까요?

당시(當時)에 이스라엘 백성들이 대부분 다윗을 버리고 압살롬을 따라갔음에도 불구하고 오히려 "주의 백성에게 복을 내려달라"고요?

이는 다윗에게 "구원은 여호와께 있사오니…!"하는 확고부동한 믿음이 있었기에 이러한 노래도 가능(可能)할 수 있었던 것입니다.

여러분!

우리에게 어떠한 역경이 닥친다 할지라도 "구원이 하나님께 있음"을 확신(確信)하신다면 어떠한 환경가운데서도 하나님을 향한 찬양이 끊어지지 않을 줄 믿습니다.

할렐루야! 아멘.

시편(詩篇) - 4

주께서 내 마음에 두신 기쁨으로!

"(다윗의 시, 영장으로 현악에 맞춘 노래) 내 의의 하나님이여 내가 부를 때에 응답하소서 곤란 중에 나를 너그럽게 하셨사오니 나를 긍휼히 여기사 나의 기도를 들으소서 인생들아 어느 때까지 나의 영광을 변하여 욕되게 하며 허사를 좋아하고 궤휼을 구하겠는고(셀라) 여호와께서 자기를 위하여 경건한 자를 택하신 줄 너희가 알지어다 내가 부를 때에 여호와께서 들으시리로다 너희는 떨며 범죄치 말지어다 자리에 누워 심중에 말하고 잠잠할지어다(셀라)
의의 제사를 드리고 여호와를 의뢰할지어다 여러 사람의 말이 우리에게 선을 보일 자 누구뇨 하오니 여호와여 주의 얼굴을 들어 우리에게 비취소서 주께서 내 마음에 두신 기쁨은 저희의 곡식과 새 포도주의 풍성할 때보다 더하니이다 내가 평안히 눕고 자기도 하리니 나를 안전히 거하게 하시는 이는 오직 여호와시니이다."(4:1-8)

본문의 표제(標題)는 "영장으로 현악(絃樂)에 맞춘 노래"라 합니다. 이 표제의 말씀을 기준으로 본문의 내용들을 살펴보도록 하십시다.

첫째, 영장으로 맞춘 노래라는 말대로 이는 예배용 찬양입니다.

여기 영장(מנצח메낫체흐)이란 말은 악장(樂長Conducter)을 의미하며, 따라서 이 "지휘자(指揮者)"를 중심으로 조직(組織)된 찬양대(讚揚隊)의 공식예배용으로 쓰이는 찬송곡을 말합니다.

둘째, 현악(絃樂)에 맞춘 노래로 합주(合奏)용 합창곡을 말합니다.

현악기(絃樂器 נגינות네길롯)에 맞춘 노래라면 조직(組織)되어진 찬양대(讚揚隊)에 기악부(器樂部)를 더하여 찬양하는 공식예배용 합창곡(合唱曲)이라 할 수 있습니다.

셋째, 4편은 그 구성이 3-4-5-6편과 같이 연결된 합창곡입니다.

4편부터는 주로 악기에 맞춘 찬양대의 합창곡 위주로 구성됩니다.

그래서 악기의 특성을 따라 지시어를 넣어 찬양을 유도합니다.

넷째, 다윗자신이 하나님의 은혜를 추억하며 감사하는 시입니다.

또한 다윗의 시(詩)라 했으니 그 배경(背景)은 확실치 않으나 그의 일생 중에 경험하였던 한 큰 사건에 대해 하나님의 은혜를 감사하며 노래한 것으로 보여 집니다.

본문에는 우리의 눈에 확 띄는 두 단어(單語)가 대조되어 나옵니다. 특히나 이 말은 다윗이 늘 즐겨 쓰는 말이기도 하지요!

1절에 "내 의(義)의 하나님이여!"할 때, 의(義)(יִּקְדַצ체다키)라는 말과 5절에 "의(義)의 제사를 드리고…"할 때, 의라고 하는 말입니다.

이 의(義)라고 하는 말은 다윗의 최대 관심사와 하나님의 관심 사이에 같이 공유(公有)하고 있는 믿음의 공간을 의미(意味)합니다.

이 "믿음의 공간"이라는 말이 무슨 뜻이지요? 세상 사람들의 관심사(關心事)와 하나님의 관심사는 대개 공유하는 공간이 서로 맞지 않는 경우가 많습니다.

그러면 하나님의 관심사와 세상의 관심사의 차이는 무엇입니까?

첫째, 세상 사람들의 관심사는 대부분 이(利)를 추구하고 있습니다.

이(利)라는 말은 벼 화(禾)자 변에 낫 도(刂)자를 써서 잘 익은 벼에 낫을 갖다 대니 추수로 말미암아 얼마나 많은 이익(利益)을 얻겠습니까? 사람들은 이러한 이를 더하는 이익(利益)을 원합니다.

이와 의, 말은 비슷해도 그 뜻과 뿌리와 열매는 완전히 다릅니다.

둘째, 하나님의 관심사는 주로 의(義)를 추구(追求)하고 있습니다.

의(義)라는 말은 양(羊)자 밑에 자기 아(我)자를 갖다 놓은 것이니 자기가 곧 희생제물(犧牲祭物)이 된다는 뜻입니다. 그러니 이익을 취하는 것과는 정반대로 이익을 놓치고 희생과 손해를 보게 되는 것입니다.

본문에서 다윗이 노래한 것은 세상에서 취하는 쾌락의 이(利)보다 신앙을 통해서 자기를 희생하며 얻는 의(義)라고 하는 것입니다.

그래서 이(利)를 버리고 의(義)를 택한 자기에게 긍휼을 베풀어주신 하나님의 은혜를 감사하며 그 체험을 찬양해 드린 것입니다.

그러니 얼마나 순수하고 아름다운 신앙의 고백이 되겠습니까?

마6:33절에서 우리 주님께서 "너희는 먼저 그의 나라와 그의 의를 구하라"하신 말씀이 바로 이와 같은 것입니다.

다음은 의(義)와 이(利)에 대한 차이(差異)를 비교한 것입니다.

성구	의(義)의 기쁨	성구	이(利)의 기쁨
시4:5	의의 제사를 드리는 영적(靈的)인 기쁨	시4:7	곡식과 포도주를 추수할 때의 물질적인 기쁨
시1:2	말씀을 주야로 묵상할 때의 신령한 기쁨	시4:2	궤휼을 행하고 허사를 꾀하는 세상적 기쁨
잠21:15	공의(公義)를 행하는 신앙적인 기쁨	잠21:17	연락과 술과 기름을 즐기는 육체적인 기쁨
스3:12	성전건축을 이루고 찬송하며 웃는 기쁨	애4:21	성전이 파괴되고 적막함을 보고 비웃는 기쁨

본 4편의 시는 인간들의 이(利)를 위한 대적(對敵)이나, 반역(叛逆)이 아무리 강하고 악할지라도 하나님께서 의를 이루는 자에게는 언제나 보호와 사랑을 베풀어주심을 경험한 다윗의 고백 시입니다.

본문은 8절에 "나를 안전히 거하게 하시는 이는 오직 여호와시니이다"하는 고백과 "내가 평안히 눕고 자기도 하리니…"하는 표현으로 인해 "저녁의 노래"라는 별명을 얻기도 하였고 또는 공식예배 중에서는 "저녁기도용"의 노래로 널리 사용되기도 하였습니다.

본문의 구조(構造)는 다음과 같이 전개되고 있습니다.

첫째는 (1절)에/ 하나님께 대한 기도응답의 청원입니다.

1절에 "내 의의 하나님이여…나의 기도를 들으소서!"합니다.

하나님께 기도하면서 "의(義)"라는 신앙 동질성(同質性)을 강조하며 기도에 대한 응답을 강하게 요구하고 있습니다.

둘째는 (2-5절)에/ 세상에 대한 강력한 권면과 경고를 말합니다.

2절에 "인생들아!"하며 경고합니다.

4절에 "너희는 떨며 범죄치 말지어다!"하며 경고합니다.

5절에 "의의 제사를 드리고 여호와를 의뢰할지어다!"며 권고합니다.

셋째는 (6절)에/ 다시금 하나님께 부르짖는 간구를 합니다.

6절에 "여호와여! 주의 얼굴을 들어 우리에게 비취소서!"합니다.

넷째는 (7-8절)에/ 하나님의 은혜에 감사하며 신앙을 고백합니다.

7절에 "주께서 내 마음에 두신 기쁨은…"하면서 감사합니다.

여러분!

다윗의 신앙고백처럼 이 세상 어떠한 기쁨보다 더 귀한 하나님의 은혜의 기쁨을 늘 사모하며 받아 누리는 성도가 되십시다.

할렐루야! 아멘.

시편(詩篇) - 5

아침에 드리는 나의 기도를 들으시고…

"(다윗의 시, 영장으로 관악에 맞춘 노래) 여호와여 나의 말에 귀를 기울이사 나의 심사를 통촉하소서 나의 왕, 나의 하나님이여 나의 부르짖는 소리를 들으소서 내가 주께 기도하나이다 여호와여 아침에 주께서 나의 소리를 들으시리니 아침에 내가 주께 기도하고 바라리이다 주는 죄악을 기뻐하는 신이 아니시니 악이 주와 함께 유하지 못하며 오만한 자가 주의 목전에 서지 못하리이다 주는 모든 행악자를 미워하시며 거짓말하는 자를 멸하시리이다 여호와께서는 피 흘리기를 즐기고 속이는 자를 싫어하시나이다 오직 나는 주의 풍성한 인자를 힘입어 주의 집에 들어가 주를 경외함으로 성전을 향하여 경배하리이다 여호와여 나의 원수들을 인하여 주의 의로 나를 인도하시고 주의 길을 내 목전에 곧게 하소서 저희 입에 신실함이 없고 저희 심중이 심히 악하며 저희 목구멍은 열린 무덤 같고 저희 혀로는 아첨하나이다 하나님이여 저희를 정죄하사 자기 꾀에 빠지게 하시고 그 많은 허물로 인하여 저희를 쫓아내소서 저희가 주를 배역함이니이다 오직 주에게 피하는 자는 다 기뻐하며 주의 보호로 인하여 영영히 기뻐 외치며 주의 이름을 사랑하는 자들은 주를 즐거워하리이다 여호와여 주는 의인에게 복을 주시고 방패로 함 같이 은혜로 저를 호위하시리이다."(5:1-12)

본문의 표제(標題)는 "다윗의 시, 영장으로 관악(管樂)에 맞춘 노래"로 시작합니다. 다윗의 시인데, 관악기(管樂器)에 맞춘 노래라는 것입니다. 표제대로 이 5편의 말씀에 대한 의미를 살펴보십시다.

첫째, 영장으로란 말대로 이 시는 공식예배용의 찬송곡입니다.

여기 영장(מנצח)이란 말은 찬양대의 지휘자라는 뜻인데, 이는 예배시에 모든 악기(樂器)와 대원(隊員)들의 합창(合唱)을 총지휘하며 주관하는 제사와 "예배의 꽃"이라 할 수 있는 인물입니다.

그래서 영장에 맞춘 노래라는 것은 예배용 찬송곡이라는 말입니다.

둘째, 관악(管樂)에 맞춘 노래로 합주(合奏)용 합창곡을 말합니다.

관악기(管樂器 נחילות 느힐롯)에 맞춘 노래라면 조직(組織)되어진 찬양대(讚揚隊)에 기악부(器樂部)를 더하여 함께 악기로 합주(合奏)하는 공식예배용 찬양곡입니다.

셋째, 5편은 그 구성이 3-4-6편과 같은 편(篇)의 합창곡입니다.

5편은 그 구성(構成)이 3-4-6편과 같은 찬양대의 합창곡입니다.

4편은 현악에 맞춘 찬양, 본 5편은 관악(管樂)에 맞춘 찬양입니다.

넷째, 다윗자신이 하나님의 은혜를 추억하며 감사하는 시입니다.

또한 "다윗의 시(詩)"라 하였으니 그가 일생 중에 경험했던 한 사건을 추억하며 하나님께 받은 은혜에 대하여 감사하는 시(詩)입니다.

본문 3절에 "여호와여 아침에 주께서 나의 소리를 들으시고…"함과

역시 3절에 "아침에 내가 주께 기도하고…"하신 말씀을 보면 이 5편은 제사장들이나 레위 인들이 아침 희생제사 때에 낭송되거나 부른

"아침의 노래"라고 할 수 있으며, 또 공식예배 중에서는 "새벽기도용" 찬양으로 쓰였을 것으로 봅니다.

본문에서 다윗은 크게 두 종류(種類)의 사람들을 비교(比較)하며 그에 대한 "보상과 처리"를 하나님께 청구(請求)하고 있습니다.

첫째는 주의 목전(目前)에 서지 못할 자들에 관한 고소입니다.

이들의 존재(Being)를 보세요!

5절에 "오만(傲慢)한 자"와, "행악자(行惡者)"입니다.

6절에 "거짓말하는 자", "피흘리기 좋아하는 자", "속이는 자"입니다.

8절에 "원수(怨讐)들"입니다.

10절에 "주를 배역(背逆)한 자들"입니다.

이들의 행위를 보세요!

9절에 "저희의 입에는 신실(信實)함이 없다!"고 합니다.

9절에 "저희의 심중(心中)에는 악(惡)함만 가득 찼다!"고 합니다.

9절에 "저희 목구멍은 열린 무덤 같고 저희 혀는 아첨한다!"합니다.

그래서 신랄(辛辣)하게 비판(批判)하며 처벌(處罰)까지 구합니다.

10절에/ "하나님이여! 저희를 정죄(定罪)해 달라!"고 요구합니다.

10절에/ "자기 꾀에 빠지게 해 달라!"고 간구합니다.

10절에/ "저희를 아예 쫓아내 달라!"고 청원합니다.

이들은 한 마디로 감히 하나님 앞에 서지도 못할 자라는 말입니다.

그리고는 이들 존재와 행위에 대하여 고소하고 처벌을 청원합니다.

1절에 "여호와여! 나의 말에 귀를 기울이사…"합니다.

1절에 "나의 심사(心思)를 통촉(洞燭)하소서…"합니다.

2절에 "나의 부르짖는 소리를 들으소서…"합니다.

2절에 "내가 주께 기도하나이다"합니다.

둘째는 주의 은혜(恩惠)로 호위(護衛)하시는 자들에 관해서입니다.

이들의 존재(Being)를 보세요!

11절에 "주(主)에게 피(避)하는 자(者)"입니다.

11절에 "주의 이름을 사랑하는 자"입니다.

12절에 "의인(義人)"입니다.

이들은 하나님 앞에 당당히 나아와 설 수 있는 자들을 말합니다.

이들의 축복을 보세요!

12절에/ "여호와여! 주는 의인에게 복을 주시고 방패로 함 같이 은혜로 호위해 달라고…"기도하지 않습니까?

주의 백성된 의인에 대해서는 축복하시고 호위해달라고 간구합니다.

이런 다윗의 기도일지라도 하나님은 다 응답해 주셨다는 말입니다.

그런데 우리는 이 내용들을 보면서 상당히 당황(唐惶)스럽습니다.

다윗이 어떠한 일을 당했는지는 몰라도 자신의 억울한 일에 대한 복수(復讐)의 기도를 이렇게 강력하게 요구하는데 과연 하나님께서 이러한 복수의 기도까지도 응답해주시는가? 하는 것입니다.

그런데 놀랍게도 하나님은 이런 기도까지도 다 응답해주셨습니다.

로마의 황제(皇帝) 발렌스는 기독교인들을 체포해서 80명이나 배를 태워 바다에 내보내며 배에 불을 질러 다 태워죽이는 만행을 저질렀습니다. 이들은 바다가운데서 불에 타죽으면서도 기도했습니다. 딱 80일이 지났을 때, Gott족(族)이 급습(急襲)해서 황제와 근처에 있던 80명을 붙잡아다가 배에 태워 불을 질러 다 타죽게 했습니다.

France의 한 왕은 자기 신하 중 한 사람이 반역을 도모하다 잡혀왔을 때, 이 죄수(罪囚)에게 가장 많은 고통을 주는 방법이 무엇인가? 하고 물으니, 한 신하가 대답하기를 "작은 함"을 만들어 거기 가두면 가장 많은 고통을 준다는 것입니다. 잡혀온 죄수는 일주일을 고통받다가 무죄로 판명이 나서 풀려났는데, 하필이면 그것을 제안한 신하가 죄를 범하여 그 작은 함에 갇혀서 10년 동안이나 고통받다가 죽었다는 것입니다.

하만이라는 자가 모르드개를 잡아 죽이려고 만든 장대에 제가 먼저 달려 죽임을 당하지 않습니까?

자승자박(自繩自縛)이라는 말은 자기 꾀에 자기가 넘어가는 것을 말합니다.

여러분!

하나님은 기도하는 자의 편(便)이 되신다는 말씀이 참 진실입니다.

시118:6절에 "여호와는 내 편(便)이시라…"하신 말씀을 보세요!

렘33:3절에 "너는 내게 부르짖으라 내가 네게 응답(應答)하겠고 네가 알지 못하는 크고 비밀(秘密)한 일을 네게 보이리라"하셨습니다.

약속의 이 말씀들을 생각하며 기도의 능력을 우리 모두 다 체험(體驗)할 수 있기를 바랍니다.

할렐루야! 아멘.

시편(詩篇) - 6

뻔뻔스러운 일이라도 기도는 해야지!

"(다윗의 시, 영장으로 현악 스미닛에 맞춘 노래) 여호와여 주의 분으로 나를 견책하지 마옵시며 주의 진노로 나를 징계하지 마옵소서 여호와여 내가 수척하였사오니 긍휼히 여기소서 여호와여 나의 뼈가 떨리오니 나를 고치소서 나의 영혼도 심히 떨리나이다 여호와여 어느 때까지니이까 여호와여 돌아와 나의 영혼을 건지시며 주의 인자하심을 인하여 나를 구원하소서 사망 중에서는 주를 기억함이 없사오니 음부에서 주께 감사할 자 누구리이까 내가 탄식함으로 곤핍하여 밤마다 눈물로 내 침상을 띄우며 내 요를 적시나이다 내 눈이 근심을 인하여 쇠하며 내 모든 대적을 인하여 어두웠나이다 행악하는 너희는 다 나를 떠나라 여호와께서 내 곡성을 들으셨도다 여호와께서 내 간구를 들으셨음이여 여호와께서 내 기도를 받으시리로다 내 모든 원수가 부끄러움을 당하고 심히 떨이여 홀연히 부끄러워 물러가리로다."(6:1-10)

오늘 우리가 본 본문의 표제(標題)는 "다윗의 시, 영장으로 현악(絃樂) 스미닛에 맞춘 노래"로 되어 있습니다. 표제를 따라 보십시다!

첫째, 영장으로란 말대로 이 시는 찬양대의 예배용 찬양입니다.

여기 영장(מנצח메낫체흐)이란 말이 나오면 이는 "지휘자"를 중심으로 한 조직된 찬양대에 기악부까지 합쳐서 드리는 공식예배용 찬송곡으로 쓰임을 말합니다.

둘째, 현악(絃樂) 스미닛에 맞춘 합주용 찬양곡을 말합니다.

"스미닛(שמינית)에 맞춘 노래"는 현악기(絃樂器)의 제8현금(호琴)에 맞춘 노래로써 밝고 경쾌한 알레그로(Allegro)적인 리듬(Rythem)이 아니라 느리고 무거운 느낌의 라르고(Largo)적인 리듬으로 연주(演奏)하라는 것입니다. 약간 장엄한 분위기의 노래일 것입니다.

셋째, 6편은 그 구성이 3-4-5편과 같은 편(篇)의 합창곡입니다.

6편은 그 구성(構成)이 3-4-5편과 편을 이루는 찬양대의 합창곡이면서도 그 구조는 시51편과 짝을 이루는 회개의 시에 속합니다.

넷째, 통회자복으로 자신을 하나님께 드리는 참회적 노래입니다.

6편의 구성은 철저한 참회의 기도와 극한 고통을 표현하고 있는데, 자신이 저질렀던 죄악의 결과로 인해 나타난 고통에 대한 참회의 기도로 봅니다. 두 가지의 배경을 제시할 수 있습니다.

첫째는 6편 말씀의 배경(背景)으로 삼하11장-20장 사이의 사건이 주(主)를 이루고 삼하15:30의 내용이 주된 근거(根據)라고 봅니다.

"다윗이 감람산 길로 올라갈 때에 머리를 가리우고 맨발로 울며 행하고 저와 함께 가는 백성들도 각각 그 머리를 가리우고 울며 올라가니라"하신 말씀입니다. 다윗의 피난(避難) 길이 그 배경입니다.

둘째는 6편 말씀의 배경(背景)을 삼하12:16의 말씀에 나타난 사건으로 본다면 그 배경으로 아주 흡사(恰似)하다고 봅니다.

"다윗이…하나님께 간구하되 금식(禁食)하고…안에 들어가서 밤새도록 땅에 엎드렸으니…"하신 내용입니다. 밧세바로 인한 재앙입니다.

셋째는 6편 말씀을 보노라면 다윗이 자신의 죄를 통회자복하며 침상을 눈물로 적시는 현장인 51편의 말씀 속에 있는 느낌이 듭니다.

6절의 "밤마다 눈물로 내 침상을 띄우며 내 요를 적시나이다!"함과 51:4절의 "내가…주의 목전에 악을 행하였사오니…"함을 보십시오!

다음은 다윗이 나단 선지자를 통해서 책망받은 죄의 결과들입니다.

삼하7:14 "저가 만일 죄를 범하면 사람 막대기와 인생채찍으로…"		
암논이 여동생을 강간(强姦)함	압살롬이 암논을 살해(殺害)함	압살롬이 다윗을 떠나 가출(家出)함
압살롬이 아버지에게 반역(叛逆)함	쿠테타로 인하여 다윗이 피난(避難)감	피난길에서 시므이의 저주(詛呪) 받음
처첩들이 백주에 모욕(侮辱)당함	압살롬이 처참하게 살해(殺害)당함	4남 아도니아의 쿠데타가 일어남

다윗의 일생에 나타난 일련(一連)의 재화(災禍) 시리즈(Series)사건들을 보면 다윗이 자신의 범죄에 대하여 얼마나 처절하게 회개하지 않으면 안 되는가를 절실하게 보여주고 있습니다.

1절에 "여호와여 주의 분으로 나를 견책하지 마옵시며 주의 진노로 나를 징계하지 마옵소서…"하고 아예 몸부림을 치다시피 합니다.

얼마나 심한지 2-3절에 "뼈가 떨리고, 영혼도 떨리나이다"합니다.

그런데 문제는 이렇게 철저히 참회(懺悔)하는 기도를 드리는 가운데 참 이상한 것은 "기도(祈禱)의 속성(屬性)"이라는 것이 그 안에 슬그머니 나타나고 있다는 말입니다. 무엇입니까?

9절에 "여호와께서 내 간구를 들으셨음이여! 여호와께서 내 기도를 들으심이로다"하고 다윗이 자신(自信)있게 선포하고 있음을 봅니다.

좀 뻔뻔한 일 같지 않습니까? 그렇게 죄를 지어 놓고 어떻게 하나님께서 자신에게 기도의 응답을 주실 것으로 자신만만한가? 입니다.

마치 사1:18절에 "…오라! 우리가 서로 변론하자! 너희 죄가 주홍(朱紅)같을 지라도 눈과 같이 희어질 것이요, 진홍(眞紅)같이 붉을지라도 양털 같이 되리라"하신 말씀을 그대로 전하는 것 같습니다.

다윗이 자신의 문제를 놓고 이렇게 자신 있게 고백할 수 있는 것은 그동안 자신의 삶 속에서의 기도를 통해 얼마나 많은 문제들을 해결하여 왔는지를 여실히 보여주는 증거들이 많기 때문입니다.

다윗이 체험(體驗)한 기도의 속성(屬性)들은 다음과 같습니다.

첫째, 기도는 하나님의 은혜와 복을 받을 수 있는 통로(通路)입니다.
둘째, 기도는 자신의 허물과 죄를 성찰할 수 있는 기회(機會)입니다.
셋째, 기도는 어려운 시련을 극복할 수 있는 위안의 근거입니다.
넷째, 기도는 심령의 큰 기쁨을 얻을 수 있는 원천(源泉)입니다.
다섯째, 기도는 하나님의 평강이 임하여지는 현장(現場)입니다.

이러한 기초(基礎)로 다윗은 자신의 일생에 나타난 문제들을 하나 하나 기도(祈禱)로 풀어가며 하나님의 사랑을 받았던 것입니다.

이제 본문 6편에서의 가장 중요한 단어(key word)를 만나봅시다.

2절에 "여호와여 내가 수척하였사오니 나를 고치소서"하신 말씀과, 같은 2절에 "여호와여 나의 뼈가 떨리오니 나를 고치소서!"하신 말씀을 종합해서 볼 때 아마도 "사망(死亡)" 직전에 "음부(陰府)"에 까지 갈만큼 심각한 병을 앓았던 듯합니다.

이 사실을 통해 우리가 꼭 인식해야할 교훈이 있습니다.

첫째, 우리 인간은 한 없이 약(弱)하다는 것입니다.

그래서 "스스로 섰다고 하는 자는 넘어질까 조심하라"하셨습니다.

둘째, 우리가 당하는 시험은 바쁠 때보다 한가할 때라는 것입니다.

다윗이 범죄한 때는 부지런히 일 할 때가 아니라 한가하게 거닐 때였음을 명심하셔야 합니다.

셋째, 죄로 인하여 받는 징벌은 결코 피할 수 없다는 것입니다.

3절에 "나의 영혼도 심히 떨리나이다"하신 말씀이 바로 그것입니다.

다윗이 이 사실을 깨달으며 영혼까지 떨리는 체험을 하였습니다.

넷째, 하나님의 징계는 우리를 살리는 사랑의 손길이란 것입니다.

그러기 때문에 징계를 체험하는 순간, 하나님에게서 도망가거나, 피하지 말고 더 가까이 다가가셔야 합니다. 기도하시란 말입니다!

여러분!

우리의 모든 삶속에 나타난 여러 가지의 문제들마다 다윗처럼 하나님께 맡기고 의지하며 기도하며 풀어가는 지혜로운 성도가 됩시다.

할렐루야! 아멘.

시편(詩篇) - 7

어떠한 형태로든지 항상 드려야!

"(다윗의 식가욘. 베냐민인 구시의 말에 대하여 여호와께 한 노래) 여호와 내 하나님이여 주께 피하오니 나를 쫓는 모든 자에게서 나를 구하여 건지소서 건져낼 자 없으면 저희가 사자 같이 나를 찢고 뜯을까 하나이다 여호와 내 하나님이여 내가 이것을 행하였거나 내 손에 죄악이 있거나 화친한 자를 악으로 갚았거나 내 대적에게 무고히 빼앗았거든 원수로 나의 영혼을 쫓아 잡아 내 생명을 땅에 짓밟고 내 영광을 진토에 떨어뜨리게 하소서 (셀라) 여호와여 진노로 일어나사 내 대적들의 노를 막으시며 나를 위하여 깨소서 주께서 심판을 명하셨나이다 민족들의 집회로 주를 두르게 하시고 그 위 높은 자리에 돌아오소서 여호와께서 만민에게 심판을 행하시오니 여호와여 나의 의와 내게 있는 성실함을 따라 나를 판단하소서 악인의 악을 끊고 의인을 세우소서 의로우신 하나님이 사람의 심장을 감찰하시나이다 나의 방패는 마음이 정직한 자를 구원하시는 하나님께 있도다 하나님은 의로우신 재판장이심이여 매일 분노하시는 하나님이시로다 사람이 회개치 아니하면 저가 그 칼을 갈으심이여 그 활을 이미 당기어 예비하셨도다 죽일 기계를 또한 예비하심이여 그 만든 살은 화전이로다 악인이 죄악을 해산함이여 잔해를 잉태하여 궤휼을 낳았도다 저가 웅덩이를 파 만듦이여 제가 만든 함정에 빠졌도다 그 잔해는 자기 머리로 돌아오고 그 포학은 자기 정수리에 내리리로다 내가 여호와의 의를 따라 감사함이여 지극히 높으신 여호와의 이름을 찬양하리로다." (7:1-17)

오늘 우리가 본 본문의 표제(標題)는 "다윗의 식가욘, 베냐민인 구시의 말에 대하여 여호와께 한 노래…"라고 합니다.

이 말씀을 따라서 오늘의 본문 7편의 말씀을 살펴보십시다.

첫째, 7편은 영장이란 말이 없어도 예배용 찬양곡으로 쓰였고, 개별적(個別的) 신앙 고취용(高趣用)의 노래로도 쓰인 시(詩)입니다.

둘째, 식가욘이라는 말은 부정형(不定形)의 노래라는 말입니다.

식가욘(שגיון לדוד)이라는 말은 어떠한 구애(拘碍)를 받지 않고 자유롭게 마음대로 부르는 노래라는 뜻입니다.

따라서 다윗이 자기의 감정을 따라 자유롭게 부른 노래로 리듬이나, 박자나 곡조(曲調)같은 모든 정형(定形)에서 벗어난 개인적인 노래로 볼 수 있습니다.

셋째, 7편은 다른 시편과 서로 연결된 것 없는 독립적인 시입니다.

지금까지 보았던 3-4-5-6편처럼 서로 짝을 이루었던 다른 시편과 달리 서로 연계되어 짝을 이루지 않은 홀로 독립된 노래입니다.

넷째, 하나님께 긴급하게 도움을 요청하는 간절한 기도입니다.

본문 1절에 "여호와 내 하나님이여 주께 피하오니 나를 쫓는 모든 자에게서 나를 구하여 건지소서"하는 내용은 너무나 다급한 일에 부딪쳐서 하나님께 긴급한 도움을 요청하는 기도를 말하는 것입니다.

7편은 다윗이 지금까지 하나님을 향해 늘 익숙하게 바치고 드렸던 신앙적인 찬양(讚揚)과 말씀과 기도의 세 가지 형태의 고백입니다.

첫째는 "…소서"하는 간구(懇求)형의 기도입니다.

"건지소서", "하소서", "돌아오소서", "세우소서"등등입니다.

둘째는 "…도다"하는 선포(宣布)형의 기도입니다.

"있도다", "예비하셨도다", "낳았도다", "빠졌도다" 등등입니다.

셋째는 "…로다"하는 완결(完結)형의 기도입니다.

"하나님이시로다", "내리리로다", "찬양하리로다" 등등입니다.

7편의 내용에서 좀 특이한 것은 표제(標題) 중에 "베냐민인(人)인 구시(כוש)"라는 자가 등장(登場)하는데 그가 어떠한 말을 하였는지 모르겠으나 다윗이 그의 말을 듣고 하나님께 긴급(緊急)한 구원요청(SOS)을 하는 내용입니다.

이제 표제에 언급(言及)된 내용들을 통해서 본문의 배경(背景)들을 먼저 살펴보고 말씀의 뜻을 파악해 보십시다.

첫째, 베냐민인 구시의 등장 배경은 삼상23장의 내용입니다.

둘째, 구시는 이 표제 외에는 더 이상 성경에 나오지 않습니다.

셋째, 다윗을 고발해서 사울의 손에 붙이는 것이 자기들의 의무(義務)라고 말할 정도로 다윗에게는 대적(對敵)인 베냐민 사람입니다.

넷째, 이 표제 외에 다른 정보가 없으니 큰 권력이나, 세력이 있는 자는 아닐 것입니다. 한 마디로 별 볼일 없는 자라는 말입니다.

다섯째, 그런데 다윗은 이 구시의 등장에 무서워 떨며 기도합니다.

여러분!

본문을 보면서 무엇인가 조금 이상하다! 함을 느끼지 않습니까?

그렇게 거대(巨大)한 골리앗 앞에서도 당당하게 나아갔던 다윗이 어떻게 이런 별 볼일 없는 존재인 구시 앞에서 그리 무서워 벌벌 떨다니요? 무엇 때문에 하나님 앞에 매달려 그렇게 다급하게 기도하고 간구하였을까요? "골리앗과 구시"… 비교조차도 할 수 없는 차이 아닙니까? 그런데 이러한 역전(逆轉)된 현상을 어떻게 설명할 수 있겠습니까?

그러나 오히려 다윗의 이 자세는 올바른 믿음의 행위를 보여준 가장 진솔(眞率)한 모범적(模範的)인 모습이라고 할 수 있습니다.

만약에 다윗이 구시의 별 볼일 없음을 보고 "저 정도쯤이야! 내 힘만으로도 충분해, 하나님께 부탁하는 것은 번잡스러울 뿐이니, 내가 해치우지 뭐! 골리앗도 이겼는데 까짓것 구시쯤이야!"했더라면 그는 분명히 실패했을 것입니다.

여러분! 이것이 곧 우리의 현재 모습이요, 상황(狀況)입니다!

골리앗도 하나님이 도와주셔야 이기는 것처럼 구시도 하나님이 도와주셔야 이길 수 있습니다.

대부분의 사람들은 "골리앗"을 이겨놓고도 "구시"에게 패하는 경우도 많습니다. 이스라엘이 여리고성에서 이기고도 아이성에서 파한 것과 똑같은 이치(理致)요, 비슷한 경우(境遇)의 이야기입니다.

본문 7편은 이러한 내용을 통해 다음과 같은 교훈을 줍니다.

첫째는 도움을 받았던 사람이 은혜로 갚지 않고 오히려 악으로 갚을 때, 분노하거나 격동치 말고 찬송하고 기도하라는 것입니다.

17절에 "내가 여호와의 의를 따라 감사함이여 지극히 높으신 여호와의 이름을 찬양하리로다" 하심같이 찬송하고 기도하라는 말입니다.

둘째는 하나님은 억울한 일을 당한 자에게 반드시 신원(伸冤)하여 주신다는 것입니다.

8절에 "여호와께서 만민에게 심판을 행하시오니 여호와여 나의 의와 내게 있는 성실함을 따라 나를 판단하소서"라고 하지 않습니까?

원수는 하나님께서 갚아주시지, 내가 친히 갚는 것이 아닙니다.

셋째는 하나님은 반드시 공의로운 심판을 행하신다는 것입니다.

11절에 "하나님은 의(義)로우신 재판장(裁判長)이심이여!" 합니다.

비록 당시에는 아무것도 이루어지지 않는 것 같지만, 하나님은 반드시 공의(公義)를 따라 심판(審判)하시고 악을 갚아주십니다.

넷째는 하나님은 회개하는 자는 용서하시나 회개치 않는 자는 반드시 심판하신다는 것입니다.

12절에 "사람이 회개치 아니하면 저가 그 칼을 갈으심이여!" 합니다.

하나님 앞에서 늘 용서함 받고, 사랑받을 수 있는 것은 회개입니다.

여러분!

우리의 기도 제목이 어떠한 형태로 드려드리든지 항상 끊임없이 드릴 수 있기를 바랍니다.

할렐루야! 아멘.

시편(詩篇) - 8

주의 이름이 어찌 그리 아름다운지요?

"(다윗의 시, 영장으로 깃딧에 맞춘 노래) 여호와 우리 주여 주의 이름이 온 땅에 어찌 그리 아름다운지요 주의 영광을 하늘 위에 두셨나이다 주의 대적을 인하여 어린 아이와 젖먹이의 입으로 말미암아 권능을 세우심이여 이는 원수와 보수자로 잠잠케 하려 하심이니이다 주의 손가락으로 만드신 주의 하늘과 주의 베풀어 두신 달과 별들을 내가 보오니 사람이 무엇이관대 주께서 저를 생각하시며 인자가 무엇이관대 주께서 저를 권고하시나이까 저를 천사보다 조금 못하게 하시고 영화와 존귀로 관을 씌우셨나이다 주의 손으로 만드신 것을 다스리게 하시고 만물을 그 발 아래 두셨으니 곧 모든 우양과 들짐승이며 공중의 새와 바다의 어족과 해로에 다니는 것이니이다 여호와 우리 주여 주의 이름이 온 땅에 어찌 그리 아름다운지요."(8:1-9)

오늘 우리가 본 본문의 표제(標題)는 "다윗의 시, 영장으로 깃딧에 맞춘 노래"라고 합니다. 이 표제를 따라서 본(本)시를 살펴봅니다.

첫째, 영장으로란 말대로 이 시는 찬양대의 예배용 찬양입니다.

여기 영장이란 말은 전체 찬양대원들과 악기팀들을 총괄 지휘하는 악장(樂匠)으로서의 "지휘자(指揮者)"를 말하고 그의 지휘로 말미암아 전(全) 찬양대가 예배 시(時)에 찬양하는 찬송을 말합니다.

둘째, 깃딧에 맞춘 노래라고 하니 밝고 경쾌한 노래에 속합니다.

이 깃딧(תיגת)에 맞춘 노래라는 것은 6편의 표제인 스미닛(שמינית)에 맞춘 노래와는 정반대적인 성격으로 느리고 무거운 느낌의 라르고(Largo)적인 리듬(Rythem)이 아니라 아주 밝고 경쾌한 알레그로(Allegro)적인 리듬으로 구성(構成)된 노래라는 것입니다.

1절에 "여호와 우리 주여 주의 이름이 온 땅에 어찌 그리 아름다운지요"하신 말씀부터 벌써 밝고 경쾌한 느낌이 나타나지 않습니까?

셋째, 8편의 말씀은 이전에 본 6편의 정서와 반대적인 노래입니다.

철저한 참회의 기도와 극한 고통을 극복한 기쁨과 감사의 시입니다.

넷째, 하나님의 영광과 영화와 존귀의 관을 찬양하는 노래입니다.

시편 전체(全體)에서 볼 때, 이 8편의 구성은 창조시(創造詩)라 불릴 만큼 창세기 1장을 배경(背景)으로 한 "창조(創造)의 신비(神秘)와 영광(榮光)"에 관한 내용을 듬뿍 담고 있는 노래입니다.

특히 본문은 1절의 시작과 9절의 마지막을 똑같이 맞추는 소위 인클루지오(inclusio), 즉 "두미결성법(頭尾結成法)"이라는 특이한 강조법(强調法)으로 구성되어 있습니다. 이 두 가지를 유념해 봅시다.

본문은 크게 두 가지의 주제를 교차해 비교하며 다루고 있습니다.

첫째는 하늘 위에 영광을 두신 "주(主 אֲדֹנָי아도나이)님"입니다.

1절에 "주의 영광(榮光)을 하늘 위에 두셨나이다"하신대로 입니다.

둘째는 영화와 존귀로 관 씌우신 "인자(人子 אֱנוֹשׁ에노쉬)"입니다.

5절에 "저를 천사보다 조금 못하게 하시고 영화와 존귀로 관(冠)을 씌우셨나이다"하신 말씀을 보십시오!

이 두 가지의 주제를 보면서 느끼는 것은 "하나님의 영광과 사람의 존귀"가 거저 얻어진 것이 아니라 무엇인가의 큰 역사(役事)를 통해 이루어진 은총의 결과가 아닌가? 하는 생각입니다.

그 근거(根據)가 곧 2절에서 나타나고 있지 않습니까?

2절에 "주의 대적(對敵)을 인하여…이는 원수(怨讐)와 보수자(報讐者)로 잠잠케 하려 하심이니이다"하신 말씀을 자세히 살펴보세요!

다윗은 어렴풋이나마 무엇인가 "원수요 보수자"인 "대적"을 잠잠케 할 위대하신 사역을 이루실 어떤 "존재(存在)"로 말미암아 인간에게 "영화와 존귀"로 "관(冠)"을 씌우는 은총의 결과가 나타나지 않겠는가? 하고 생각하는 것입니다. 주(主)의 강림을 예언한 것입니다.

즉 인간의 "죄(罪)"문제를 놓고 처절하게 통회자복하던 전편(前篇)

의 말씀들을 생각하면서 본문을 보면 바로 그런 관계를 쉽게 파악할 수 있습니다.

다음의 말씀들을 비교해보시면서 메시야에 대한 예언을 보십시다.

첫째는 죄 문제를 대속하지 못한 인간의 상태를 말합니다. (6편)

6:6절에 "내가 탄식(歎息)함으로 곤핍(困乏)하여 밤마다 눈물로 내 침상을 띄우며 내 요를 적시나이다"하지 않습니까? 죄의 문제로 인하여 철저한 참회의 기도로 극한 고통을 표현합니다.

둘째는 죄악을 대속받아 해결한 인간의 상태를 말합니다. (8편)

8:6절에 "주의 손으로 만드신 것을 다스리게 하시고 만물을 그 발 아래 두셨으니…"하심은 만물의 주권을 회복한 상태라는 표현입니다.

문제는 이렇게 하나님께 감사하며 찬양하는 "만물을 다스리는 권세"에 대해서 태초에 아담과 하와에게 부여해주신 것을 말하는 것이냐? 아니면 잃어버린 주권을 다시 회복해주신 "메시야"이신 예수 그리스도를 상징(象徵)하는 것이냐?입니다.

이 내용에 대한 해답은 "영광(榮光)과 존귀(尊貴)와 관(冠)"이라는 말씀 속에 있습니다. 이는 우리로 죄 문제를 사(赦)함 받아서 하나님의 자녀로 하늘나라의 유업을 상속받는 자가 되었다는 말입니다.

따라서 이 8편은 가장 강력하게 "메시야"를 찬양하는 시(詩)입니다.

8편은 하나님 아버지의 영광과 인간을 존귀하게 해주신 메시야이신 예수 그리스도를 찬양하는 것이니 얼마나 기쁘고, 감사하겠습니까?

이러한 기쁨과 감사의 마음으로 이 시편을 다시 한 번 읽어보셔요!

이제 이 8편의 말씀 속에서 우리에게 주시는 음성이 들립니다.

첫째, 하나님은 당신의 자녀를 친히 돌보아 주신다는 사실입니다.

4절에 "저를 생각하시며…저를 권고하신다"고 하시지 않습니까?

둘째, 하나님은 자녀들에게 영광과 존귀로 관을 씌우시기 원하신다는 사실입니다.

이 말은 우리로 항상 믿음 안에서 승리하기를 원하신다는 말입니다.

셋째, 하나님은 자녀들의 주권회복을 위해 도우신다는 사실입니다.

6절에 "주의 손으로 만드신 것을 다스리게 하시고…"하십니다.

이 말은 하나님께서 우리 자녀들에게 잃어버린 주권(主權)을 찾을 수 있도록 도우신다는 것입니다.

여러분!

우리는 본문(本文)을 볼 때마다 하나님을 찬양한다는 것이 얼마나 귀하고 아름다운 일인가를 재삼(再三) 생각하게 됩니다.

"여호와 우리 주여 주의 이름이 온 땅에 어찌 그리 아름다운지요" 하고 기쁨으로 찬양합시다!

할렐루야! 아멘.

시편(詩篇) - 9

역사의식이 투철해야 제대로 알지!

"(다윗의 시, 영장으로 뭇랍벤에 맞춘 노래) 내가 전심으로 여호와께 감사하오며 주의 모든 기사를 전하리이다 내가 주를 기뻐하고 즐거워하며 지극히 높으신 주의 이름을 찬송하리니 내 원수들이 물러갈 때에 주의 앞에서 넘어져 망함이니이다 주께서 나의 의와 송사를 변호하셨으며 보좌에 앉으사 의롭게 심판하셨나이다 열방을 책하시고 악인을 멸하시며 저희 이름을 영영히 도말하셨나이다 원수가 끊어져 영영히 멸망하였사오니 주께서 무너뜨린 성읍들을 기억할 수 없나이다 여호와께서 영영히 앉으심이여 심판을 위하여 보좌를 예비하셨도다 공의로 세계를 심판하심이여 정직으로 만민에게 판단을 행하시리로다 여호와는 또 압제를 당하는 자의 산성이시요 환난 때의 산성이시로다 여호와여 주의 이름을 아는 자는 주를 의지하오리니 이는 주를 찾는 자들을 버리지 아니하심이니이다 너희는 시온에 거하신 여호와를 찬송하며 그 행사를 백성 중에 선포할지어다 피 흘림을 심문하시는 이가 저희를 기억하심이여 가난한 자의 부르짖음을 잊지 아니하시도다 여호와여 나를 긍휼히 여기소서 나를 사망의 문에서 일으키시는 주여 미워하는 자에게 받는 나의 곤고를 보소서 그리하시면 내가 주의 찬송을 다 전할 것이요 딸 같은 시온의 문에서 주의 구원을 기뻐하리이다 열방은 자기가 판 웅덩이에 빠짐이여 그 숨긴 그물에 자기 발이 걸렸도다 여호와께서 자기를 알게 하사 심판을 행하셨음이여 악인은 그 손으로 행한 일에 스스로 얽혔도다 (힉가욘, 셀라) 악인이 음부로 돌아감이여 하나님을 잊어버린 모든 열방이 그리 하리로다 궁핍한 자가 항상 잊어버림을 보지 아니함이여 가난한 자가 영영히 실망치 아니하리로다 여호와여 일어나사 인생으로 승리를 얻지 못하게 하시며 열방으로 주의 목전에 심판을 받게 하소서 여호와여 저희로 두렵게 하시며 열방으로 자기는 인생 뿐인 줄 알게 하소서 (셀라)." (9:1-20)

오늘 우리가 본 본문의 표제(標題)는 "다윗의 시, 영장으로 뭇랍벤에 맞춘 노래"라고 합니다. 이 표제를 중심으로 본문을 살펴봅시다.

첫째, 영장이란 말이 나온 대로 본 시(詩)도 예배용 찬양입니다.

여기 영장의 지휘 하에서 아름다운 예배를 위해 찬양대를 중심으로 온갖 방법으로 찬양하는 찬송곡(讚頌曲)으로 쓰인 시(詩)입니다.

둘째, 뭇랍벤에 맞춘 노래라 하니 이는 일종의 애가에 속합니다.

이 뭇랍벤(מות לבן)이라는 말은 말 그대로라면 "아들(בן)의 죽음에 대한 애도(哀悼)의 노래"라는 뜻이 되겠는데, 지금까지의 시편 표제를 따라 볼 때, 그러한 해석보다는 느리고 무거운 느낌의 라르고(Largo)적인 리듬(Rythem)에 맞춘 노래로 부르는 일종의 애가(哀歌) 형식의 노래로 해석(解釋)하는 편이 더 좋을 듯싶습니다.

셋째, 9편은 다음에 나올 10편과 아주 유사(類似)한 시편입니다.

그래서 어떤 사람은 9편과 10편이 원래는 하나였을 것이라고 주장하기도 하고, 또 어떤 이는 쌍둥이 시편이라고 평하기도 합니다.

넷째, 9편은 과거와 현재 그리고 미래라 하는 시제를 통해 고난 과정에서 극적인 구원역사를 이루신 하나님께 감사하는 시(詩)입니다.

특히 다윗 시(詩)의 특징(特徵) 중의 하나인 "과거(過去)와 현재(現在)와 미래(未來)"의 연결의식이 아주 철저하게 나타났습니다.

그러니까 다윗은 이러한 역사의식(歷史意識)에 있어서 어느 누구보다도 투철(透徹)하였다는 말입니다. 이러한 신앙의 바탕 위에서 그의 모든 기도나, 찬양이나, 성경의 이해나, 감사 같은 행위들이 하나님의 은혜를 중심으로 이루어지고 있는 것을 볼 수 있습니다.

본 9편의 말씀도 그와 똑같은 패턴(Pattern,樣態)으로 진행됩니다.

첫째는 과거에 하나님이 도우심을 추억하며 감사합니다. (1-6절)

둘째는 미래에도 도와주실 것을 소망하며 간구합니다. (7-16절)

셋째는 현재에도 악인(惡人)과 의인(義人)의 사이에서 역사(役事)하실 것을 소망합니다. (17-20절)

다윗은 악인들의 망령(亡靈)된 행위들에 대하여 하나님의 심판(審判)의 역사(役事)를 요구합니다.

다윗은 그동안 이방나라로부터 자기 자식에 이르기까지 수없이 많은 침략과 반역을 통하여 엄청난 시련과 고난을 당해왔었습니다.

첫째는 3절에 "내 원수(怨讐)들이…"합니다.

둘째는 5절에 "열방(列邦)을 책(責)하시고…"합니다.

셋째는 5절에 "악인(惡人)을 멸(滅)하시며…"합니다.

넷째는 13절에 "미워하는 자(者)에게…"합니다.

다윗은 이러한 악인들은 멸(滅)하시고 의인에 대해서는 구원(救援)의 은총(恩寵)을 청구합니다.

누가 하나님이 베푸시는 이러한 은총을 받을 수 있습니까?

첫째, 9절에 "압제(壓制)당하는 자(者)…"입니다.

둘째, 10절에 "주의 이름을 아는 자(者)…"입니다.

셋째, 10절에 "주를 찾는 자(者)…"입니다.

넷째, 12절에 "가난한 자(者)…"들입니다.

오늘 우리가 본 본문에는 다윗의 신앙(信仰)에 있어서 가장 중요한 세 가지의 모습을 보여주고 있습니다.

첫째는 2절입니다.

"내가 주를 기뻐하고 즐거워하며…"하는 말씀입니다.

세상 사람들은 즐겁고 기쁜 일은 자기가 취하고 괴롭고 고통스러운 일은 주님께 맡기는데, 다윗은 어떠한 일이나 주를 기뻐합니다.

둘째는 3절입니다.

"내 원수들이 물러갈 때에 주의 앞에서 넘어져 망함입니다"합니다.

세상 사람들은 지위(地位)가 높아질수록 사람들을 의식하고 주변의 눈을 의식하지만, 다윗은 자신의 지위고하를 막론하고 하나님과의 관계만 유지하는데 힘씁니다.

셋째는 4절입니다.

"주께서 나의 의와 송사(訟事)를 변호하셨으며…"하는 말씀입니다.

세상 사람들은 일이 많아질수록 사람들을 의지하고 주위사람들의 도움을 청하지만, 다윗은 철저히 하나님만 의지하므로 친히 하나님께서 모든 일을 변호(辯護)해주시고 보호해주셨다는 말입니다.

여러분!

다윗이 항상 하나님과 유지했던 관계거리의 모범을 생각하며 우리 모두 하나님과의 관계거리에 전심전력(全心全力)하시기 바랍니다.

할렐루야! 아멘.

시편(詩篇) - 10

하나님은 보시고, 아시고, 행하십니다!

"여호와여 어찌하여 멀리 서시며 어찌하여 환난 때에 숨으시나이까 악한 자가 교만하여 가련한 자를 심히 군박하오니 저희로 자기의 베푼 꾀에 빠지게 하소서 악인은 그 마음의 소욕을 자랑하며 탐리하는 자는 여호와를 배반하여 멸시하나이다 악인은 그 교만한 얼굴로 말하기를 여호와께서 이를 감찰치 아니하신다 하며 그 모든 사상에 하나님이 없다 하나이다 저의 길은 언제든지 견고하고 주의 심판은 높아서 저의 안력이 미치지 못하오며 저는 그 모든 대적을 멸시하며 그 마음에 이르기를 나는 요동치 아니하며 대대로 환난을 당치 아니하리라 하나이다 그 입에는 저주와 궤휼과 포학이 충만하며 혀 밑에는 잔해와 죄악이 있나이다 저가 향촌 유벽한 곳에 앉으며 그 은밀한 곳에서 무죄한 자를 죽이며 그 눈은 외로운 자를 엿보나이다 사자가 그 굴혈에 엎드림 같이 저가 은밀한 곳에 엎드려 가련한 자를 잡으려고 기다리며 자기 그물을 끌어 가련한 자를 잡나이다 저가 구푸려 엎드리니 그 강포로 인하여 외로운 자가 넘어지나이다 저의 마음에 이르기를 하나님이 잊으셨고 그 얼굴을 가리우셨으니 영원히 보지 아니하시리라 하나이다 여호와여 일어나옵소서 하나님이여 손을 드옵소서 가난한 자를 잊지 마옵소서 어찌하여 악인이 하나님을 멸시하여 그 마음에 이르기를 주는 감찰치 아니하리라 하나이까 주께서는 보셨나이다 잔해와 원한을 감찰하시고 주의 손으로 갚으려 하시오니 외로운 자가 주를 의지하나이다 주는 벌써부터 고아를 도우시는 자니이다 악인의 팔을 꺾으소서 악한 자의 악을 없기까지 찾으소서 여호와께서는 영원무궁토록 왕이시니 열방이 주의 땅에서 멸망하였나이다 여호와여 주는 겸손한 자의 소원을 들으셨으니 저희 마음을 예비하시며 귀를 기울여 들으시고 고아와 압박 당하는 자를 위하여 심판하사 세상에 속한 자로 다시는 위협지 못하게 하시리이다."(10:1-18)

본 시(詩) 10편은 표제가 없습니다. 또한 누구의 시라고 알려주는 저자에 대한 정보도 없고, 어떤 지정된 방법대로 부르라는 지시어가 없으니 어떤 면에서 보면 아주 자유로운 시이기도 합니다.

첫째, 그러나 전체적인 시의 내용과 구성을 보면 다윗의 시입니다.

또한 1편부터 계속된 시편의 편집(編輯)과 구성(構成)상 표제에 비록 제시하지 않았다 해도 다윗의 시(詩)임에는 틀림없는 것이 앞선 9편과 짝을 이루는 시이기 때문입니다.

시72:19절로 마감되는 시편의 제2권 마지막 말씀을 보면 "…온 땅에 그 영광이 충만할지어다. 아멘, 아멘, 이새의 아들 다윗의 기도(祈禱)가 필(畢)하다!"하신 대로 그 말씀 안에 담겨져 있는 시(詩)들은 대부분 다윗의 시라는 것이 밝혀져 있고, 그 내용을 보면 역시 다윗의 신앙이 가장 근접하게 나타나고 있음이 보입니다.

둘째, 다윗 신앙의 특징인 라마신앙이 아주 선명하게 나타납니다.

예수님께서 인용하신 라마신앙의 특색이 곧 다윗의 신앙 아닙니까?

1절에 "여호와여 어찌하여 멀리 서시며 어찌하여 환난 때에 숨으시나이까"하며 시작하는 본문을 흔히 "למה 라마"시(詩)라고 부릅니다.

말하자면 "어찌하여 למה라마…"하며 시작하는 독특한 구조(構造) 때문에 붙여진 별명이 아닌가 생각됩니다.

예수님께서 십자가위에서 마지막으로 하셨던 기도, "엘리 엘리 라마 사박다니"하신 말씀 중에도 이 "라마למה신앙"이 나타나고 있습니다.

이 말 "어찌하여…"는 불신앙을 나타내는 말이 아니라 오히려 하나님의 역사(役事)하심을 강하게 청원하는 탄식(歎息)의 간구입니다.

다윗 신앙의 특색이 바로 이 "라마 신앙"이라고 볼 수 있습니다.

셋째, 이 라마신앙의 정확한 의미(意味)는 다음과 같습니다.

첫째는 3절에서/ 의인은 하나님을 존중히 여기는데, 악인은 하나님을 멸시하니 어찌하여 내버려 두십니까?

둘째는 13절에서/ 의인은 의롭게 하나님과 동행하는데, 악인은 멀리하여 잔해(殘害)와 원한(怨恨)으로 행하는 것을 어찌하여 버려두십니까?

셋째는 4절에서/ 의인은 하나님께 겸손하게 구하는데, 악인들은 교만하여 구하지 아니하는 것을 어찌하여 내버려두십니까?

넷째는 8절에서/ 의인은 힘들고 어렵게 살아가는데, 악인은 형통(亨通)하여 잘 사는 것을 어찌하여 내버려두십니까? 하는 질문입니다.

이상과 같은 내용들을 내어놓고 하나님의 섭리(攝理)하심과 역사(役事)하심을 요구하는 것은 불신앙이 아니라 오히려 하나님의 영광을 높이기 위한 충성된 신앙의 간구(懇求)라고 볼 수 있습니다.

이 시편 기자는 이 "어찌하여"의 기도를 들으시고 결국에는 자신의 문제들에 개입(介入)하시고 도우셔서 해결해주실 것을 확신하며 다음과 같은 "악인(惡人)들의 상황(狀況)"을 보고(報告)합니다.

2절	가련(可憐)한 자를 학대(虐待)하는 자(者)	3절	하나님을 배반하여 멸시(蔑視)하는 자(者)
4절	사상(思想)에 하나님이 없다 하는 자(者)	5절	안하무인(眼下無人)으로 교만(驕慢)한 자(者)
6절	헛된 망상(妄想)에 사로잡힌 자(者)	7절	저주(詛呪)와 궤휼과 포학(暴虐)을 일삼는 자
8절	무죄(無罪)한 자를 엿 보며 해치는 자(者)	9절	간교(奸巧)함으로 약자(弱者)를 해치는 자(者)
10절	강포(强暴)함으로 성도(聖徒)를 넘어뜨리는 자	11절	하나님이 없다고 부인(否認)하는 자(者)

이제 이 시편기자는 하나님께서 응답하시고 강력한 응징으로 역사하실 것을 확신하며 14절에 "주께서는 보셨나이다!"하고 고백합니다.

넷째, 이 라마신앙에 의한 기도는 다음과 열매로 나타납니다.
하나, 하나님은 우리의 기도에 부족한 표현이 있어도 들어주십니다.
둘, 하나님은 말로 표현하지 못한 마음의 묵상과 뜻도 받으십니다.
셋, 하나님은 겸손한 자세로 기도할 때, 확실하게 응답해 주십니다.
넷, 하나님은 우리 기도응답을 위해 세상까지도 움직여 주십니다.

여러분!
하나님은 다 보시고 아시고 행하십니다.

하나님께서 항상 보고 계시다는 의식을 잊지 말고 하나님만 사랑하는 자녀가 다 되십시다.

할렐루야! 아멘.

시편(詩篇) - 11

하나님의 터 위에서!

"(다윗의 시, 영장으로 한 노래) 내가 여호와께 피하였거늘 너희가 내 영혼더러 새 같이 네 산으로 도망하라 함은 어찜인고 악인이 활을 당기고 살을 시위에 먹임이여 마음이 바른 자를 어두운 데서 쏘려 하는도다 터가 무너지면 의인이 무엇을 할꼬 여호와께서 그 성전에 계시니 여호와의 보좌는 하늘에 있음이여 그 눈이 인생을 통촉하시고 그 안목이 저희를 감찰하시도다 여호와는 의인을 감찰하시고 악인과 강포함을 좋아하는 자를 마음에 미워하시도다 악인에게 그물을 내려 치시리니 불과 유황과 태우는 바람이 저희 잔의 소득이 되리로다 여호와는 의로우사 의로운 일을 좋아하시나니 정직한 자는 그 얼굴을 뵈오리로다."(11:1-7)

오늘 우리가 본 본문의 표제(標題)는 "다윗의 시, 영장으로 한 노래"라고 되어 있습니다.

표제만 보아서는 다른 해설이 없어서 역사적인 배경이나, 노래의 구성적인 삶의 정보들의 자세한 내용을 알 수는 없습니다.

따라서 있는 그대로 살펴보고 주시는 대로 은혜 받으십시다.

첫째, 영장이란 말대로 지휘자에 따라하는 예배용 찬송곡입니다.

여기 영장은 "지휘자"이니 이를 중심으로 한 조직된 찬양대가 공식 예배를 통해서 찬양하는 찬송곡으로 쓰인 노래인 것입니다.

둘째, 11편은 7개절로써 시편 중에서도 아주 짧은 편에 속합니다.

11편은 시편 전체의 구성에 있어서 아주 짧은 시편에 속합니다.

그런데 짧으면서도 그 내용들은 아주 알차게 구성된 시(詩)입니다.

셋째, 악인과 의인을 대비하여 하나님 공의를 찬양한 시입니다.

11편의 구성은 악인에 대한 철저한 심판과 의인에 대한 궁극적인 보호와 구원의 은총을 대비(對比)한 하나님의 공의(公義)를 찬양한 찬양시(讚揚詩)라고 볼 수 있습니다.

본문 1절은 "…너희가 내 영혼더러 새 같이 네 산(山)으로 도망하라 함은 어찜인고?…"하며 시작합니다. 이 말의 역사적인 배경이 다윗이 사울의 궁에 있었을 때인지, 아니면 아들 압살롬의 반란의 때에 있었던 사건인지는 확실하게 알 수 없지만, 사람들이 다윗더러 산으로 피신하라고 권할 때에 자신의 처신에 대하여 한 노래입니다.

이 위기 상황(狀況)에 대하여 다윗은 크게 두 가지의 개념(槪念)을 통해 하나님과 자신의 관계거리를 명백하게 고백하고 있습니다.

첫째는 하나님은 의인(義人)의 터가 되신다는 말입니다.

다윗이 말한 이 터(השתות하샤톳트)는 자신과 하나님과의 관계를 맺어주는 가장 기본적인 바탕이요, 통로가 됨을 말합니다. 원래 터를 가리켜 기업(基業)이라고 하는데 다음과 같은 세 종류가 있습니다.

첫째는 직업(職業)입니다.

이는 살아가는데 꼭 필요한 재화(財貨)를 벌고 얻으며 먹고 살 수 있는 생활의 터전을 말합니다.

둘째는 가업(家業)입니다.

이는 결혼하여 자녀를 낳고 기르며 가정을 세우는 일을 말합니다.

셋째는 신업(信業)입니다.

이는 신앙생활을 통하여 하나님과의 관계를 유지하며 섬기는 일을 말합니다. 본문에서 다윗이 말한 "터"는 바로 이 신업을 가리켜 말한 것으로 다음과 같은 요소들입니다.

하나는 율법(律法)입니다. 성경(聖經)의 말씀을 통해서 함께합니다.

다음은 기도(祈禱)입니다. 기도를 통해서 하나님과 늘 교제합니다.

마지막으로는 찬양(讚揚)입니다. 다윗은 찬양으로 은혜 받았습니다.

이 신업이라는 것에 대해서 사람들은 별로 중요하게 생각하지 않지만, 실제로 위기를 당했을 때에는 이보다 더 중요한 것이 없습니다.

어느 교회에 온 집안이 하나님을 잘 섬기며 온 교우들의 존경받는 모(某) 장로님이 계셨습니다. 이 장로님 가정에는 딸만 여섯, 6공주 집안이었는데, 장로님은 포기하지 않고 다시 도전하여 드디어 아들을 낳으셨습니다. 온 교우가 다 축하하는 가운데 아이가 잘 자라서

서울의 유명한 대학에 시험을 치르고 합격까지 하였습니다.

장로님의 가정은 기쁨이 하늘에 닿을 정도였고, 온 교회가 잔치분위기였습니다. 이제 등록할 때가 되어서 장로님께서 서울로 상경하였는데, 약속시간에 아들이 나오지 않은 것입니다! 혹시나 해서 아들이 있던 하숙집에 가보니 연탄가스로 간밤에 죽었더라는 말입니다.

얼마나 기막힌 일입니까? 장례식을 치르는데, 사람들이 수군댑니다. "예수 믿다 쫄딱 망했네!", "쥐뿔도! 저래가지고서야 어디 예수믿을 맘이 생기겠나?" 하는 별아별 소리가 다 들려오는 것입니다.

그런데 정작 장로님은 묵묵히 장례를 치르고 난 다음에 아들위해 준비해두었던 등록금을 장학금으로 내어 놓으면서 돈이 없어 공부못하는 다른 사람들을 위해 희망과 용기를 불어 넣어 주었습니다.

하나님을 터전으로 삼은 흔들리지 않는 믿음의 모습을 보여준 아름다운 신업(信業)의 모델(Model)이라 할 수 있습니다.

둘째는 하나님은 의인을 감찰(鑑察)하신다는 말입니다.

다윗이 어떠한 어려움을 당할 때에도 항상 하나님께 기도하기를 잊지 아니한 것은 자신의 모든 것을 감찰하시는 하나님을 믿었기 때문입니다. 여기 감찰이라는 말은 죄악만을 살피시며 처벌할 것을 찾는 것을 말하는 것이 아니라 모든 삶을 살피는 것을 말합니다.

하나님은 우리의 모든 삶을 살피시고, 돌보시고, 채우시는 "감찰"하시는 분이십니다.

4절에 "…그 눈이 인생을 통촉(洞燭)하시고 그 안목(眼目)이 저희를 감찰(鑑察)하시도다"합니다.

여러분!

우리가 하나님의 "터" 위에서 살고 하나님께서 그 안목(眼目)으로 "감찰"하시면 우리의 삶은 늘 안전하고 행복할 줄로 믿습니다.

할렐루야! 아멘.

시편(詩篇) - 12

신행일치(信行一致)의 삶으로!

"(다윗의 시, 영장으로 스미닛에 맞춘 노래) 여호와여 도우소서 경건한 자가 끊어지며 충실한 자가 인생 중에 없어지도소이다 저희가 이웃에게 각기 거짓을 말함이여 아첨하는 입술과 두 마음으로 말하는도다 여호와께서 모든 아첨하는 입술과 자랑하는 혀를 끊으시리니 저희가 말하기를 우리의 혀로 이길지라 우리 입술은 우리 것이니 우리를 주관할 자 누구리요 함이로다 여호와의 말씀에 가련한 자의 눌림과 궁핍한 자의 탄식을 인하여 내가 이제 일어나 저를 그 원하는 안전 지대에 두리라 하시도다 여호와의 말씀은 순결함이여 흙 도가니에 일곱번 단련한 은 같도다 여호와여 저희를 지키사 이 세대로부터 영영토록 보존하시리이다 비루함이 인생 중에 높아지는 때에 악인이 처처에 횡행하는도다."(12:1-8)

오늘 우리가 본 본문의 표제(標題)도 "다윗의 시, 영장으로 스미닛에 맞춘 노래"라고 되어 있습니다. 6편의 내용과 같은 구조입니다.

첫째, 영장이라는 말대로 이 시는 찬양대의 예배용 찬양입니다.

여기 영장은 "지휘자", 곧 악장(樂匠Conductor)이니 이를 중심으로 조직된 찬양대가 공식예배를 드릴 때에 찬양하는 찬송곡입니다.

둘째, 스미닛에 맞춘 노래라 하니 이는 애가(哀歌)라는 것입니다.

"스미닛(שְׁמִינִית)에 맞춘 노래"는 주로 현악기(絃樂器)의 제8현금(玄琴)에 맞춘 노래로써 밝고 경쾌한 리듬(Rythem)이 아니라 느리고 무거운 느낌의 리듬으로 연주(演奏)하라는 것입니다.

일종(一種)의 애가형식(哀歌形式)의 노래입니다.

셋째, 12편은 구성과 내용이 6편과 너무나 흡사한 비탄시입니다.

12편은 그 구성(構成)이 6편의 성격(性格)과 분위기가 너무나 비슷한 신앙공동체의 고난과 시련을 노래한 비탄시에 속합니다.

넷째, 사회의 부패를 탄식하며 고발하는 공의적 찬양시입니다.

6편의 구성은 자신의 죄(罪) 문제로 인하여 철저한 회개의 기도와 극한 고통을 표현하는 참회시(懺悔詩)인데, 반하여 12편은 사회의 부패한 죄악을 탄식하며 고발하는 신앙공동체적인 고발시입니다.

다섯째, 12편의 구조는 다윗신앙의 가장 구체적인 면을 보입니다.

첫째는 1절에서/ "여호와여 도우소서!" 하며 바로 간구(懇求)합니다.

둘째는 7절에서/ "여호와여 지키소서!" 하며 기도(祈禱)로 마칩니다.

"도우소서(הושיעה יהוה호세아 여호와!)"에서 "지키소서(תשמרם יהוה여호와 티쉬마림!)"로 발전(發展)시키는 기도입니다.

그러면 도대체 무엇을 돕고, 무엇을 지켜달라는 것입니까?

첫째, "거짓 말"에서부터 지켜달라는 것입니다.

2절에 "저희가 이웃에게 각기 거짓을 말함이여!"한 대로입니다.

둘째, "아첨하는 입술"로부터 지켜달라는 것입니다.

2절에 "…아첨하는 입술과 두 마음으로 말하는도다"한 대로입니다.

셋째, "자랑하는 혀"로부터 지켜달라는 것입니다.

3절에 "…자랑하는 혀를 끊으시리니…"하신 대로입니다.

자신이 저질렀던 죄악의 결과로 인해 나타난 고통에 대한 참회의 기도로써가 아니라 사회 부조리와 악인들의 죄악을 고발하는 가운데 준엄한 분위기를 띄고 하나님에게 간절히 간구하는 것 세 가지를 지적합니다. 다윗은 다음의 세 가지의 신앙표현에 대하여 늘 조심하며 유념하였습니다.

첫째는 말(言語)입니다.

여기에서는 특히 "거짓말", "아첨하는 입술", "자랑하는 혀"를 고발합니다. 원래 말이라 하는 것은 인간의 사고(思考)와 행동(行動)을 연결하는 매개체(媒介體)로 그의 인격(人格)을 대변하는 것입니다.

마12:37절에 "네 말로 의(義)롭다 함을 받고 네 말로 정죄(定罪)함을 받으리라"하기도 하였고, 약3:2절에 "만일 말에 실수(失手)가 없는 자면 곧 온전한 자니라"라고도 하지 않습니까?

특별히 말이란 독백(獨白)보다는 대화(對話)가 좋고 대화는 하나님과의 대화가 가장 좋은 것입니다.

둘째는 사고(思考)입니다.

인간만사(人間萬事)의 모든 판단(判斷)과 결정(決定)은 이 사고력(思考力)에서부터 나옵니다. 그래서 "그 사람의 인격의 수준은 사고의 수준이다"하는 말처럼 모든 인격의 기초가 이 사고에 있습니다.

마6:28절에서도 주님께서 "들의 백합화가 어떻게 자라는가 생각하여 보라!"하신 것이 바로 그 사고력에 관한 말씀이 아니겠습니까?

6절에 "여호와의 말씀은 순결함이여! 흙 도가니에 일곱 번 단련(鍛鍊)한 은 같도다"하신대로 말씀을 생각하고 또 생각하며 깊은 사고를 통해 말씀을 정제(精製)하는 "다윗 신앙"의 정수를 보게 됩니다.

셋째는 행동(行動)입니다.

7절에 "여호와여! 저희를 지키사 이 세대로부터 영영토록 보존하시리이다"하신대로 다윗은 고난당하는 의인들을 악인들로 가득 찬 이 세상에서 구원(救援)하셔서 언약(言約)을 성취(成取)해주시도록 간구하고 있습니다.

이제 하나님께서 언약하신대로 5절에 "내가 이제 일어나 저를 구원하는 안전지대(安全地帶)에 두리라"하신대로 행하시지 않겠습니까?

여러분!

주께서 우리에게 행함으로 모범을 보이신 것 같이 우리도 늘 말씀대로 "신행일치(信行一致)"의 삶으로 보여 드리는 성도가 되십시다.

할렐루야! 아멘.

시편(詩篇) - 13

기승전결(起承轉結)의 방법으로!

"(다윗의 시, 영장으로 한 노래) 여호와여 어느 때까지니이까 나를 영영히 잊으시나이까 주의 얼굴을 나에게서 언제까지 숨기시겠나이까 내가 나의 영혼에 경영하고 종일토록 마음에 근심하기를 어느 때까지 하오며 내 원수가 나를 쳐서 자긍하기를 어느 때까지 하리이까 여호와 내 하나님이여 나를 생각하사 응답하시고 나의 눈을 밝히소서 두렵건대 내가 사망의 잠을 잘까 하오며 두렵건대 나의 원수가 이르기를 내가 저를 이기었다 할까 하오며 내가 요동될 때에 나의 대적들이 기뻐할까 하나이다 나는 오직 주의 인자하심을 의뢰하였사오니 내 마음은 주의 구원을 기뻐하리이다 내가 여호와를 찬송하리니 이는 나를 후대하심이로다."(13:1-6)

오늘의 본문 표제(標題)도 역시 "다윗의 시, 영장으로 한 노래"로 되어 있습니다. 이제 표제의 내용도 점점 단축화되는 느낌입니다.

첫째, 영장이라는 말대로 이 시는 찬양대의 예배용 찬양입니다.

여기에는 이제 영장이란 말만 나오고 "스미닛"이니, "깃딧"이니 하는 지시어(指示語)들은 쏙 빠져 버린 간단한 예배용 찬송곡입니다.

둘째, 다윗의 개인 기도송(Prayer Song)이라 할 만한 찬송입니다.

악기(樂器)나 템포(Tempo)에 대한 다른 지시가 없는 노래인고로 개인적인 찬양으로 자유롭게 부르도록 만든 일종의 기도송입니다.

셋째, 13편은 시편 전체 중에서도 아주 독특한 형식으로 구성된 찬송곡이라 할 수 있습니다.

13편의 구성(構成)은 "…까?"하고 시작한 "질문형식(質問形式)"에서 "…다!"로 끝나는 "인식형식(認識形式)"으로 마무리 짓고 있습니다.

이 13편은 비록 6개절의 짧은 시이지만 다윗의 신앙(信仰) 성격(性格)을 어떤 것보다 더 정확히 전달해주는 시(詩)입니다.

흔히 우리가 접하는 여러 형태의 문학작품(文學作品)들, 예컨대 시(詩), 소설(小說), 연극(演劇)등의 구성(構成)형식의 기술방법 중에는 소위 "기승전결(起承轉結)"이라는 구성법(構成法)이 있습니다.

예전에 주로 한시(漢詩)의 절구체(絶句體)에 가장 빈번하게 쓰이던 방법으로써 이제는 거의 모든 분야에 두루 퍼진 구성법입니다.

이 기승전결의 의미는 다음과 같습니다.

기(起) 모든 것의 시작(始作)부분을 말합니다.

승(承) 시작되어진 것을 이어받아 전개(展開)시키는 부분입니다.

전(轉) 지금까지 이어오던 것을 반전(反轉)시켜 새로운 분위기로 발전(發展)시키는 부분입니다

결(結) 모든 것들을 종합(綜合)해서 마무리 짓는 부분입니다.

오늘 본 13편의 분위기가 일부러 이 기승전결의 구성법에 맞춘 것은 아니지만 너무나 흡사한 형태로 이루어지고 있음이 나타납니다.

한번 살펴보실까요?

첫째, 기(起):

1절에 "여호와여! 어느 때까지니이까? 나를 영영히 잊으시나이까? 언제까지 숨기시겠나이까?"

2절에 "…어느 때까지 하리이까?"합니다.

다윗의 극심한 고통에 대한 탄원(歎願)으로부터 시작되는 현실에 대한 문제는 오직 하나님의 은혜의 역사(役事)만이 해결점입니다.

이와같은 다윗의 번민을 보면서 우리는 하나님의 은혜가 아니면 결코 행복을 얻을 수 없음을 절실하게 깨닫게 됩니다.

둘째, 승(承):

3절에 "…내가 사망의 잠을 잘까?", "내가 저를 이기었다 할까?"

4절에 "나의 대적들이 기뻐할까?"합니다.

이제 좀 더 진지하게 하나님의 구원에 대한 호소(呼訴)와 간구(懇求)가 심화(深化)되고 있음을 봅니다.

이렇게 해 볼까? 저렇게 해 볼까? 아무리 인간적인 방법을 강구(講究)해도 결국은 하나님의 섭리가 아니면 할 수 없음을 깨닫습니다.

셋째, 전(轉):

5절에 "나는 오직 주의 인자하심을 의뢰하였사오니…"합니다.

이제 다윗은 오직 주의 "인자하심"에 모든 것을 "의뢰(依賴)"할 수밖에 없음을 알고 주께 맡기고 의지합니다.

찬송가(讚頌歌)중에 "천부(天父)여! 의지(依支)없어서 손들고 옵니다! 주 나를 박대(薄待)하시면 나 어디 가리까?"하신대로 오직 주께 맡기고 의지하는 것이 우리가 해야 할 최고의 전(轉)입니다.

바로 이 전(轉)에서 우리 인생이 변화(變化)되고, 우리의 삶이 복(福)을 받게 되고, 우리의 생명이 구원받게 되는 것입니다.

넷째, 결(結):

6절에 "내가 여호와를 찬송하리니 이는 나를 후대(厚待)하심이로다"하십니다. 바로 이것이 우리 인생(人生)의 결론(結論)입니다.

다윗 신앙의 정수(精髓)는 "사람들은 나를 박대(薄待)하나 하나님은 나를 후대(厚待)하신다!"하는 인식(認識)이요, 생각입니다.

요셉 신앙의 정수도 똑 같습니다.

창45:5절에 "당신들이 나를 박대하였으나, 하나님은 나를 후대하셨다"는 것입니다. 그래서 당신들이 판 것이 아니라 하나님이 보낸 것이라고 고백할 수 있었던 것입니다.

여러분!

우리 삶의 모습이 바로 이와 같습니다.

세상은 나를 박대(薄待)하여도 하나님은 나를 후대(厚待)하십니다.

바로 이러한 신앙의 고백이 우리 신앙의 정수였으면 좋겠습니다.
할렐루야! 아멘.

시편(詩篇) - 14

의인의 세대와 그 은혜…

"(다윗의 시, 영장으로 한 노래) 어리석은 자는 그 마음에 이르기를 하나님이 없다 하도다 저희는 부패하고 소행이 가증하여 선을 행하는 자가 없도다 여호와께서 하늘에서 인생을 굽어 살피사 지각이 있어 하나님을 찾는 자가 있는가 보려 하신즉 다 치우쳤으며 함께 더러운 자가 되고 선을 행하는 자가 없으니 하나도 없도다 죄악을 행하는 자는 다 무지하뇨 저희가 떡 먹듯이 내 백성을 먹으면서 여호와를 부르지 아니하는도다 저희가 거기서 두려워하고 두려워하였으니 하나님이 의인의 세대에 계심이로다 너희가 가난한 자의 경영을 부끄럽게 하나 오직 여호와는 그 피난처가 되시도다 이스라엘의 구원이 시온에서 나오기를 원하도다 여호와께서 그 백성의 포로 된 것을 돌이키실 때에 야곱이 즐거워하고 이스라엘이 기뻐하리로다."(14:1-7)

오늘의 본문 표제(標題)도 전편 13편과 똑같이 "다윗의 시, 영장으로 한 노래"로 시작합니다. 표제가 이제는 상당히 단축되었습니다.

첫째, 영장이라는 말대로 이 시도 찬양대의 예배용 찬송입니다.

14편도 영장이란 말만 나오고 다른 지시어(指示語)들은 쏙 빠져 버렸지만 간단한 공식예배용 찬송곡(讚頌曲)임에는 틀림없습니다.

둘째, 다윗의 개인 기도송(Prayer Song)에서 공식예배용으로 발전된 찬송곡입니다.

이 14편도 악기(樂器)나 음(音)의 속도(速度)에 대한 특별한 지시가 없으니 일정한 정형(定形)에 맞추지 않아도 될 자유로운 기도송(祈禱頌)입니다. 또한 예배용으로까지 쓸 수 있게 발전된 찬송입니다.

셋째, 14편은 하나님의 존재를 전하는 지혜(智慧)시에 속합니다.

본 14편의 역사적인 배경에 대해서는 언제, 어떠한 사건이었는지는 확실하게 알 수 없으나 다만 다윗이 경험하였던 대적들이나 백성들의 무신론적인 삶을 통탄하며 하나님의 실존(實存)과 축복의 은혜를 전하고자 하는 의도(意圖)로 쓴 지혜시(Wisdom Psalmi)입니다.

넷째, 14편은 53편과 함께 무신론(無神論)에 대한 오류(誤謬)를 반증(反證)하는 독특한 신학적(神學的) 근거를 가진 노래입니다.

이 14편의 구성(構成)은 시편 53편의 내용과 동일(同一)하며 또 이 14편의 내용에 대하여는 신약의 로마서3:10-18절까지에 인용(引用)하였던 "바울신학(神學)"의 근거(根據)가 되기도 하였습니다.

본문은 1절부터 "하나님이 없다!"하고 부정(否定)하는 무신론자들에 대한 통렬(痛烈)한 반증(反證)으로부터 시작하고 있습니다.

1절에 "어리석은 자는 그 마음에 이르기를 하나님이 없다 하도다"하신 말씀 중에서 "어리석은 자(者 נבל나발)"라는 말은 무신론자에 대한 표현으로 가장 적합하게 사용되었다고 볼 수 있습니다.

이 14편의 중요성은 무신론의 주장에 대한 반론으로 매우 요긴하게 쓰이기도 하며 우리들의 신앙정립에도 아주 확실하게 필요합니다.

이 14편의 구조(構造)는 불신자(不信者)들과 신앙인(信仰人)들의 존재성과 그들의 인생에 돌아가는 결과(結果)를 비교하고 있습니다.

첫째는 1-4절에/ 인간들의 하나님에 대한 무지(無知)와 사회의 부패상에 대한 비판(批判)의 내용입니다.

1절에 "…저희는 부패(腐敗)하고 소행(所行)이 가증(可憎)하여 선(善)을 행하는 자가 없도다"하지 않습니까?

둘째는 5-7절에/ 하나님은 찬양받으시기에 합당하신 분으로 공의(公義)의 심판(審判)으로 반드시 승리(勝利)케 하신다는 것입니다.

5절에 "…하나님이 의인(義人)의 세대(世代)에 계심이로다"합니다.

그러니까 이 14편은 "의인의 세대"와 "어리석은 무지(無知)의 세대" 간을 아주 간단한 이원적(二元的)인 개념으로 정리한 것입니다.

이를 통해서 인간의 어리석음과 하나님의 섭리하심의 실존적(實存的) 차이(差異)를 명백하게 밝힌 일종(一種)의 신앙보고서(信仰報告書)라고 볼 수 있습니다.

본문은 큰 틀로 보아서 두 종류의 존재들을 비교하고 있습니다.

첫째, 1절에/ "어리석은 자(נבל나발)"이라는 존재입니다.

둘째, 5절에/ "의인의 세대(צדיק דור도르체다크)"란 존재입니다.

무신론자들(נבל나발)	의인세대(צדיק דור도르체다크)
(1절) 도덕적인 부패	(2절) 하나님을 찾는 자
(1절) 가증스런 이중성(二重性)	(4절) 여호와를 부르는 자
(3절) 영적(靈的)으로 더러운 자	(5절) 하나님이 함께하시는 자
(4절) 악행(惡行)을 행하는 자	(6절) 가난한 자
(4절) 무지몽매(無知蒙昧)한 자	(7절) 시온에서 구원(救援)을 기다리는 자
(5절) 가난한 자를 핍박하는 자	(7절) 억압에서 풀려난 자

여러분!

렘17:7절에 "그러나 무릇 여호와를 의지하며 여호와를 의뢰하는 그 사람은 복을 받을 것이라"하신 약속을 그대로 받으십시오!

우리는 하나님께서 약속하신 "의인의 세대"입니다.

하나님께서 약속하신대로 형통(亨通)과 평안(平安)과 상급(賞給)의 축복을 풍성히 받도록 의인의 세대에서 벗어나지 말며, 철저한 신앙인의 반열(班列)에서 살아가시는 지혜로운 성도가 되십시다!

할렐루야! 아멘.

시편(詩篇) - 15

명령(命令)과 금령(禁令) 중에서…

"(다윗의 시) 여호와여 주의 장막에 유할 자 누구오며 주의 성산에 거할 자 누구오니이까 정직하게 행하며 공의를 일삼으며 그 마음에 진실을 말하며 그 혀로 참소치 아니하고 그 벗에게 행악지 아니하며 그 이웃을 훼방치 아니하며 그 눈은 망령된 자를 멸시하며 여호와를 두려워하는 자를 존대하며 그 마음에 서원한 것은 해로울지라도 변치 아니하며 변리로 대금치 아니하며 뇌물을 받고 무죄한 자를 해치 아니하는 자니 이런 일을 행하는 자는 영영히 요동치 아니하리이다."(15:1-5)

오늘의 본문 표제(標題)는 지금까지 계속되었던 "영장으로 한 노래"나 "…에 맞춘 노래"같은 지시어(指示語)가 쏙 빠지고 아주 단순하게 그냥 "다윗의 시"라고 시작하고 있습니다. 표제의 간결화입니다.

첫째, 다른 지시어는 없지만 이 시도 예배를 위한 입례송입니다.

그러니까 이 15편은 예배용 찬양 이전(以前)에 백성들이 성막에서 예배드리기 전에 입당용으로 자주 쓴 입당송(入堂頌)입니다.

둘째, 15편의 구조(構造)는 두 가지의 질의응답(質疑應答)으로 구성되어 있습니다.

먼저 1절에 예배자의 존재(存在)에 대한 질문(質問)입니다.

사람들이 가진 행복과 불행에 대한 관념(觀念)들은 다 각자에 처한 사정에 따라 천차만별일 것이지만 크게 두 가지로 나타납니다.

하나는 소유감(所有感)이라는 것입니다.

어떤 사람은 초가삼간(草家三間)에 살면서도 아주 행복해 하는 경우도 있고, 어떤 사람은 고대광실(高大廣室)같은 집에 살면서도 불행해 하는 경우도 있습니다.

소유를 통해서 행복을 찾으려는 사람들은 결코 만족함이 없습니다.

다른 하나는 소속감(所屬感)이라는 것입니다.

소속감이란 존재의식(存在意識)이라는 표현인데, 이는 소유(所有)의 많고 적음과는 전혀 다른 차원에서의 행복을 찾는 사람들입니다.

세상적인 것을 소유하면서 행복해 하는 것이 아니라 하나님 나라의 백성된 것을 감사해 하고 하나님 자녀(子女)라는 존재(存在)가 된 것을 더 기뻐하고 행복해 하는 것을 말합니다. 본문이 말해줍니다.

"여호와여 주의 장막에 유(留)할 자 누구오며…거(居)할 자 누구오니이까?"합니다.

절기를 맞이해 예루살렘으로 올라온 이스라엘 백성들과 순례자(巡禮者)들이 성막(聖幕)앞에 모여 예배드리기 전에 제사장에게 예배드리는 자들의 자격(資格)에 대하여 질의(質疑)하고 제사장은 그에 대하여 응답(應答)하는 형태의 일종의 입당송(入堂頌) 노래입니다.

여기 본문 1절의 질문(質問)은 오늘 날 우리들이 하나님 앞에 예배(禮拜)드리기 전에 어떠한 준비(準備)를 하여야 하고, 어떠한 자세(姿勢)를 가져야 하는지에 대한 귀중한 교훈(教訓)입니다.

하나는 하나님의 거룩성을 지나치게 강조하는 극단적 오류입니다.

사람들은 감히 하나님 앞에 나올 수 없다고 강조하는 생각입니다.

또는 하나님의 거룩성을 지나치게 무시하는 극단적인 오류입니다.

하나님께 나아가는데 자아(自我) 성찰(省察)이나 회개(悔改)함이 없이 아무렇게나 들랑날랑하는 것도 하나님을 무시하는 행동입니다.

따라서 1절 말씀은 예배의 준비성에 대한 매우 귀중한 자료입니다.

다음은 2-5절에서 예배자의 행위(行爲)에 대한 응답(應答)입니다.

"정직하게 행(行)하며…이런 일을 행(行)하는 자는 영영히 요동치 아니하리이다"하는 대답(對答)으로 마칩니다.

"행하며…", "행하는 자"가 조건(條件)을 갖춘 자라는 말입니다.

셋째, 15편의 목적(目的)은 하나님의 계약(契約)에 대한 순종(順從) 여부(與否)를 명령(命令)의 영역 안에서 깨닫도록 하는 것입니다.

그러면 도대체 무엇을 행하며, 어떻게 하여야 하는 것입니까?

십계명(十誡命)은 하나님께서 우리에게 주신 신앙에 관한 계약적(契約的) 명령입니다. 열 가지의 계명이라 해서 십계명이지요!

이 십계명에는 크게 두 가지의 언약에 대한 조건을 주셨습니다.

첫째는 "하라!(Do it)"는 명령(命令)입니다.

둘째는 "하지 말라!(Don't it)"는 금령(禁令)입니다.

하라! 하시는 명령은 1-5계명(誡命)에 이르기까지 해당됩니다.

하지 말라! 하시는 금령은 6-10계명에 이르기까지 해당됩니다.

대부분의 사람들은 이 명령과 금령 중에서 어느 것이 더 중요한지를 모르면서도, 금령(禁令)쪽을 더 중시하고 강조하기 쉽습니다.

왜냐하면 명령과 금령은 그것을 어겼을 때, 처벌(處罰)과 책망(責望)은 대개 금령에 관한 것들이고, 반대로 명령 쪽은 그것을 어겨도 처벌조항이 별로 강하지 않기 때문입니다.

그러나 하나님께서는 인간적인 방법과는 정반대적으로 금령보다는 명령을 훨씬 더 강조하시고 중시하십니다.

예를 들어 보겠습니다. 시편 1편의 내용에서 명령부분과 금령부분을 비교해보십시다.

금령(禁令)부분	명령(命令)부분
1. 악인의 꾀를 좇지 말라(אל)	1. 율법을 주야로 묵상하라.
2. 죄인의 길에 서지 말라(אל)	2. 율법을 즐거워하라.
3. 오만한 자의 자리에 앉지 말라(אלו로)	3. 율법을 따르라.

외형적인 면에서 "하지 말라! 하시는 금령"이 "하라! 하시는 명령"보

다 훨씬 더 강력하게 보이겠지만, 실제로는 "하라!"하시는 명령이 훨씬 더 어렵고 힘든 것입니다.

오늘의 본문도 명령부분 보다는 금령부분을 더 많이 신경씁니다.

예배자로서 하나님을 만나고, 은혜 받는 것은 자기성찰에 대한 자세와 태도를 어떻게 준비하여야 하는 가에 크게 달려있는 것입니다.

다음은 예배자의 준비된 삶에 대한 조건들에 대한 것들입니다.

하라!(Do it)시는 명령(命令)	하지말라!(Don't it)시는 금령(禁令)
(2절) 정직(正直)하게 행하기	(3절) 혀로 참소하지 아니하기
(2절) 공의(公義)를 이루기	(3절) 벗에게 행악치 아니하기
(2절) 진실(眞實)을 말하기	(3절) 이웃을 훼방치 아니하기
(4절) 망령(亡靈)된 자 멸시하기	(4절) 서원함 변개치 아니하기
(4절) 경외(敬畏)자(者) 존대하기	(5절) 변리로 대금치 아니하기
(5절) 명령 따라 준수(遵守)하기	(5절) 뇌물(賂物)을 받고 이웃을 해(害)치지 아니하기

여러분!

어떤 면에서는 금령(禁令)부분 보다 명령(命令)부분이 지키기에 훨씬 더 어렵습니다.

그러나 우리가 늘 유념하며 실행하는데 힘쓸 수 있는 것은 이 명령에 대하여는 하나님께서 친히 도우시기 때문에 힘이 덜 듭니다.

늘 우리 하나님께서 주신 명령에 열심히 준수하며 지키는 성도가 되십시다!

잠언16:20절에 "삼가 말씀에 주의(注意)하는 자는 좋은 것을 얻나니 여호와를 의지하는 자가 복이 있도다"하셨습니다! 다윗의 신앙처럼 늘 말씀을 주의하며 사시는 지혜로운 성도가 되십시다!

할렐루야! 아멘.

시편(詩篇) - 16

생명의 길로 내게 보이시니…

"(다윗의 믹담) 하나님이여 나를 보호하소서 내가 주께 피하나이다 내가 여호와께 아뢰되 주는 나의 주시오니 주 밖에는 나의 복이 없다 하였나이다 땅에 있는 성도는 존귀한 자니 나의 모든 즐거움이 저희에게 있도다 다른 신에게 예물을 드리는 자는 괴로움이 더할 것이라 나는 저희가 드리는 피의 전제를 드리지 아니하며 내 입술로 그 이름도 부르지 아니하리로다 여호와는 나의 산업과 나의 잔의 소득이시니 나의 분깃을 지키시나이다 내게 줄로 재어 준 구역은 아름다운 곳에 있음이여 나의 기업이 실로 아름답도다 나를 훈계하신 여호와를 송축할지라 밤마다 나 심장이 나를 교훈하도다 내가 여호와를 항상 내 앞에 모심이여 그가 내 우편에 계시므로 내가 요동치 아니하리로다 이러므로 내 마음이 기쁘고 내 영광도 즐거워하며 내 육체도 안전히 거하리니 이는 내 영혼을 음부에 버리지 아니하시며 주의 거룩한 자로 썩지 않게 하실 것임이니이다 주께서 생명의 길로 내게 보이시리니 주의 앞에는 기쁨이 충만하고 주의 우편에는 영원한 즐거움이 있나이다."(16:1-11)

오늘의 본문 표제(標題)도 지금까지 계속되었던 "영장으로"라는 단어가 쏙 빠지고 아주 단순하게 "다윗의 믹담"이란 말로 시작합니다.

여기서도 이제는 표제가 완전히 간결, 단축화(短縮化)되었습니다.

첫째, 믹담이라는 뜻은 주로 금언(金言)을 가리키는 말입니다.

16편도 다른 지시어(指示語)는 쏙 빠지고 오직 "다윗의 믹담(לדוד מכתם)"이라는 말만 나오지만 이도 역시 예배용 찬송곡을 말합니다.

그러니까 16편은 제약받지 않는 자유로운 기도송에 해당됩니다.

둘째, 다윗 신앙(信仰)의 진수(眞髓)에 해당되는 금언 시입니다.

다윗의 신앙을 한마디로 정리하면 "신본주의(神本主義)"라고 할 수 있습니다. 특히 16편의 내용은 다윗의 이 신본주의 신앙을 크게 세 가지로 나타내고 있음이 드러나는데 다음과 같은 내용들입니다.

첫째는 1-4절까지/ 하나님은 자신의 보호자(保護者)라는 것입니다.

1절에 "하나님이여! 나를 보호하소서!"하심 같이 고백합니다.

둘째는 5-8절까지/ 하나님은 자기의 산업(産業)이시라는 것입니다.

5절에 "여호와는 나의 산업과 나의 잔의 소득(所得)이시니…"합니다

셋째는 9-11절까지/ 하나님은 자기 생명(生命)을 부활(復活)로 인도(引導)하셔서 영광(榮光)을 베푸시는 분이시라는 것입니다.

11절에 "주께서 생명의 길로 내게 보이시리니…"하시지 않습니까?

그런데 여기 "생명의 길(ארח חיים 오라흐 하야임)"이라는 말씀이 본문의 정수(精髓)요, 다윗의 신본주의의 핵심적인 말씀인 것 같습니다.

셋째, 16편은 다윗 신앙의 핵심인 부활과 영생을 담고 있습니다.

다윗은 이 "생명의 길"에 대한 신앙을 그의 신본주의 신앙의 축(軸)으로 삼고 핵심(核心)적인 단어로 활용한 것을 볼 수 있습니다.

다윗의 이 신본주의적 신앙의 핵심은 크게 두 가지의 개념(槪念)으로 나타내고 있는데, "부활(復活)과 영생(永生)"이라는 것입니다.

먼저 부활신앙입니다.

10절에 "이는 내 영혼을 음부(陰府)에 버리지 아니하신다"하였고 이어서 "주의 거룩한 자로 썩지 않게 하실 것이라고…"합니다.

다음 영생신앙입니다.

11절에 "주의 앞"에는 기쁨이 충만하고 "주의 우편(右便)에는 영원한 즐거움이 있다"고 고백하고 있습니다.

여러분! 이 말씀들을 종합해 보세요!

결국 이 "생명의 길"이 다윗의 부활신앙(復活信仰)의 진수입니다.

그렇다면 구약시대에도 부활사상(復活思想)이 존재하였을까요?

물론 우리 예수님께서 친히 이루셨던 부활의 역사처럼 확실하지는 않지만 부활과 영생이라는 개념(槪念)은 어렴풋이나마 존재(存在)하였던 것은 틀림없습니다.

첫째는 아브라함의 신앙에서:

히11:19절에 "저가 하나님이 능히 죽은 자 가운데서 다시 살리실 줄로 생각한지라, 비유컨대 죽은 자 가운데서 도로 받은 것이니라"하신 말씀처럼 아브라함의 신앙에 이미 부활의 개념이 있었습니다.

둘째는 모세의 찬양에서:

신32:39절에 "내가 죽이기도 하며 살리기도 하며 상하게도 하며 낮게도 하나니 내 손에서 능히 건질 자 없도다"하신 것을 보세요!

셋째는 한나의 노래에서:

삼상2:6절에 "여호와는 죽이기도 하시며 살리기도 하시며…"합니다.

넷째는 욥의 신앙고백에서:

욥19:25절에 "…나의 구속자(救贖者)가 살아계시니 후일(後日)에 그가 땅 위에 서실 것이라!"하신 고백이 곧 부활의 예언입니다.

다섯째는 다니엘의 예언(豫言)중에서:

단12:2절에 "땅의 티끌가운데서 자는 자 중에 많이 깨어 영생(永生)을 얻는 자도 있겠고…"합니다.

이러한 말씀들은 부활과 영생에 대한 원대하신 하나님의 계시(啓示)를 점진적(漸進的)으로 담고 나타내신 말씀들입니다.

여러분!

다윗의 이 부활신앙처럼 우리도 신앙의 정점을 늘 부활과 영생에 맞춰 살아야 하지 않겠습니까?

이러한 신앙으로 우리를 인도하시는 하나님의 은혜를 늘 간직하며 사시는 지혜로운 성도가 되십시다.

할렐루야! 아멘.

시편(詩篇) - 17

주(主)의 날개 그늘 아래로…

"(다윗의 기도) 여호와여 정직함을 들으소서 나의 부르짖음에 주의하소서 거짓되지 않은 입술에서 나오는 내 기도에 귀를 기울이소서 나의 판단을 주 앞에서 내시며 주의 눈은 공평함을 살피소서 주께서 내 마음을 시험하시고 밤에 나를 권고하시며 나를 감찰하셨으나 흠을 찾지 못하셨으니 내가 결심하고 입으로 범죄치 아니하리이다 사람의 행사로 논하면 나는 주의 입술의 말씀을 좇아 스스로 삼가서 강포한 자의 길에 행치 아니하였사오며 나의 걸음이 주의 길을 굳게 지키고 실족지 아니하였나이다 하나님이여 내게 응답하시겠는 고로 내가 불렀사오니 귀를 기울여 내 말을 들으소서 주께 피하는 자를 그 일어나 치는 자에게서 오른손으로 구원하시는 주여 주의 기이한 인자를 나타내소서 나를 눈동자 같이 지키시고 주의 날개 그늘 아래 감추사 나를 압제하는 악인과 나를 에워싼 극한 원수에게서 벗어나게 하소서 저희가 자기 기름에 잠겼으며 그 입으로 교만히 말하나이다 이제 우리의 걸어가는 것을 저희가 에워싸며 주목하고 땅에 넘어뜨리려 하나이다 저는 그 움킨 것을 찢으려 하는 사자 같으며 은밀한 곳에 엎드린 젊은 사자 같으니이다 여호와여 일어나 저를 대항하여 넘어뜨리시고 주의 칼로 악인에게서 나의 영혼을 구원하소서 여호와여 금생에서 저희 분깃을 받은 세상 사람에게서 나를 주의 손으로 구하소서 그는 주의 재물로 배를 채우심을 입고 자녀로 만족하고 그 남은 산업을 그 어린 아이들에게 유전하는 자이니이다 나는 의로운 중에 주의 얼굴을 보리니 깰 때에 주의 형상으로 만족하리이다."(17:1-15)

오늘의 본문 표제(標題)도 지금까지 계속되었던 "영장으로"라는 단어가 쏙 빠지고 아주 단순하게 "다윗의 기도"로 시작하고 있습니다.

첫째, 다윗의 이 기도(祈禱)는 신앙고백을 곁들인 기도송입니다.

다윗은 이 기도(תאלה테필라)를 통해 자신의 정체성을 나타냅니다.

정직(正直)한 양심(良心)을 고백하였고,

솔직하게 자신의 형편(形便)을 고백하였고,

하나님의 도우심을 간절히 소원(所願)하였고,

은혜에 대해서는 감사(感謝)를 드렸습니다.

이러한 형태의 기도가 전형적인 테필라(תאלה)의 내용들입니다.

둘째, 이 17편은 제약받지 않는 자유로운 기도송에 해당됩니다.

다른 지시어(指示語)들이 없이 오직 "다윗의 기도"라는 말만 나오는 간단한 예배용 기도송(祈禱頌)이니 마음껏 사용해도 괜찮습니다.

셋째, 17편은 16편과 함께 다윗의 부활신앙에 대한 짝이 됩니다.

이 17편은 "다윗 신앙"의 진수(眞髓)에 해당되는 시(詩)로써, 다윗의 "신본주의(神本主義)"의 핵심인 "부활신앙"이 약간 비쳐집니다.

특히 16편의 내용과 17편은 이 부활신앙에 대하여 서로 짝을 이루는 참 독특한 시(詩)입니다. 각각 비교(比較)해 보실까요?

먼저는 16편입니다.

11절에 "주께서 생명(生命)의 길로 내게 보이시리니 주의 앞에는 기쁨이 충만하고 주의 우편에는 즐거움이 있나이다"하지 않습니까?

다음은 17편입니다.

15절에 "나는 의(義)로운 중에 주(主)의 얼굴을 보리니 깰 때에 주의 형상(形象)으로 만족(滿足)하리이다"라고 합니다.

여기에 비교된 두 말씀들 16편과, 17편에 나타난 "부활(復活)신앙"의 핵심(核心)은 다음과 같습니다.

첫째, 부활은 영원한 생명(生命)의 길, 곧 영생(永生)에 있습니다.

둘째, 주의 앞의 기쁨이나, 주의 우편(右便)의 즐거움은 천국의 것이요, 성도가 궁극적으로 얻을 신앙의 열매가 될 것입니다.

셋째, 죽음에서 깨어나 썩지 아니하는 영원한 삶을 얻게 됩니다.

여기 깬다(הקיץ 하키츠)라는 말은 죽었다가 다시 살 때를 말합니다.

넷째, 주님 형상(形象)으로 만족하고 기쁨과 즐거움을 얻습니다.

우리의 부활은 주님 부활하신 형상처럼 아름답고 귀한 모습입니다.

다섯째, 금생(今生)의 분깃이 아닌 내생(來生)의 분깃입니다.

여기 금생(今生 הלד 헬레드)의 분깃은 "땅의 것"을 말합니다.

골3:2절에 "위엣 것을 생각하고 땅의 것을 생각지 말라!"하신대로 이렇게 내생의 분깃을 얻을 수 있는 부활의 신앙을 가져야 합니다.

왜냐하면 이는 모든 신앙의 근본으로 모든 일에 힘을 주는 원동력이 되기 때문입니다.

17편은 다윗이 하나님께 드린 세 가지의 간절한 기도제목들입니다.

첫째는 다윗이 자신의 무죄(無罪)에 대해서 기도합니다. (1-6절)

5절에 "나의 걸음이 주의 길을 굳게 지키고 실족치 아니하였나이다"합니다. 일종의 양심선언(良心宣言)같은 형태의 기도 아닙니까?

하나님 앞에서 정직한 자신을 보시고 기도를 들어달라는 것입니다

둘째는 다윗이 하나님께 자신의 보호를 위해 기도합니다. (7-10절)

8절에 "나를 눈동자 같이 지키시고 주의 날개 그늘 아래 감추사 나를 압제하는 악인과 나를 에워싼 극한 원수에게서 벗어나게 하소서"합니다. 하나님의 보호역사는 구속사의 가장 중심요소를 이룹니다.

주께로 피하는 자마다 그 권능의 오른 손으로 붙드심 같이 보호해 달라고 기도합니다.

셋째는 다윗이 원수들의 손에서 구해 달라 기도합니다. (11-15절)

13절에 "여호와여 일어나 저를 대항하여 넘어뜨리시고 주의 칼로 악인에게서 나의 영혼을 구원하소서"합니다.

세상 사람들에게서 주님의 손으로 친히 구해달라고 기도합니다.

다윗은 원수들의 극악(極惡)한 상태를 호소하며 구원을 위해 힘있게 하나님께 기도합니다.

여러분!

다윗의 이 철저한 부활신앙처럼 우리에게도 이와 같은 확고부동(確固不動)한 부활신앙이 자라도록 늘 힘차게 기도하시기 바랍니다.

할렐루야! 아멘.

시편(詩篇) - 18

내 의(義)를 따라 상(賞)주시리니…

"(여호와의 종 다윗의 시, 영장으로 한 노래, 여호와께서 다윗을 그 모든 원수와 사울의 손에서 구원하신 날에 다윗이 이 노래의 말로 여호와께 아뢰어 가로되) 나의 힘이 되신 여호와여 내가 주를 사랑하나이다 여호와는 나의 반석이시요 나의 요새시요 나를 건지시는 자시요 나의 하나님이시요 나의 피할 바위시요 나의 방패시요 나의 구원의 뿔이시요 나의 산성이시로다 내가 찬송 받으실 여호와께 아뢰리니 내 원수들에게서 구원을 얻으리로다 사망의 줄이 나를 얽고 불의의 창수가 나를 두렵게 하였으며 음부의 줄이 나를 두르고 사망의 올무가 내게 이르렀도다 내가 환난에서 여호와께 아뢰며 나의 하나님께 부르짖었더니 저가 그 전에서 내 소리를 들으심이여 그 앞에서 나의 부르짖음이 그 귀에 들렸도다 이에 땅이 진동하고 산의 터도 요동하였으니 그의 진노를 인함이로다 그 코에서 연기가 오르고 입에서 불이 나와 사름이여 그 불에 숯이 피었도다 저가 또 하늘을 드리우시고 강림하시니 그 발 아래는 어둑캄캄하도다 그룹을 타고 날으심이여 바람 날개로 높이 뜨셨도다 저가 흑암으로 그 숨는 곳을 삼으사 장막 같이 자기를 두르게 하심이여 곧 물의 흑암과 공중의 빽빽한 구름으로 그리하시도다 그 앞에 광채로 인하여 빽빽한 구름이 지나며 우박과 숯불이 내리도다 여호와께서 하늘에서 뇌성을 발하시고 지존하신 자가 음성을 내시며 우박과 숯불이 내리도다 그 살을 날려 저희를 흩으심이여 많은 번개로 파하셨도다 이럴 때에 여호와의 꾸지람과 콧김을 인하여 물밑이 드러나고 세상의 터가 나타났도다 저가 위에서 보내사 나를 취하심이여 많은 물에서 나를 건져 내셨도다 나를 강한 원수와 미워하는 자에게서 건지셨음이여 저희는 나보다 힘센 연고로다 저희가 나의 재앙의 날에 내게 이르렀으나 여호와께서 나의 의지가 되셨도다 나를 또 넓은 곳으로 인도하시고 나를 기뻐하심으로 구원하셨도다 여호와께서 내 의를 따라 상 주시며 내 손의 깨끗함을 좇아 갚으셨으니 이는 내가 여호와의 도를 지키고 악하게 내 하나님을 떠나지 아니하였으며 그 모든 규례가 내 앞에 있고 내게서 그 율례를 버리지 아니하였음이로다."(18:1-22)

오늘의 본문 표제(標題)는 "다윗의 시, 영장으로 한 노래"로 시작하면서 그 배경에 대하여 아주 자세하고 친절하게 설명을 곁들입니다.

하나님께서 다윗을 사울과 여러 원수들의 손에서 건져 구원허주신 날에 이 노래로 찬양하였다는 것입니다.

첫째, 영장이라는 말대로 역시 찬양대의 예배용 찬송곡입니다.

영장이라는 말은 지금까지 수없이 반복하여 보아온대로 회중예배의 중심에서 예배의 꽃이라 할 찬송을 주도하는 주인공(主人公)입니다.

둘째, 다윗이 하나님께로부터 받은 은혜를 감사하는 개인 기도송(Prayer Song)이지만 예배 중에 부르는 찬송으로도 합당합니다.

18편은 악기(樂器)나 음(音)의 속도에 대한 특별한 지시어가 없는 노래이기 때문에 예배용으로 사용해도 되고 또는 아무나 자유롭게 부르도록 만든 일종의 감사 기도송(祈禱頌)으로 볼 수 있습니다.

셋째, 다윗 시 중에서 119편, 78편에 이어 세 번째로 긴 시입니다.

119편은 176절, 78편은 72절이고 18편은 50절에 이릅니다.

물론 89편이 52절이기는 하지만 그 길이는 훨씬 더 짧습니다.

넷째, 다윗이 메시야에 대한 예표를 정확하게 나타낸 시입니다.

50절에 "여호와께서 그 왕에게 큰 구원을 주시며…"하지 않습니까?

18편은 "왕(王)"에 대한 이야기인데, 표제는 "여호와의 종"으로 표현되어 나옵니다. "왕과 종"이라는 극과 극의 존재를 동시에 표현할 수 있습니까? 이러한 존재는 오직 예수 그리스도 밖에 없습니다.

오늘의 본문 1절은 "여호와께서 다윗을 모든 대적의 손과 사울의 손에서 구원하신 그 날에 다윗이 이 노래의 말씀으로 여호와께 아뢰어 가로되…"하신 말씀으로 시작한 다윗의 유명한 찬양시입니다.

시(詩)라 해도 좋고, 노래(頌)라고 해도 좋고, 감사찬송(感謝讚頌)이라하면 더 좋고, 그냥 어느 것으로 표현(表現)해도 다 됩니다!

지금까지 치열하게 전개되어 왔던 인간들의 다툼, 싸움, 배반, 반역, 그리고 보상(報償)과 응징(膺懲) 후에 이 모든 파란만장(波瀾萬丈)한 일들을 겪으면서 다윗이 절실하게 깨달은 것은 "하나님의 구원(救援)하심"에 대한 감사의 표현을 무엇보다 더 먼저 해드려야 한다는 것입니다.

그러면 이 찬양시는 어떻게 구성된 것입니까?

첫째는 무엇에(What) 대하여 이 찬양을 하였느냐? 하는 것입니다.

표제(標題)에 "…손에서 구원하신 날에"라는 말을 보면 다윗의 이 노래에 대한 주제(主題)는 구원(救援)에 있다고 봅니다.

특히 구원하신 날(בְּיוֹם הַצִּיל바욤 하찔)이라는 말은 수동태(受動態)적인 표현으로써 "구원을 받게 된 날"을 가리킵니다.

그러니까 자기의 노력이나, 능력에서 된 것이 아니라 하나님이 건지심으로 구원받았다는 사실을 확실하게 고백하는 찬양의 노래입니다.

둘째는 누구에게(Who) 이 노래를 드리느냐? 하는 것입니다.

역시 표제(標題)에 "…여호와께 아뢰어 가로되…"하는 말씀대로 다윗은 어느 특정인에게 이 시를 바친 것이 아니라 오직 하나님께만 영광을 돌려드리는 일종의 신앙고백(信仰告白)적인 노래입니다.

셋째는 언제(When) 이 찬양을 하였느냐? 하는 것입니다.

역시 표제(標題)에 "…구원하신 날"에서의 "날(בְּיוֹם바욤)"이라는 말은 "In the day"라 해서 하나님께서 사울의 손이나, 대적의 손에서 벗어나게 해주신 축복의 날, 그러니까 "그 때"를 가리켜 말합니다.

블레셋의 골리앗이나, 사울의 추격이나, 각 이방과의 싸움이나, 자식들의 배반이나, "세바"의 반란까지 온갖 시련에서부터 건져주시므로 항상 승리케 해주신 은혜를 감사하며 그의 인생을 회고(回顧)하는 날, 그 때에 쓴 것입니다.

넷째는 어떻게(How) 찬양을 하였느냐? 하는 것입니다.

다윗의 찬양은 중구난방(衆口難防)식으로 아무렇게나 한 것이 아니라 일정한 패턴(Pattern)에 따라서 자신의 믿음과 감사를 고백한 아주 차원(次元)높은 시적표현(詩的表現)을 사용하였습니다.

이 시적표현 중에서도 자신의 신앙을 아주 정확하게 고백하는 것이 너무나 멋있습니다.

그러면 다윗의 뛰어난 신학적(神學的)인 배경이 들어있는 찬양(讚揚)을 한 번 들어 보실까요?

첫째, 2절-3절까지 하나님을 "구원자(救援者)"로 찬양합니다.

2절에 "여호와는 나의 반석이시요 나의 요새시요 나를 건지시는 자시오…나의 구원(救援)의 뿔이시오…나의 산성이시로다!"고 합니다.

3절에 "…내 원수(怨讐)들에게서 구원(救援)을 얻으리로다"합니다.

그것도 크게 "기뻐하심으로" 우리를 구원해 주셨다는 것입니다.

둘째, 8절-20절까지/ 하나님을 "능력자(能力者)"로 찬양합니다.

7절에 "…이에 땅이 진동하고 산의 터도 요동하였으니…"합니다.

9절에 "저가 또 하늘을 드리우시고 강림하시니…"하지 않습니까?

17절에 "나를 강한 원수와 미워하는 자에게서 건지셨다!"합니다.

하나님을 의지하고 하나님과 함께하는 자들에게는 하나님께서 아예 능력으로 띠를 띠우시면서 까지 권능을 베풀어주신다고 하십니다.

셋째, 21절-28절까지/ 하나님을 "은혜자(恩惠者)"로 찬양합니다.

20절에 "여호와께서 내 의를 따라 상(賞)주시며 내 손의 깨끗함을 좇아 갚으셨으니…"합니다. 다윗은 하나님의 도(道)를 지키고 율례(律例)를 떠나지 아니하며 살아온 것에 대하여 "상(賞)"을 주신 것은 "하나님의 은혜일 뿐"이라고 고백합니다.

은혜자(恩惠者)이신 하나님의 역사와 은총에 대한 다윗의 신앙고백이 분명하지 않습니까?

여러분!

다윗처럼 우리도 아름다운 찬양과 신실한 고백과 넘치는 기쁨과 감사를 항상 하나님께 마음껏 드릴 수 있는 사랑받는 성도가 되십시다!

할렐루야! 아멘.

시편(詩篇) - 19

내 손의 깨끗한 대로 갚으시리니…

"내가 또한 그 앞에 완전하여 나의 죄악에서 스스로 지켰나니 그러므로 여호와께서 내 의를 따라 갚으시되 그 목전에 내 손의 깨끗한 대로 내게 갚으셨도다 자비한 자에게는 주의 자비하심을 나타내시며 완전한 자에게는 주의 완전하심을 보이시며 깨끗한 자에게는 주의 깨끗하심을 보이시며 사특한 자에게는 주의 거스리심을 보이시리니 주께서 곤고한 백성은 구원하시고 교만한 눈은 낮추시리이다 주께서 나의 등불을 켜심이여 여호와 내 하나님이 내 흑암을 밝히시리이다 내가 주를 의뢰하고 적군에 달리며 내 하나님을 의지하고 담을 뛰어 넘나이다 하나님의 도는 완전하고 여호와의 말씀은 정미하니 저는 자기에게 피하는 모든 자의 방패시로다 여호와 외에 누가 하나님이며 우리 하나님 외에 누가 반석이뇨 이 하나님이 힘으로 내게 띠 띠우시며 내 길을 완전케 하시며 나의 발로 암사슴 발 같게 하시며 나를 나의 높은 곳에 세우시며 내 손을 가르쳐 싸우게 하시니 내 팔이 놋 활을 당기도다 주께서 또 주의 구원하는 방패를 내게 주시며 주의 오른손이 나를 붙들고 주의 온유함이 나를 크게 하셨나이다 내 걸음을 넓게 하셨고 나로 실족지 않게 하셨나이다 내가 내 원수를 따라 미치니 저희가 망하기 전에는 돌이키지 아니하리이다 내가 저희를 쳐서 능히 일어나지 못하게 하리니 저희가 내 발 아래 엎드러지리이다 대저 주께서 나로 전쟁케 하려고 능력으로 내게 띠 띠우사 일어나 나를 치는 자로 내게 굴복케 하셨나이다 주께서 또 내 원수들로 등을 내게로 향하게 하시고 나로 나를 미워하는 자를 끊어버리게 하셨나이다 저희가 부르짖으나 구원할 자가 없었고 여호와께 부르짖어도 대답지 아니하셨나이다 내가 저희를 바람 앞에 티끌 같이 부숴뜨리고 거리의 진흙 같이 쏟아 버렸나이다 주께서 나를 백성의 다툼에서 건지시고 열방의 으뜸을 삼으셨으니 내가 알지 못하는 백성이 나를 섬기리이다 저희가 내 풍성을 들은 즉시로 내게 순복함이여 이방인들이 내게 복종하리로다 이방인들이 쇠미하여 그 견고한 곳에서 떨며 나오리로다 여호와는 생존하시니 나의 반석을 찬송하며 내 구원의 하나님을 높일지로다 이 하나님이 나를 위하여 보수하시고 민족들로 내게 복종케 하시도다 주께서 나를 내 원수들에게서 구조하시니 주께서 실로 나를 대적하는 자의 위에 나를 드시고 나를 강포한 자에게서 건지시나이다 여호와여 이러므로 내가 열방 중에서 주께 감사하며 주의 이름을 찬송하리이다 여호와께서 그 왕에게 큰 구원을 주시며 기름 부음 받은 자에게 인자를 베푸심이여 영영토록 다윗과 그 후손에게로다."(18:23-50)

오늘 우리가 본 본문 23절은 먼저 본 22절과 짝을 이루며 "다윗의 신앙"이 "생활의 신앙"으로 연결된 진실한 신앙임을 고백합니다.

22절에 "…내게서 그 율례를 버리지 아니하였음이로다"하였습니다.

23절에 "…내가 또한 그 앞에 완전하여…스스로 지켰나이다!"합니다.

다윗의 이 말들은 교만이 아니라 자신의 진솔한 신앙고백입니다.

우리는 이 시편을 살펴볼 때마다 먼저 생각해 볼 것은 시편의 성격을 파악하고 그에 맞게 볼 수 있는 여유를 가져야 한다는 것입니다.

시편은 논리(論理)를 중요시하는 논설문(論說文)이 아닙니다.

시편은 학문적(學問的) 연구를 중시하는 논문(論文)도 아닙니다.

시편은 관찰과 경험을 중시하는 과학적 증거물(證據物)도 아닙니다.

시편은 허구와 상상력(想像力)으로 얻는 소설(小說)도 아닙니다.

시편(詩篇)은 그저 매일 매일의 삶 속에 영적인 체험을 온 몸으로 표현하는 노래요, 기도(祈禱)요, 생활(生活)일 뿐입니다.

여기에는 외형적(外形的)인 환경(環境)이나, 소유(所有)나, 지위(地位)등에 따라서 영향을 받는 것이 아니라 오히려 내면적(內面的)인 영적 체험과 감동으로 나타나는 삶의 표현이 나타나는 것입니다.

그러므로 시편을 보는 관점(觀點)은 예나, 지금이나, 앞으로나 어떠한 상황(狀況)하에서나, 입장과 처지(處地)에서나 동일해야 합니다.

오늘 우리가 본 본문 18편은 1절부터 50절까지 그 전체가 다윗이 하나님께 감사하는 시(詩)와 노래와 찬양으로 이루어져 있습니다.

원래 시(詩)라고 하는 것은 자신의 깊고 심오한 감정(感情)과 사상(思想)을 정제(精製)하고 함축(含蓄)하여 언어(言語)와 노래(음악(音樂)의 형식으로 표현하는 것을 말하는데, 놀랍게도 구약성경에는

약 삼분의 일이 시(詩)나, 또는 시적(詩的)인 표현을 사용하고 있다는 사실입니다.

그동안 다윗은 하나님께 대한 자신의 사모(思慕)함이나, 사랑이나, 감사함이나, 고통, 슬픔, 기쁨 같은 감정들을 대부분 시적 표현을 써서 자기의 신앙을 고백하기를 즐겨했습니다.

특히나 하나님께 드리는 찬양이든, 기도이든, 무엇이든 간에 그냥 마구잡이식으로 드린 것이 아니고 반드시 언어나, 생각이나, 감정이나, 청

원들을 잘 가다듬고, 정제하고, 다스려서 하나님께는 최상의 좋은 것들을 드려야 한다는 것이 곧 다윗의 신앙자세이었습니다. 이러한 원칙 하에서 오늘의 찬양시를 살펴보면 다음과 같은 몇 가지의 의미를 발견할 수 있습니다.

첫째, 찬양시는 잘 정제된 언어와 감정과 의지를 가지고 하나님께 드리는 최상의 "신앙고백(信仰告白)"으로 볼 수 있습니다.

둘째, 찬양시는 하나님께 받은 믿음으로 세상의 죄악들과 싸워 이긴 "승전가(勝戰歌)"와 같다는 것입니다.

셋째, 찬양시는 하나님께서 때마다 섭리로 축복해주심을 바라볼 수 있는 일종의 "거울(Mirror)"과 같습니다.

이러한 의미의 바탕에서 본문을 살펴보면 그중에서 특별히 다윗의 신앙고백이 아주 고상하고 뚜렷하게 나타나고 있음이 보입니다.

그러면 다윗의 찬양이 그의 신앙고백으로까지 승화(昇華)된 몇 가지의 말씀들을 살펴봅시다.

오늘 본문 28절은 "주께서 나의 등불을 켜심이여 여호와 내 하나님이 내 흑암을 밝히시리이다"라고 시작하는 이 말씀은 다윗의 찬양시 중에서도 하나님의 구원과 섭리의 은총에 대한 뛰어난 노래로 흑암 중에 있던 자기에게 등불을 비추시사 구원해주셨다는 고백입니다.

이 신앙의 고백을 따라 다윗이 하나님께 찬양하는 것을 보면 다음과 같은 세 가지의 고백을 볼 수 있습니다.

첫째는 철저히 자신의 신앙(信仰)을 고백(告白)합니다.

29절에 "내가 주를 의뢰하고 적군에 달리며 내 하나님을 의지하고 담을 뛰어 넘나이다"합니다.

다윗은 지금까지 자신이 친히 체험했던바 하나님의 권능(權能)과 보호(保護)안에서 적진(敵陣)을 넘나들며 성벽(城壁)을 뛰어넘던 기억을

믿음으로 승화시키며 고백한 것입니다

둘째는 철저히 자신의 체험(體驗)을 고백(告白)합니다.

30절에 "하나님의 도는 완전하고 여호와의 말씀은 정미하니…"합니다. 다윗에게 나타난 믿음의 가장 큰 장점은 "말씀"에 대한 확고부동한 신앙입니다. 그는 하나님의 말씀을 너무나 사랑하고 일점일획(一點一劃)도 오류(誤謬)가 없는 진리임을 확실히 믿었습니다.

32절에 "여호와 외에 누가 하나님이며 우리 하나님 외에 누가 반석이뇨…"합니다. 그래서 하나님의 말씀을 철저하게 삶에 적용하여 체험하는 신앙을 고백하였습니다.

셋째는 철저히 자신의 의지(意志)를 고백(告白)합니다.

37절에 "내가 내 원수를 따라 미치리니 저희가 망하기 전에는 돌이키지 아니하리이다"하였습니다. 다윗의 믿음이 하나님의 마음에 합한 사람이라는 칭찬을 받은 가장 중요한 요소는 곧 의지적(意志的)인 믿음에 기인(起因)한바 큽니다.

42절에 "내가 저희를 바람 앞에 티끌 같이 부숴뜨리고 거리의 진흙같이 쏟아버렸나이다"하였습니다. 전쟁에 있어서 다윗은 전진만 있었을 뿐 후퇴가 한번도 없었을 만큼 강한 의지력으로 나아갔습니다.

다윗은 특별히 이 찬양시를 마무리하면서 열방(列邦)중에서도 하나님을 찬양할 것이라는 확신을 주고 마칩니다.

49절에 "여호와여! 내가 열방 중에서 주를 감사하며 주의 이름을 찬송하리이다"하지 않습니까?

여러분!

바로 이것입니다. 다윗이 철저히 자신의 의지를 하나님께 맞추어 나아가면서 날마다 찬양으로 아름다운 노래를 통해 하나님께 영광을 돌린 것처럼 우리도 모두 하나님을 향한 뜨거운 마음으로 노래하며 찬양하며 신앙의 고백을 드리십시다! 찬양합시다!

할렐루야! 아멘.

시편(詩篇) - 20

나의 구속자이신 여호와여!

"(다윗의 시, 영장으로 한 노래) 하늘이 하나님의 영광을 선포하고 궁창이 그 손으로 하신 일을 나타내는도다 날은 날에게 말하고 밤은 밤에게 지식을 전하니 언어가 없고 들리는 소리도 없으나 그 소리가 온 땅에 통하고 그 말씀이 세계 끝까지 이르도다 하나님이 해를 위하여 하늘에 장막을 베푸셨도다 해는 그 방에서 나오는 신랑과 같고 그 길을 달리기 기뻐하는 장사 같아서 하늘이 끝에서 나와서 하늘 저 끝까지 운행함이여 그 온기에서 피하여 숨은 자 없도다 여호와의 율법은 완전하여 영혼을 소성케 하고 여호와의 증거는 확실하여 우둔한 자로 지혜롭게 하며 여호와의 교훈은 정직하여 마음을 기쁘게 하고 여호와의 계명은 순결하여 눈을 밝게 하도다 여호와를 경외하는 도는 정결하여 영원까지 이르고 여호와의 규례는 확실하여 다 의로우니 금 곧 많은 정금보다 더 사모할 것이며 꿀과 송이꿀보다 더 달도다 또 주의 종이 이로 경계를 받고 이를 지킴으로 상이 크니이다 자기 허물을 능히 깨달을 자 누구리요 나를 숨은 허물에서 벗어나게 하소서 또 주의 종으로 고범죄를 짓지 말게 하사 그 죄가 나를 주장치 못하게 하소서 그리하시면 내가 정직하여 큰 죄과에서 벗어나겠나이다 나의 반석이시요 나의 구속자이신 여호와여 내 입의 말과 마음의 묵상이 주의 앞에 열납되기를 원하나이다."(19:1-14)

오늘의 본문 표제(標題)는 또다시 "다윗의 시, 영장으로 한 노래"라는 말로 시작합니다.

첫째, 회중 예배시에 영장이 지휘하는 찬양대의 찬송곡입니다.

영장(슈長 מנצח메낫체흐)은 예배시에 찬양을 인도하는 악장(樂長 Conductor,指揮者)으로서 그가 주도하는 조직된 찬양대를 통하여 회중 예배를 드리는데, 부르는 찬송곡(讚頌曲)으로 내용상 율동까지도 포함합니다.

둘째, 다윗의 시(詩)라고 했으니 열정적이고 신실한 찬송입니다.

19편의 내용은 다윗 신앙의 정수(精髓)라 할 만한 열정적(熱情的)인 "구속(救贖)신앙"과 신실(信實)한 "계시(啓示)신앙"의 고백이 쌍봉(雙峰)을 이루는 노래입니다.

14절에 "나의 반석(磐石ㅊㅜㅜ리추리)이시오, 나의 구속자(救贖者יגאל가알리)이신 여호와여!…"하는 말씀 속에 이 신앙들이 들어 있습니다.

셋째, 19편은 자연과 율법을 통해 주시는 하나님의 계시입니다.

1절-6절까지는 자연계시입니다.

하늘, 땅, 해, 밤 같은 자연만물(自然萬物)안에 비쳐주시는 하나님의 뜻을 담은 자연계시(自然啓示)입니다.

7절-14절까지는 특별계시입니다.

하나님의 율법(律法)을 통해서 자신들의 죄(罪)를 깨닫도록 주신 특별계시(特別啓示)가 대비가 되어 나타납니다.

이 두 가지는 모든 인간들에게 신앙의 근거를 제시하고 있습니다.

이 19편에는 특별히 다윗 신앙의 핵심인 계시(啓示)에 대한 그의 찬양(讚揚)이 정확하게 나타나고 있습니다.

계시(啓示)의 꽃, 곧 하나님의 말씀인 율법(律法)에 대한 다윗의 고백(告白)을 들어보십시다!

명칭(名稱)	속성(屬性)	효능(效能)
율법(律法) תורה(토라)	완전(完全)함	영혼(靈魂)을 소생(蘇生)시킴
증거(證據) עדות(에두트)	확실(確實)함	우둔(愚鈍)자로 지혜롭게 함
교훈(敎訓) פקודי(피쿠디)	정직(正直)함	심령(心靈)을 기쁘게 함
계명(誡命) מצות(미추트)	순결(純潔)함	눈(眼目, 判斷)을 밝게 함
경외(敬畏) יראת의 도(道) (야라)	정결(淨潔)함	영원(永遠)까지 이르게 함
규례(規例) משפטי(미쉬파티)	확실(確實)함	의(義)에 이르게 함

계시의 진정한 목적은 하나님의 뜻이 정확하게 우리에게 전달되어지는 것이며 아울러 우리의 뜻이 하나님께 온전히 바쳐드릴 수 있는 쌍방통행식의 교제를 말합니다.

필자가 교회를 개척한지 얼마 후인 어느 날, 허름하게 차려입은 한 청년이 찾아 와서는 묻습니다.

"여기가 반월교회 맞습니까?", "예, 맞습니다!" "그러면 이세용 전도사님 계십니까?", "예, 제가 깁니다!" 그랬더니 이 사람, 반갑게 제 손을 잡고는 마구 흔들어 댑니다.

"반갑구만요! 제가 어제 하나님으로부터 계시를 받았지 않습니까?"

"그래요? 무슨 계시를…?" 하니까 이 사람, 아주 당당하게 고개를 세우면서 명령하듯 선언합니다.

"반월교회에 가면 이세용이란 전도사가 있는데, 가서 50만원을 달라 하면 즉시로 내줄 것이니라" 하는 계시(啓示)(?)를 받았다는 것 아닙니까? 신앙에 대한 과감한 도전(挑戰)이네요! 저도 즉시로 응전(應戰)을 했습니다. 그 사람의 손을 제가 다시 잡고 반갑게 흔들며!

"반갑습니다! 저도 어제 하나님으로부터 계시를 받았걸랑요?, 한 사람이 와서 50만원을 달라고 하면 절대로 내주지 말라던데요?"

여러분! 누구의 계시가 진짜입니까? … 둘 다 가짜입니다!

계시(啓示)는 오직 성경 말씀을 통해서 주시는 하나님의 뜻입니다.

여러분!

1절에 나타난 "하늘이 하나님의 영광을 선포하고 궁창(穹蒼)이 그 손으로 하신 일을 나타내는도다"는 자연계시(自然啓示)를 통해서나,

11절에 "또 주의 종이 이로 경계를 받고 이를 지킴으로 상이 크니이다" 하는 특별계시(特別啓示)를 통해서나 계시의 목적(目的)대로 나의 모든 것이 하나님 앞에 열납(悅納)되어 지도록 항상 주를 향한 뜨거운 열정의 삶이 이루어져야 합니다.

꼭 그렇게 살아가셨으면 좋겠습니다.

할렐루야! 아멘.

시편(詩篇) - 21

우리 하나님의 이름으로!

"(다윗의 시, 영장으로 한 노래) 환난 날에 여호와께서 네게 응답하시고 야곱의 하나님의 이름이 너를 높이 드시며 성소에서 너를 도와주시고 시온에서 너를 붙드시며 네 모든 소제를 기억하시며 네 번제를 받으시기를 원하노라(셀라) 네 마음의 소원대로 허락하시고 네 모든 도모를 이루시기를 원하노라 우리가 너의 승리로 인하여 개가를 부르며 우리 하나님의 이름으로 우리 기를 세우리니 여호와께서 네 모든 기도를 이루시기를 원하노라 여호와께서 자기에게 속한바 기름부음 받은 자를 구원하시는 줄 이제 내가 아노니 그 오른손의 구원하는 힘으로 그 거룩한 하늘에서 저에게 응락하시리로다 혹은 병거, 혹은 말을 의지하나 우리는 여호와 우리 하나님의 이름을 자랑하리로다 저희는 굽어 엎드러지고 우리는 일어나 바로 서도다 여호와여 구원하소서 우리가 부를 때에 왕은 응락하소서."(20:1-9)

오늘의 본문 표제(標題)도 이전의 19편과 똑같이 "다윗의 시, 영장으로 한 노래"로 시작하는데, 19-20-21편의 세 편이 이와 똑같은 표제로 연결되어 있습니다.

첫째, 20편도 회중예배시에 영장이 지휘하는 찬양대의 찬송곡입니다.

예배에서의 영장의 역할은 잘 조직되어진 찬양대(讚揚隊)의 지휘자(指揮者)로써 회중예배시의 중심인 찬송에 대한 총 책임자입니다.

20편도 영장의 인도하에 하나님께 예배드릴 때에 쓰는 찬송입니다.

둘째, 20편은 다윗의 시 중에서도 전승기원을 위한 찬송곡입니다.

다윗이 전승기원(戰勝祈願)을 위하여 왕과 백성 간(間)의 화답형(和答形) 합창(合唱) 형식으로 부른 찬송으로써 "셀라(סֶלָה)"라는 말을 보면 알게 됩니다. 화답송에서의 "셀라"는 "아멘"과 같습니다.

3절에 "네 모든 소제를 기억하시며 네 번제를 받으시기를 원하노라"

Manna 1 시편 I 89

"(셀라הלס)"

4절에 "네 마음의 소원대로 허락하시고, 도모를 이루기를 원하노라"

"셀라"는 뜻대로 이루어지기를 원한다는 백성들의 화답창입니다.

셀라라는 말은 간단히 보자면 휴지(休止), 또는 정지(停止 Pause), 중간휴식(中間休息)이라는 정도로 알려져 있지만, 사실은 찬양(讚揚)이 클라이막스(Climax)에 올랐을 때, 온 회중이 감동되었을 때, 아니면 개인이 하나님 앞에서 깊은 은혜에 몰입(沒入)한 때에 하나님께 영광 돌리는 일종(一種)의 표시(表示)입니다.

셋째, 20편은 왕의 출전(出戰)에 앞서 승리를 기원하는 시입니다.

1절-5절까지에는/ 전쟁에 대한 승리의 기원에 관한 노래입니다.

6절-9절까지에는/ 전쟁의 승리에 대한 확신(確信)의 노래입니다.

특별히 이 20편은 전쟁에 대한 출전을 앞두고 다윗이 "하나님의 이름"을 부르며 "신의 전쟁"을 간구하고, 기원하는 노래인 것입니다.

따라서 본 20편에서 가장 관심을 끄는 말은 "하나님의 이름"이라는 것입니다. 하나님의 이름은 "다윗 신앙"에 있어서의 기초(基礎)요, 또한 중추적인 역할을 하였습니다.

그러면 이 "이름"은 어떤 의미(意味)와 효능(效能)이 있을까요?

첫째는 이 세상에 존재하는 것들은 반드시 그 이름을 갖습니다.

둘째는 그리고 이름은 반드시 그 이름값을 가지고 있습니다.

셋째는 사람의 이름은 그 인격(人格)을 나타내는 역할을 합니다.

넷째는 이름 중에서 최고(最高)의 이름은 하나님의 이름입니다.

다섯째는 하나님의 이름은 그 자체로 능력과 권위를 나타냅니다.

이러한 이름에 관한 진리(眞理)에 입각해서 다윗은 이 "하나님의 이름"을 가장 잘 활용(活用)한 지혜로운 사람입니다.

그래서 본문도 출전(出戰)에 앞서 "하나님의 이름"을 내세웁니다.

그러면 "하나님 이름"은 우리에게 어떠한 역사(役事)를 이루십니까?

첫째, 하나님의 이름은 우리를 높이 들어 존귀하게 만드십니다.

1절에 "…하나님의 이름이 너를 높이 드시며…"하지 않습니까?

우리가 하나님의 이름을 높여드리면, 하나님도 우리를 이름을 높이고 우리 자신을 존귀(尊貴)한 자로 만드십니다.

또한 롬10:13절에 "누구든지 주의 이름을 부르는 자는 구원을 얻으리라"고 하지 않습니까? 우리의 구원에까지도 영향력을 미칩니다.

둘째, 하나님의 이름은 우리에게 늘 승리(勝利)를 안겨 주십니다.

5절에 "…하나님의 이름으로 우리 기(旗)를 세우리니…"합니다.

어떠한 전쟁이든, 싸움이든 하나님의 이름으로 나아가는 곳에는 반드시 하나님께서 승리의 깃발을 세워주셨습니다.

다윗은 이 사실을 알고 어디를 가든지, 언제든지 "하나님의 이름"으로 싸워서 끊임없이 승리의 깃발을 휘날렸던 것입니다.

삼상17:45절에 "…너는 칼과 창과 단창으로 내게 오거니와 나는 만군의 여호와의 이름, 곧 네가 모욕(侮辱)하는 이스라엘 군대의 하나님의 이름으로 네게 가노라"하신 말씀, 기억나시지요? 다윗이 골리앗 앞으로 나아가며 내세웠던 가장 큰 무기가 곧 "하나님의 이름"이었지 않습니까?

셋째, 하나님의 이름은 우리 모든 성도들의 자랑입니다.

7절에 "여호와 우리 하나님의 이름을 자랑하리로다"하지 않습니까?

이렇게 귀한 하나님의 이름이기에 우리는 하나님 이름을 부르는 것 자체를 감사하여야 하고 이 세상 어떤 것보다 더 자랑해야 합니다.

이 "하나님의 이름"이 얼마나 귀중한가를 알려주는 예(例)가 곧 십계명 중의 제삼(第三) 계명(誡命)에 있습니다.

출20:7절에 "너는 너의 하나님 여호와의 이름을 망령되이 일컫지 말라"하시지 않습니까? 자랑스러운 이름을 어찌 망령되이 불러서야 되게 습니까?

넷째, 하나님의 이름은 우리 모든 성도들의 기도의 응답 줄입니다.

5절에 "하나님의 이름으로…여호와께서 네 모든 기도를 이루시기를 원하노라"하신 말씀을 보세요! 하나님의 이름은 우리 모든 성도들의 기도를 응답해 주신다는 싸인(Signature)입니다.

그래서 우리가 대표 기도할 때에 "예수님의 이름"으로 기도합니다.

하면 다 같이 아멘으로 화답하는 것 아니겠습니까?

어느 교회에 아주 열심히 하나님을 섬기는 여집사님이 계셨습니다. 이분의 남편은 군인이었는데, 육군 중령으로 예편을 하시고 아내를 따라 처음으로 교회를 나오셨습니다. 아내의 극진한 후원과 본인도 열심히 신앙생활을 하게 되어 학습-세례 받고 삼년 만에 집사 임명장(任命狀)을 받아들고 감격해 하셨습니다.

어느 주일날 이 집사님이 처음 대표기도를 하게 되었는데, 이전에 선임집사님들의 기도하시던 것들을 기억하여 잘 더듬어 처음부터 괜찮게 나갔습니다. 주변에서 "아멘"하는 소리도 나오고, 본인도 꽤 흡족하게 생각하며 기도를 마치려하는데, 글쎄! 기도 마침의 말이 생각이 전혀 떠오르지 않는 것입니다.

그는 얼떨결에 군대식으로 "이상 무!"하고 끝을 내려고 하니 아무도 응답이 없는 것입니다! 갑자기 당황해지면서 또다시 큰 소리로 외칩니다! "이상 끝!" 주변에서 킥킥거리는 소리도 나고 눈을 떠서 보는 사람도 생기고!, 옆에 있는 아내가 작은 소리로 코치합니다. "여보! 예수님의 이름으로 기도합니다! 하세요" 그래 겨우 마쳤답니다. 나중에 그분하시는 말, "하나님의 이름"이 그렇게 쎈지 예전에 미처 몰랐어요!

여러분!

뭐니 뭐니해도 이름 중에 가장 아름다운 이름은 "주 예수 그리스도"일 것입니다. 그런데도 아직까지 "예수 그리스도" 이름을 촌스럽다고 기피하거나 부끄러워하는 분들이 있습니다. 그것이 부끄럽습니다!

우리 모두 항상 예수의 이름으로 승리하는 성도가 되십시다.

할렐루야! 아멘.

시편(詩篇) - 22

노래하고 찬송(讚頌)하겠나이다!

"(다윗의 시, 영장으로 한 노래) 여호와여 왕이 주의 힘을 인하여 기뻐하며 주의 구원을 인하여 크게 즐거워하리이다 그 마음의 소원을 주셨으며 그 입술의 구함을 거절치 아니하셨나이다(셀라) 주의 아름다운 복으로 저를 영접하시고 정금 면류관을 그 머리에 씌우셨나이다 저가 생명을 구하매 주께서 주셨으니 곧 영영한 장수로소이다 주의 구원으로 그 영광을 크게 하시고 존귀와 위엄으로 저에게 입히시나이다 저로 영영토록 지극한 복을 받게 하시며 주의 앞에서 기쁘고 즐겁게 하시나이다 왕이 여호와를 의지하오니 지극히 높으신 자의 인자함으로 요동치 아니하리이다 네 손이 네 모든 원수를 발견함이여 네 오른손이 너를 미워하는 자를 발견하리로다 네가 노할 때에 저희로 풀무 같게 할 것이라 여호와께서 진노로 저희를 삼키시리니 불이 저희를 소멸하리로다 네가 저희 후손을 땅에서 멸함이여 저희 자손을 인생 중에서 끊으리로다 대저 저희는 너를 해하려 하여 계교를 품었으나 이루지 못하도다 네가 저희로 돌아서게 함이여 그 얼굴을 향하여 활시위를 당기리로다 여호와여 주의 능력으로 높임을 받으소서 우리가 주의 권능을 노래하고 칭송하겠나이다." (21:1-13)

오늘의 본문 표제(標題)도 역시 "다윗의 시, 영장으로 한 노래"로 시작하는데, 20편과 함께 자매(姉妹)처럼 짝이 되는 시편입니다.

첫째, 영장으로 한 노래라는 말대로 찬양대의 예배용 찬송입니다.

영장이란 말대로 지휘자(指揮者)가 지휘하는 찬양대(讚揚隊)의 예배용 찬송곡으로 쓰는데, 앞선 20편과는 짝을 이루는 시편입니다.

둘째, 다윗의 시(詩)로 백성들과 함께하는 화답형 찬송곡입니다.

20편이 다윗의 전승기원(戰勝祈願) 형식의 노래라면 본 21편은 전쟁에서의 승리를 감사하며 왕과 백성 간의 화답형(和答形) 합창(合唱)으로 볼 수 있습니다. "셀라"라는 말이 바로 그것을 가리킵니다.

1절에 "여호와 왕이 주의 힘을 인하여 기뻐하며…"하는 찬양에, "(셀라הלס)"하고 화답합니다.

3절에 "주의 아름다운 복으로 저를 영접하시고…"하며 찬양합니다.

"셀라"라는 뜻은 그대로 이루어지기를 원하는 백성들의 화답입니다.

셋째, 21편은 왕이 전쟁에서 승리한 것을 감사하는 노래입니다.

1절-7절까지에는/ 전쟁에서 이길 수 있도록 도와주신 여호와 하나님의 능력과 구원의 은총을 감사하고 찬양하는 승리의 노래입니다.

8절-13절까지에는/ 전쟁을 통해서 하나님을 의지하는 자에게 미래에도 승리에 대한 보장을 주실 것을 확신(確信)하는 노래입니다.

특별히 이 21편에는 전편인 20편에서 기도하였던 것을 응답해주신 하나님께 감사하며 "기도(祈禱)와 응답(應答)"이라는 구도(構圖)를 보여주고 있습니다.

첫째는 기도(祈禱)는 하나님께서 우리에게 마음의 문을 열도록 터전을 마련해 주시는 것입니다.

그러니까 기도는 내 마음대로 하는 것이 아니라 하나님께서 우리가 기도할 수 있도록 터전을 마련해 주시고 원하시는 것을 받으시는 것을 말합니다.

2절에 "그 마음의 소원(所願)을 주셨으며…"하지 않습니까?

둘째는 우리 기도는 하나님께서 거절치 아니하신다는 것입니다.

렘33:3절에 "너는 내게 부르짖으라 내가 네게 응답하겠고…"합니다.

2절에 "마음의 소원"이 "입술의 구(求)함"으로 구체화(具體化)되면 하나님께서는 결단코 거절(拒絶)하지 못하시며 응답해 주십니다.

창32:28절에 하나님이 야곱에게 하신 말씀처럼 "…하나님과 사람으로 더불어 겨루어 이기었음"은 오직 기도(祈禱)의 힘뿐입니다.

셋째는 기도는 하나님의 응답(應答)을 통해서 감사와 찬양의 교제(交際)를 이루게 하는 통로(通路)가 됩니다.

1절에 "여호와여 왕이 주의 힘을 인하여 기뻐하며 주의 구원을 인하여 크게 즐거워하리이다"하신 말씀처럼 세상에서 가장 아름답고 좋은 교제(交際 Communication)을 이루는 것이 곧 기도입니다.

기도를 통한 하나님과 우리의 교제는 다음과 같은 열매를 맺습니다.

주(主)의 힘과 구원의 역사(役事)

다윗의 기쁨과 즐거움의 감사(感謝)

이렇게 주(主)의 앞에 있을 때는 "승리의 축복(祝福)"이 넘칩니다.

그러면 다윗이 체험한 "하나님의 승리"라는 특징을 살펴봅시다.

첫째, 하나님의 아름다운 복으로 영접(迎接)해주신다는 것입니다.

59:10절에 "나의 하나님이 그 인자하심으로 영접하시며…"하심 같이 3절에도 "주의 아름다운 복(福)으로 저를 영접하시고…"하였습니다.

하나님의 자녀에게는 인자(仁慈)하심으로 영접(迎接)하시고, 원수(怨讐)들에게 보응(報應)하시는 것을 보게 하셨다는 말입니다.

둘째, 정금 면류관(冕旒冠)을 그 머리에 씌워주신다는 것입니다.

3절에 "…정금 면류관을 그 머리에 씌우셨나이다"하시지 않습니까?

면류관은 "이긴 자"의 영화요, "승리자의 영광"입니다. 다윗은 하나님께서 씌워 주신 영원한 면류관을 감사하며 찬양하고 있습니다.

셋째, 장수(長壽)함으로 생명(生命)의 복을 주신다는 것입니다.

91:16절에 "내가 장수함으로 저를 만족케 하며 나의 구원으로 보이리라"하신 것처럼 4절에 "주께서 주셨으니 곧 영영한 장수로소이다"하며 찬양합니다. 승리자에게는 장수의 복을 베푸신다는 것입니다.

넷째, 존귀(尊貴)와 위엄(威嚴)으로 덧입혀 주신다는 것입니다.

5절에 "…존귀와 위엄으로 저에게 입히시나이다"라고 고백합니다.

다윗은 자기에게 덧입혀주신 존귀와 위엄의 옷을 감사합니다.

다섯째, 지극한 복(福)으로 기쁨과 즐거움을 주신다는 것입니다.

6절에 "저로 영영토록 지극한 복을 받게 하시며…"하지 않습니까?

여러분!

우리 모두는 기도를 통해 하나님 앞에 있는 자가 되어서 하나님이 주시는 승리의 축복을 늘 맛보는 지혜로운 성도가 됩시다!

할렐루야! 아멘.

시편(詩篇) - 23

새벽을 깨워 기도해야겠지요?

"(다윗의 시. 영장으로 아얠렛샤할에 맞춘 노래) 내 하나님이여 내 하나님이여 어찌 나를 버리셨나이까 어찌 나를 멀리하여 돕지 아니하옵시며 내 신음하는 소리를 듣지 아니하시나이까 내 하나님이여 내가 낮에도 부르짖고 밤에도 잠잠치 아니하오나 응답지 아니하시나이다 이스라엘의 찬송 중에 거하시는 주여 주는 거룩하시니이다 우리 열조가 주께 의뢰하였고 의뢰하였으므로 저희를 건지셨나이다 저희가 주께 부르짖어 구원을 얻고 주께 의뢰하여 수치를 당치 아니하였나이다 나는 벌레요 사람이 아니라 사람의 훼방거리요 백성의 조롱거리니이다 나를 보는 자는 다 비웃으며 입술을 비쭉이고 머리를 흔들며 말하되 저가 여호와께 의탁하니 구원하실 걸, 저를 기뻐하시니 건지실 걸 하나이다 오직 주께서 나를 모태에서 나오게 하시고 내 모친의 젖을 먹을 때에 의지하게 하셨나이다 내가 날 때부터 주께 맡긴바 되었고 모태에서 나올 때부터 주는 내 하나님이 되셨사오니 나를 멀리하지 마옵소서 환난이 가깝고 도울 자 없나이다 많은 황소가 나를 에워싸며 바산의 힘센 소들이 나를 둘렀으며 내게 그 입을 벌림이 찢고 부르짖는 사자 같으니이다 나는 물 같이 쏟아졌으며 내 모든 뼈는 어그러졌으며 내 마음은 촛밀 같아서 내 속에서 녹았으며 내 힘이 말라 질그릇 조각 같고 내 혀가 잇틀에 붙었나이다 주께서 또 나를 사망의 진토에 두셨나이다 개들이 나를 에워쌌으며 악한 무리가 나를 둘러 내 수족을 찔렀나이다 내가 내 모든 뼈를 셀 수 있나이다 저희가 나를 주목하여 보고 내 겉옷을 나누며 속옷을 제비 뽑나이다 여호와여 멀리하지 마옵소서 나의 힘이시여 속히 나를 도우소서 내 영혼을 칼에서 건지시며 내 유일한 것을 개의 세력에서 구하소서 나를 사자 입에서 구하소서 주께서 내게 응락하시고 들소 뿔에서 구원하셨나이다."(22:1-21)

오늘의 본문 표제(標題)는 "다윗의 시, 영장으로 아얠렛샤할에 맞춘 노래"로 시작합니다. 아얠렛샤할(אילת השחר)에 맞춘 노래라니요?

발음(發音)하기 조차도 어렵고 힘든 이 말은 무슨 뜻입니까?

직역(直譯)하면 "새벽(שחר샤하르)의 사슴(אילה아얄레트)"이라는 뜻인데, 말하자면 곡조(曲調)의 분위기(雰圍氣)가 "새벽기도 때의 노래"같이 낮고 잔잔하고 조용한 리듬으로 하라는 지시어(指示語)일 것입니다. 찬송곡을 어떠한 분위기로 부르라 하는 지정 표시입니다.

첫째, 영장이라는 말이 있으니 이 시(詩)도 예배용 찬송곡입니다.

영장(令長)의 지휘 하에 잘 조직된 찬양대가 은은하게 새벽의 예배 때에 찬양하는 모습을 떠올려 보세요!

얼마나 은혜가 되겠습니까? 찬양은 예배의 아름다움의 극치입니다.

둘째, 22편은 다윗의 대표적인 시로 전형적인 애가(哀歌)입니다.

1절에 "내 하나님이여 내 하나님이여 어찌 나를 버리셨나이까"라는 이 구절(句節)의 말씀은 예수님의 가상칠언(架上七言, 십자가상의 일곱 말씀)중의 하나로 아주 유명하지 않습니까? 이 가상칠언과 본문의 말씀이 어쩌면 그렇게도 똑같습니까?

1절은 "예언(豫言)과 성취(成就)"라는 구약과 신약의 관계성(關係性)중에서도 최고의 전형적인 예표(豫標, Typology)라고 할 수 있습니다.

우리 주께서 십자가상에서 하나님을 향하여 부르짖은 이 외침은 천년(千年)의 시간을 뛰어넘는 예언과 성취의 절묘한 최고의 접점(接點)이었습니다.

다윗과 우리 예수님께서 하나님을 부르는 이 말씀은 구약과 신약에서의 미묘한 차이가 있기는 하지만, 이는 언어(言語) 곧 아람어와 히브리어의 차이일 뿐 그 내용은 똑같이 일치(一致)합니다.

구약본문은: (אלי אלי למה עזבתני 엘리 엘리 라마 아잡타니)입니다.

신약에서는: (אלי אלי למה שבקתני 엘리 엘리 라마 사박타니)입니다.

셋째, 22편은 다윗의 여러 시(詩)중에서도 가장 정밀한 예언시(豫言詩)에 속합니다.

10절에 "내가 날 때부터 주께 맡긴바 되었고 모태에서 나올 때부터 주는 내 하나님이 되셨사오니…"하지 않습니까? 철저한 예언입니다.

성령으로 잉태하시고 이 땅위에 탄생하신 메시야, 예수 그리스도에 대한 가장 정밀(精密)한 예언(豫言) 중의 하나로 볼 수 있습니다.

넷째, 22편은 흑(黑)과 백(白)이 선명히 구별된 영상(映像)시입니다.

무슨 말입니까? 영상시(映像詩)라니요? 마치 화면 가득히 선명하게 교차되는 흑과 백의 영상을 통해 한 편의 동영상을 보는 것 같습니다.

22편은 1절부터 21절까지는 흑(黑)같은 부분의 애가(哀歌)입니다.

그러나 22절부터 31절까지는 백(白)같은 부분의 송가(頌歌)입니다. 한 마디로 "십자가의 고난"을 담은 애가로부터 "부활의 영광"을 담은 송가에 이르기까지를 대비(對比)한 영감 넘치는 영상의 시로 볼 수 있습니다.

다섯째, 22편은 모든 이들에게도 매우 친숙(親熟)한 시(詩)입니다.

1절에 "내 하나님이여 내 하나님이여 어찌 나를 버리셨나이까"라는 말씀은 예수님의 외침을 다윗이 예언한 것인지, 아니면 다윗의 외침을 예수님이 그대로 인용(引用)하셨는지는 확실치 않습니다.

다만 마27:46절에서 예수님이 십자가상에서 크게 외치신 "엘리 엘리 라마 사박다니"하신 말씀을 통해서 이미 상당히 친숙해진 말씀이기도 합니다. 고난절이나 부활절 칸타타(Cantata)에서 익히 들어온 말씀과 찬양(讚揚)이기도 하지요?

이 22편의 초반에는 메시야이신 예수 그리스도의 고난에 대한 말씀이 아주 세밀하게 묘사되어 마치 예수님께서 십자가를 지신 현장(現場)을 눈앞에서 보고 기록한 것 같은 착각을 일으키기도 합니다.

그 묘사(描寫)들을 살펴보십시다.

첫째 1절/ "내 하나님이여 내 하나님이여 어찌 나를 버리셨나이까"

마27:46절에 예수님의 십자가상의 외침에서 재현되고 있습니다.

둘째 6절/ "나는 벌레요 사람이 아니라 사람의 훼방거리요, 조롱거리니이다"

마27:44절에 십자가 좌우편의 강도들도 같이 욕하고 조롱합니다.

셋째 7절/ "나를 보는 자는 다 비웃으며, 입술을 비쭉이고, 머리를 흔들며 말하기를…"

마27:39절에 지나가는 자들도 머리를 흔들며 예수를 모욕합니다.

넷째 8절/ "저가 여호와께 의탁하니 구원하실걸, 저를 기뻐하시니 건지실 걸 하나이다"

마27:40절에 대제사장, 서기관, 장로들까지도 예수를 희롱합니다.

다섯째 13절/ "내게 그 입을 벌림이 찢고 부르짖는 사자같으니이다"

막15:19절에 갈대로 예수의 머리를 치며 침 뱉고 폭력을 가합니다.

여섯째 14절/ "나는 물같이 쏟아졌으며 내 모든 뼈는 어그러졌으며

마27:50절에 예수께서 크게 소리를 지르시는 고통을 내뱉으십니다.

일곱째 15절/ "내 힘이 말라 질그릇 조각 같고 내 혀가 잇틀에 붙었나이다" 요19:28절에 예수께서 목마르다! 하고 고통을 외칩니다.

여덟째 16절/ "개들이 나를 에워쌌으며 악한 무리가 나를 둘러 내 수족을 찔렀나이다"

마27:35절에 저들이 예수를 십자가에 못 박아 내답니다.

아홉째 17절/ "내가 내 모든 뼈를 셀 수 있나이다"

마27:36절에 예수를 십자가에 못 박은 자들이 앉아 지킵니다.

열째 18절/ "내 겉옷을 나누며 내 속옷을 제비뽑나이다"

마27:35절에 이들은 예수를 십자가에 못박아 놓은 후에 겉옷과 속옷을 제비뽑아 서로 나눕니다.

여러분!

극한 고난을 통해서도 하나님께 부르짖어 간구할 수 있는 신앙의 아름다운 모습을 우리의 신앙 안에서도 발견할 수 있는 성도가 되시기를 바랍니다. 또 다시 내일을 향하여 힘차게 전진하는 여러분 되십시다!

할렐루야! 아멘.

시편(詩篇) - 24

그에게 영광을 돌릴지어다!

"내가 주의 이름을 형제에게 선포하고 회중에서 주를 찬송하리이다 여호와를 두려워하는 너희여 그를 찬송할지어다 야곱의 모든 자손이여 그에게 영광을 돌릴지어다 너희 이스라엘 모든 자손이여 그를 경외할지어다 그는 곤고한 자의 곤고를 멸시하거나 싫어하지 아니하시며 그 얼굴을 저에게서 숨기지 아니하시고 부르짖을 때에 들으셨도다 대회 중에 나의 찬송은 주께로서 온 것이니 주를 경외하는 자 앞에서 나의 서원을 갚으리이다 겸손한 자는 먹고 배부를 것이며 여호와를 찾는 자는 그를 찬송할 것이라 너희 마음은 영원히 살지어다 땅의 모든 끝이 여호와를 기억하고 돌아오며 열방의 모든 족속이 주의 앞에 경배하리니 나라는 여호와의 것이요 여호와는 열방의 주재심이로다 세상의 모든 풍비한 자가 먹고 경배할 것이요 진토에 내려가는 자 곧 자기 영혼을 살리지 못할 자도 다 그 앞에 절하리로다 후손이 그를 봉사할 것이요 대대에 주를 전할 것이며 와서 그 공의를 장차 날 백성에게 전함이여 주께서 이를 행하셨다 할 것이로다."(22:22-31)

    시편은 총 150편(篇)에 이르는 방대(尨大)한 분량(分量)의 "신앙의 고백(告白)"들로써 이스라엘 신앙공동체의 삶 속에서는 없어서는 안 될 불가분(不可分)의 "생활 그 자체(自體)"에 속합니다.

    시편은 그 주변의 잠언(箴言), 욥기, 전도서, 아가(雅歌)서 등과 함께 시가서(詩歌書)의 한 그룹(Group)을 형성(形成)하기도 하지만 그 자체 내에서는 총 5권(卷)의 묶음을 통해 모세 오경(伍經 הרות토라)인 창세기, 출애굽기, 레위기, 민수기, 신명기에 맞춰 예배용(禮拜用) 찬양의 짝(Partner)을 제공하는 근원이 되기도 합니다.

    또한 우리 성도들의 삶 속에서는 하나님과 교제(交際)하는 통로(道路)가 되기도 하고 은혜(恩惠)를 담는 그릇이 되기도 합니다.

    어쨌든 하나님의 사랑과 성도의 섬김과를 잘 맺어주는 매개체(媒介體)로서의 역할에 있어서 가장 애용(愛用)되는 말씀이기도 합니다.

    이러한 면에서 보면 본 22편의 말씀도 모든 성경의 역할(役割)과 같이 그 안에 나타난 진리(眞理)의 의미들이 다른 성경 곳곳에 인용(引用)되는 큰 역할을 하고 있습니다.

특히 22편의 말씀은 성경의 큰 틀 속을 관통(貫通)하는 핵심(核心) 코어(Core)의 부분이라고 볼 수 있습니다.

그러면 이러한 안목으로 22편의 특징과 내용들을 살펴보십시다.

첫째, 22편은 가장 뛰어난 수난(受難)에 관한 예언시입니다.

22편은 이사야서 53장과 함께 예수 그리스도의 수난(受難)에 대한 예언과 예표의 백미(白眉)에 속한다고 봅니다.

둘째, 22편은 수난과 영광을 함께 담은 아주 특이한 시(詩)입니다.

1절-21절까지는 그리스도의 수난을 예언한 애가(哀歌)입니다.

22절-31절까지는 그리스도의 부활의 영광을 노래한 송가(頌歌)입니다.

한 마디로 "십자가의 고난"을 담은 애가로부터 "부활의 영광"을 담은 송가에 이르기까지 시 한편에 함께 담은 아주 특이한 시입니다.

한 마디로 방대한 구속사의 두 주역을 한 그릇에 담아낸 것입니다.

셋째, 22편은 세상 속에서의 교회의 축복을 예언한 신앙 시입니다.

예수 그리스도의 십자가상에서 "버림받음"이라는 역사는 예언을 통하여 세우신 "회중(會中ְקָהָל카할)교회"로 말미암아 구원을 받은 모든 "열방(列邦)과 족속(族屬)"들이 주(主)의 이름을 찬송(讚頌)하고 경배(敬拜)할 것을 예언(豫言)하는데, 그 예언은 다음과 같습니다.

· 찬송(讚頌)할지어다!　　　(23절)
· 영광(榮光)을 돌릴지어다!　(23절)
· 경외(敬畏)할지어다!　　　(23절)
· 영원(永遠)히 살지어다!　　(26절)
· 경배(敬拜)할지어다!　　　(29절)

이에 따라 구원의 은총을 베푸신 예수 그리스도를 향한 "회중(會中 קָהָל카할)교회"의 할 일, 곧 사명(使命)은 다음과 같습니다.

첫째는 성도(聖徒)들 간에 거룩한 영적인 교제를 해야 합니다.

22절에 "내가 주의 이름을 형제(兄弟)에게 선포하고 회중에서 찬송(讚頌)할지어다!"합니다. 그래서 교회는 성도들이 하나님과의 교제와 성도들 서로 간에 영적인 교제에 힘쓰는 것이 사명입니다.

둘째는 하나님께 대한 아름다운 예배(禮拜)로 경배해야 합니다.

27절에 "열방의 모든 족속이 주의 앞에 경배(敬拜)하리니…"합니다. 교회의 제일가는 목적은 하나님을 경배하고 예배드리는 일입니다.

셋째는 이웃에 대한 구제와 봉사로 하나님 사랑을 나눠야 합니다.

30절에 "후손이 그를 봉사할 것이요 대대에 주를 전할 것이며…"합니다. 교회의 사명 중에는 대외적으로 이웃을 향한 구제와 봉사로 하나님의 사랑을 전할 의무가 당연히 있는 것입니다.

넷째는 하나님 말씀에 대한 선포와 교육(敎育)을 행하여야 합니다.

31절에 "와서 그 공의를 장차 날 백성에게 전(傳)함이여…"합니다.

교회는 또한 말씀의 선포를 통해서 성경을 생활 속에 영접해야 하고 또 날마다 말씀을 가르쳐 지키게 하는 것이 중요한 사명입니다.

오늘 날 우리의 교회의 표식(標式)이 바로 여기에서부터 나왔음이 분명합니다. 예전에 총회에서 실시한 강도사 고시(考試)때의 일입니다. 조직신학의 주관식 문제 중에 "교회의 표식에 대하여 쓰라!"하는 것이 있었습니다. 당연히 "교회의 십자가!"하고 썼다가 보기 좋게 틀린 학생이 나왔습니다. 교회의 표식이란 교회가 반드시 감당해야할 네 가지의 사명들을 말하는 것입니다.

(1)선교(宣敎, Kerygma)와 (2)교육(敎育, Didache) (3)봉사(奉仕, Diakonia) 그리고 (4)교제(交際, Koinonia)가 바로 여기 이 말씀으로부

터 유래(由來)된 것이지요!

여러분!

우리 주님의 "십자가의 사랑"은 영원토록 영광(榮光)받으시기에 합당(合當)하신 은혜입니다.

그 은혜를 향하여 늘 감사하며 사십시다!

할렐루야! 아멘.

시편(詩篇) - 25

하나님의 끈을 붙들고…

"(다윗의 시) 여호와는 나의 목자시니 내가 부족함이 없으리로다 그가 나를 푸른 초장에 누이시며 쉴만한 물 가으로 인도하시는도다 내 영혼을 소생시키고 자기 이름을 위하여 의의 길로 인도하시는도다 내가 사망의 음침한 골짜기로 다닐지라도 해를 두려워하지 않을 것은 주께서 나와 함께 하심이라 주의 지팡이와 막대기가 나를 안위하시나이다 주께서 내 원수의 목전에서 내게 상을 베푸시고 기름으로 내 머리에 바르셨으니 내 잔이 넘치나이다 나의 평생에 선하심과 인자하심이 정녕 나를 따르리니 내가 여호와의 집에 영원히 거하리로다."(23:1-6)

오늘의 본문 표제(標題)는 지금까지 계속되었던 "영장으로 한 노래"나 "…에 맞춘 노래"라는 지시어(指示語)가 쏙 빠지고 아주 단순하고 명료하게 그냥 "다윗의 시(詩)"라고만 시작하고 있습니다.

첫째, 다른 지시어는 없지만 이 시도 예배를 위한 찬송곡입니다.

그러니까 이 23편은 예배 이전(以前)에 부르는 입당송(入堂頌)이든, 예배용 찬양이든, 예배 후의 백성들이 자유롭게 부르는 복음송이든 어느 곳에서나 누구든지 자유롭게 부르는 노래이기도 합니다.

둘째, 23편의 구조(構造)는 아주 간단하게 구성되어 있습니다.

목자(牧者)이신 하나님과 양(羊)인 나 자신과의 관계를 아주 은혜롭고 선명하게 부각시키고 있는 관계성을 목적으로한 시(詩)입니다.

1절에 "여호와는 나의 목자시니 내가 부족함이 없으리로다!"하는 말씀이 바로 이러한 내용을 충분히 반영하는 구절(句節)입니다.

셋째, 23편은 가장 많은 사람들로부터 사랑받는 시(詩)요, 평가는 전체 시편 중에서도 가장 좋은 평(評)을 받고 있는 시(詩)입니다.

시(詩)중에서 가장 아름다운 시, 단순(單純)한듯하면서도 심오(深奧)

한 뜻을 담은 시, 순교자(殉敎者)의 찬송시(讚頌詩), 또는 성경 속에 박혀있는 진주(眞珠), 시편(詩篇)의 백미(白眉) 등등의 많은 명칭(名稱)과 찬사(讚辭)가 이 23편에 집중(集中)되어 왔습니다.

그러나 누가 뭐라 하든 간에 이 23편이 나타내는 가장 중요한 점은 "인간의 삶의 본질"과 "신의 존재에 대한 강렬한 신앙의 고백"이 밀접하게 연결되어진 시(詩)라고 볼 수 있습니다.

이 23편에 직접적으로 기록되어 있지는 않지만, 가장 강하게 부각되는 이미지(Image)가 있으니 곧 "하나님의 끈"이라는 의미입니다.

무식하게 "끈"이 뭐냐? "선(線)"이지!, 아니면 "Line, 줄"로 하든지! 어쨌든 중요한 것은 하나님과의 관계를 맺는 중간 매체, "끈"입니다.

필자(筆者)의 어렸을 적, 6.25동란 때에 피난(避難)내려가서 당분간 머물렀던 직산(稷山)이란 시골동네에서의 일이었습니다.

설날부터 대보름사이에 "연날리기 대회"가 각 동네 대항(對抗)으로 열렸는데 연을 가지고 서로 밀고 당겨 최후까지 남는 "연(鳶)"이 우승을 하는 경기의 일종입니다.

필자도 참가해서 우승 좀 해보려고 열심히 연을 만드는데, 이전에 이 대회에서 우승한 적이 있는 먼 친척이 지나다가 보고 코치를 합니다. 연날리기 대회에서의 우승을 위하여서는 보이는 "연"보다 잘 보이지 않는 "끈"을 더 잘 만들어야 한다는 것입니다. 아니, 연보다는 끈이 더 중요하다니요? 지금 까지의 생각을 뒤집는 역전의 발상이네요! 그렇게 해서 "연"보다 "끈"에 더 심혈을 기울여 출전했습니다.

연 대회에 나가보니 별아별 "연"들이 다 나왔습니다.

"네모진 연", "마름모 연", "꼬리 없는 연", "꼬리긴 연", "못생긴 연", "배부른 연", "둘이 같이 붙어있는 쌍 연"까지 참 다양한 연들이 즐비하게 출전했습니다.

결국은 끈 끊어진 연들은 다 떨어져나가고 최후에 "내 연"만 남아서 기쁨을 함께하였던 추억(追憶)이 아련히 지금까지도 남아있습니다.

그때 가졌던 이 "끈"에 대한 깊은 깨달음은 제가 오늘에 이르기까지 목회(牧會) 33년이 넘도록 가장 인상깊은 교훈으로 남아있습니다.

대부분의 목회자들이 이 "끈"에 대한 인식을 온전히 하지 못하고 "연"에만 매달리다가 수없이 많은 실패를 거듭함을 보았습니다.

학연(學緣)을 붙들고, 지연(地緣)에 얽매이고, 혈연(血緣)에 기대다가 그 끈이 엉켜서, 끊겨서, 잘못 연결해서 실패하더란 말입니다.

목연(牧緣, 목회자의 끈)은 신연(神緣 하나님의 끈)이어야 합니다.

오늘 우리가 본 본문은 다음과 같은 몇 가지의 특색이 있습니다.

첫째는 여호와가 친히 나의 목자(牧者)가 되어 주신다는 것입니다.

1절에 "여호와는 나의 목자(רֹעִי יהוה 여호와 로이)시니…"하신 말씀처럼 하나님께서 친히 나의 목자가 되셔서 돌보아 주신다는 것입니다.

둘째는 여호와의 집에 영원히 거(居)하게 해주신다는 것입니다.

6절에 "여호와의 집(בבית יהוה 베 바이트 여호와)에 거하게…"합니다.

이렇게 양끝을 "여호와"라는 이름으로 끈을 묶어서 그 안에 무엇인가를 담고자 하는 강력한 의지를 나타내는 수사기법을 "Inclusio 인클루지오(싸임구조)"라 합니다.

그리고 그 인클루지오 된 그 안에 "나"를 14씩이나 넣습니다.

셋째는 그리고 나를 하나님의 끈으로 묶어주신다는 것입니다

그래서 1절 "여호와"부터 6절 "여호와"까지 사이에 "나"를 넣으시고 내 인생의 슬픔과 기쁨, 성공과 실패, 행복과 불행, 만남과 헤어짐 등의 모든 인생관계를 주관하셔서 내 삶의 한계를 정(定)하십니다.

"나의 목자(牧者)",

"나의 영혼(靈魂)",

"나의 짝",
"나의 앞",
"나의 원수(怨讐)",
"나의 머리",
"나의 생명(生命)",
"나의 부족(不足)",
"나의 다니는 것",
"나의 두려워 하는 것",
"나의 사는 것",
"나의 눕는 것",
"나를 이끄시는 것",
"나를 인도하시는 것",
"나를 안심시키시는 것",
"나를 따르는 것" 등, 이 모든 것을 여호와의 끈에 묶어주십니다.
특히 이렇게 우리를 묶어서 인도해주신 곳이 두 군데입니다.

하나는 푸른 초장(草場)입니다.
다음은 쉴만한 물가입니다.

여기에서 우리의 "영혼"을 소생(蘇生)시켜주시고 "상(床)"을 베풀어주십니다. 쉴만한 물가나 푸른 초장은 교회를 상징(象徵)합니다.

말하자면 하나님과의 연결고리를 이루는 "하나님의 끈"을 말합니다.

또한 이곳으로 우리를 인도하시는데 꼭 필요한 것으로 쓰신 도구(道具)도 두 가지입니다.

첫째는 주(主)의 지팡이(שבט쉐베트)입니다.
둘째는 주(主)의 막대기(משענת미쉬에네트)입니다.

이 지팡이와 막대기는 어떤 것이며 어느 때 쓰였느냐? 하는 것이 중요한 것이 아니라 이것들을 통해서 하나님과 우리 사이에 어떠한 관계가 형성되었느냐? 하는 것이 더욱 중요합니다.

주의 지팡이와 막대기는 기도와 말씀을 상징(象徵)합니다.

말하자면 하나님께서 우리를 붙드시고 연결(連結)하시는 도구(道具)로 쓰시는 일종(一種)의 "하나님의 끈"을 말합니다.

여러분!

말씀과 기도로 늘 하나님의 끈을 붙잡고 성령의 충만한 은혜 속에서 살아가는 성도가 되십시다!

할렐루야! 아멘.

시편(詩篇) - 26

영원한 문들아 들릴지어다!

"땅과 거기 충만한 것과 세계와 그 중에 거하는 자가 다 여호와의 것이로다 여호와께서 그 터를 바다 위에 세우심이여 강들 위에 건설하셨도다 여호와의 산에 오를 자 누구며 그 거룩한 곳에 설 자가 누구고 곧 손이 깨끗하며 마음이 청결하며 뜻을 허탄한데 두지 아니하며 거짓 맹세치 아니하는 자로다 저는 여호와께 복을 받고 구원의 하나님께 의를 얻으리니 이는 여호와를 찾는 족속이요 야곱의 하나님의 얼굴을 구하는 자로다(셀라) 문들아 너희 머리를 들지어다 영원한 문들아 들릴지어다 영광의 왕이 들어 가시리로다 영광의 왕이 뉘시뇨 강하고 능한 여호와시요 전쟁에 능한 여호와시로다 영광의 왕이 뉘시뇨 만군의 여호와께서 곧 영광의 왕이시로다(셀라)."(24:1-10)

오늘의 본문 표제(標題)는 아주 단순하게 "다윗의 시"로만 되어있지 어떠한 다른 지시어(指示語)도 나타나지 않습니다.

똑같이 "다윗의 시"로만 되어 있는 23편과 자매(姉妹)처럼 짝을 이루는 시편으로 보고 있을 뿐 아니라 15편과도 짝이 되고, 47편과도 연결이 되어 여러 가지의 의미(意味)를 나타내는 시입니다.

이 시의 배경(背景)은 오벧에돔의 집에서 법궤를 예루살렘으로 모셔오는 때에 기쁨으로 부른 노래일 것으로 보고 있으며, 또한 예수 그리스도께서 부활하여 승천하실 때, 또는 주께서 다시 재림하실 때에 대한 예언시로도 봅니다.

24편을 보면 성전출입(聖殿出入)을 위한 의식(儀式)과 어느 정도 연관되어 있는 부분이 나타나므로 입당송(入堂頌)이라고도 하고, 또는 흔히들 세 가지 사건이 겹쳐지는 모형시(模型詩)라고도 합니다.

24편의 이러한 구조(構造)는 이미 본 15편의 내용과 유사합니다.
15:1절.

"여호와여 주의 장막에 유(留)할 자 누구오며…거(居)할 자 누구오니이까?" 하는 질문(質問)으로 시작하는 내용과,

24:3절.

"여호와의 산에 오를 자 누구며 그 거룩한 곳에 설 자가 누군고?" 하는 질문으로 시작하는 내용이 아주 똑 같지 않습니까?

또한 그에 대한 대답의 내용도 아주 흡사(恰似)합니다.

15:2절.

"정직하게 행하며 공의를 일삼으며 그 마음에 진실을 말하며…"하는 대답과,

24:4절.

"곧 손이 깨끗하며 마음이 청결하며 뜻을 허탄한데 두지 아니하며 거짓 맹세치 아니하는 자로다"하는 대답이 거의 같은 내용입니다.

어떤 면에서 보면 이 24편은 그 내용이 전혀 다른 세 토막의 시(詩)들을 집합(集合)시켜 묶어놓은 것같이 느껴지는데, 다음과 같이 나눌 수 있습니다.

첫째, 1-2절/ 창조(創造)에 나타난 하나님의 주권(主權)입니다.
둘째, 3-6절/ 예배(禮拜)에 나타나는 하나님의 영권(靈權)입니다.
셋째, 7-10절/ 미래(未來)에 나타낼 하나님의 왕권(王權)입니다.

자세히 살펴보면 이 세 토막의 내용들은 전혀 서로 이질적(異質的)인 것이 아니라 과거(過去)와 현재(現在)와 미래(未來)를 통해서 영원하신 하나님의 영광을 노래한 하나의 예언시로 볼 수 있습니다.

그렇다면 이렇게 각 다른 시제(時制)를 꿰뚫고 1절부터 10절까지의 모든 내용을 다 수용할 수 있는 분이 과연 누구일 것 같습니까?

오직 메시야이신 예수 그리스도 외(外)에는 아무도 없을 것입니다.

따라서 24편은 구약 전체 중에서도 예수님에 대한 가장 독특한 예표

(豫標)와, 예언(豫言)을 나타낸 시(詩)라고 볼 수 있습니다.

뿐만 아니라 7절 이후의 말씀들은 장차 영광의 왕으로 오실 메시야의 재림(再臨)에 관한 가장 뛰어난 예언으로도 손색이 없습니다.

이러한 맥락(脈絡)에서 보면 또 다른 각도(角度)에서 시편22편과는 대칭형(對稱形) 짝을 이루는 예언의 역할을 하고 있다고 봅니다.

이 무슨 말씀이지요? 다음 22편부터 24편까지의 주제를 보십시다.

첫째는/ 22편은 예수님의 초림(初臨)에 관한 예언으로 봅니다.

둘째는/ 23편은 예수님의 영(靈)이 목자(牧者)가 양(羊)을 이끌듯이 현재에도 자녀들을 인도하는 것을 노래한 예언으로 봅니다.

셋째는/ 24편은 예수님의 재림(再臨)에 관한 예언으로 봅니다.

여기에 등장하는 말씀들을 통해서 보면 장차 이루실 예수 그리스도의 영광의 재림을 향하여 예언(豫言)한 것임에 틀림없습니다.

첫째는/ 7절 영원(永遠)한 문(門)

둘째는/ 8절 영광(榮光)의 왕(王)

셋째는/ 8절 강(强)하고 능(能)한 여호와

넷째는/ 8절 전쟁(戰爭)에 능(能)한 여호와

다섯째는/ 10절 만군(萬軍)의 여호와이십니다.

어떠십니까? 장차 재림에 임하실 주님의 영광스러운 모습으로 묘사(描寫)되고 있지 않습니까?

여러분!

우리 주 예수 그리스도의 재림을 바라보며, 대망하며 오늘 우리에게 은혜로 임재(臨齎)하셔서 인도하시는 하나님을 찬양합시다!

그리고 오직 그분께만 영광을 돌려드리십시다!

할렐루야! 아멘.

시편(詩篇) - 27

긍휼과 인자, 그리고 선과 정직으로!

"(다윗의 시) 여호와여 나의 영혼이 주를 우러러 보나이다 나의 하나님이여 내가 주께 의지하였 사오니 나로 부끄럽지 않게 하시고 나의 원수로 나를 이기어 개가를 부르지 못하게 하소서 주를 바라는 자는 수치를 당하지 아니하려니와 무고히 속이는 자는 수치를 당하리이다 여호와여 주의 도를 내게 보이시고 주의 길을 내게 가르치소서 주의 진리로 나를 지도하시고 교훈하소서 주는 내 구원의 하나님이시니 내가 종일 주를 바라나이다 여호와여 주의 긍휼하심과 인자하심이 영원부터 있었사오니 주여 이것을 기억하옵소서 여호와여 내 소시의 죄와 허물을 기억지 마시고 주의 인자하심을 따라 나를 기억하시되 주의 선하심을 인하여 하옵소서 여호와는 선하시고 정직하시니 그러므로 그 도로 죄인을 교훈하시리로다 온유한 자를 공의로 지도하심이여 온유한 자에게 그 도를 가르치시리로다 여호와의 모든 길은 그 언약과 증거를 지키는 자에게 인자와 진리로다 여호와여 나의 죄악이 중대하오니 주의 이름을 인하여 사하소서 여호와를 경외하는 자 누구뇨 그 택할 길을 저에게 가르치시리로다 저의 영혼은 평안히 거하고 그 자손은 땅을 상속하리로다 여호와의 친밀함이 경외하는 자에게 있음이여 그 언약을 저희에게 보이시리로다 내 눈이 항상 여호와를 앙망함은 내 발을 그물에서 벗어나게 하실 것임이로다 주여 나는 외롭고 피롭사오니 내게 돌이키사 나를 긍휼히 여기소서 내 마음의 근심이 많사오니 나를 곤난에서 끌어 내소서 나의 곤고와 환난을 보시고 내 모든 죄를 사하소서 내 원수를 보소서 저희가 많고 나를 심히 미워함이니이다 내 영혼을 지켜 나를 구원하소서 내가 주께 피하오니 수치를 당치 말게 하소서 내가 주를 바라오니 성실과 정직으로 나를 보호하소서 하나님이여 이스라엘을 그 모든 환난에서 구속하소서."(25:1-22)

오늘 본문의 표제(標題)도 "다윗의 시(לדוד)"로만 되어있습니다. 다른 시편은 다윗의 시(לדוד מזמור)로 명백하게 표현(表現)하였는데 25편은 더 단순하게 "다윗(לדוד)"으로만 한정(限定)하고 있습니다. 이후로 29편까지 이렇게 똑같이 "다윗의 시"로만 표시합니다.

첫째, 이 25편은 표제(標題)에 제시된 것처럼 다윗의 시(詩)입니다.

이 말이 무슨 뜻이냐? 하면 다윗은 이스라엘의 왕(王)이 되어 민족의 지도자(指導者)가 되었어도 끊임없이 "하나님과의 관계(關係)"를 모든 일의 중심으로 삼고 살았음을 보여주는 증거(證據)입니다.

그가 성실과 정직으로 하나님을 찬양하고 경배한 것이 보여집니다.

둘째, 이 25편의 배경(背景)은 그의 말년(末年) 때의 일로 봅니다.

3절에 "주를 바라는 자는 수치를 당하지 아니하려니와 속이는 자는 수치를 당치 아니하리로다"하신 말씀대로 그의 말년에 나타난 반역으로 인하여 그는 오히려 하나님께서 역사하셔야만 수치에서 벗어나 온전한 기쁨을 누릴 수 있다고 믿고 철저히 간구하는 것입니다.

셋째, 25편은 환란과 고통 속에서도 원망과 저주(詛呪)대신에 오히려 노래와 기도로 하나님께 아뢰는 아름다운 모습을 보여줍니다.

25편에는 다윗의 간구(懇求)가 다음과 같은 세 종류로 나타납니다.

첫째는 여호와여! 하는 간구입니다.

1절에 "여호와여!"합니다.

4절에 "여호와여!"합니다.

6절에 "여호와여!"합니다.

7절에 "여호와여!"합니다.

11절에 "여호와여!"합니다.

둘째는 하나님이여! 하는 간구입니다.

22절에 "하나님이여!"합니다.

셋째는 주(主)여! 하는 간구입니다.

6절에 "주여! 이것을 기억하옵소서!"합니다.

16절에 "주여! 나는 외롭고 괴롭사오니…"합니다.

하나님을 호칭하여 부를 때에 "하나님"이든, "여호와"든, "주님"이든 무슨 상관이 있겠나? 하시겠는데, 하나님의 이름을 부르는 데 따라서 그의 신앙(信仰)과 신학(神學)이 그대로 드러나게 됩니다.

25편에서는 다윗이 하나님을 호칭하는 것을 통해 그의 신관(神觀)을 엿볼 수 있습니다. 무엇이지요?

첫째, 하나님의 긍휼(矜恤)과 인자(仁慈)하심의 모습입니다.

6절에 "여호와여! 주의 긍휼하심과 인자하심이 영원부터 있었사오니 주여! 이것을 기억하옵소서"합니다.

스코트란드(Scotland)의 유명한 목사님 중에 맥쉐인(McCheyne)이라는 분이 계셨습니다. 비가 부슬 부슬 내리는 어느 날 저녁 즈음에 초라하게 차려입은 한 사람이 찾아와서 하소연을 하는데 "나는 오늘 생각해보니 내 죄(罪)가 너무 커서 도무지 앞날에 소망이 없으므로 자살(自殺)하러 가는 길"이라는 것입니다.

맥 목사는 아무 말하지 않고 시편 25:6절의 말씀을 펴서 그에게 들려줍니다.

"여호와여 주의 긍휼하심과 인자하심이 영원부터 있었사오니…"하고 보여주니까, 이 사람이 눈을 크게 뜨고는 밝은 얼굴로 돌아가더라는 것입니다. 수십 년이 흐른 어느 날 영국의 수상(首相)이 취임식을 하는데, 보니 전에 찾아왔었던 바로 그 사람이었었다는 말입니다.

우리 기독교의 역사(歷史)는 하나님의 긍휼하심과 인자하심으로 변화된 사람들이 주님의 길로 나아가며 일으키는 신앙의 역사입니다.

둘째, 하나님의 선(善)하심과 정직(正直)하심의 모습입니다.

8절에 "여호와는 선하시고 정직하시니…"하신 말씀 그대로입니다.

여기에 선(善 בוט 토브)이라는 뜻은 하나님께서 죄인을 돌아보시고 자비와 사랑을 베푸시는 행위를 말합니다.

정직(正直 ישר 야샤르)이라는 말은 올바른 길로 인도하시는 행위를 말합니다.

하나님께서는 선(善)하심만큼 죄인을 버리지 아니하시고, 정직(正直)하신만큼 그 죄인을 옳은 길로 인도하십니다.

여러분!

주(主)를 의지(依支)하고 주를 바라는 지혜로운 성도 됩시다!
할렐루야! 아멘.

시편(詩篇) - 28

송죽(松竹)의 절개(節槪)처럼!

"(다윗의 시) 내가 나의 완전함에 행하였사오며 요동치 아니하고 여호와를 의지하였사오니 여호와여 나를 판단하소서 여호와여 나를 살피시고 시험하사 내 뜻과 내 마음을 단련하소서 주의 인자하심이 내 목전에 있나이다 내가 주의 진리 중에 행하여 허망한 사람과 같이 앉지 아니하였사오니 간사한 자와 동행치도 아니하리이다 내가 행악자의 집회를 미워하오니 악한 자와 같이 앉지 아니하리이다 여호와여 내가 무죄하므로 손을 씻고 주의 단에 두루 다니며 감사의 소리를 들리고 주의 기이한 모든 일을 이르리이다 여호와여 내가 주의 계신 집과 주의 영광이 거하는 곳을 사랑하오니 내 영혼을 죄인과 함께, 내 생명을 살인자와 함께 거두지 마소서 저희 손에 악특함이 있고 그 오른손에 뇌물이 가득하오나 나는 나의 완전함에 행하오리니 나를 구속하시고 긍휼히 여기소서 내 발이 평탄한데 섰사오니 회중에서 여호와를 송축하리이다."(26:1-12)

오늘 본문의 표제(標題)도 역시 "다윗의 시(לדוד)"로 되어있습니다.

지금까지 다윗의 시(לדוד מזמור)라고 하였던 데 비하여 한 번 더 간결하고, 단순하게 "다윗(לדוד)"으로만 표시하는 단축형 표제입니다.

이러한 종류의 시는 자유롭게 해석할 수 있기 때문에 오히려 더 많은 은혜를 받을 수 있는 여유가 생길 수 도 있습니다.

첫째, 이 26편도 25편의 표제처럼 다윗의 신앙을 담은 시입니다.

이는 끊임없이 "하나님과의 관계(關係)"를 통해서 하나님 나라를 건설하는 다윗의 신본주의(神本主義)적 신앙의 고백인 것입니다.

둘째, 이 26편의 배경(背景)은 사울에게 쫓길 때의 일로 봅니다.

1절에 "내가 나의 완전함에 행하였사오며 요동치 아니하고 여호와를 의지하였사오니 여호와여 나를 판단하소서"하지 않습니까?

사울을 죽일 수 있는 완전한 찬스에서도 주께서 기름부어 세우신 자를 죽일 수 없다는 신앙적인 의지에 대하여 살펴달라는 것입니다.

셋째, 26편은 다윗의 신앙을 이루는 세 가지의 바탕입니다.

그는 일평생에 항상 하나님을 섬기며 흔들리지 않는 믿음으로 살았습니다. 아무리 많은 반역을 당하고, 공격을 당하고, 수모를 당하여도 하나님에 대한 믿음은 시종일관(始終一貫) 똑 같았습니다.

철저한 신본주의 신앙이란 바로 이러한 모습이 아닌가 싶습니다.

다음은 다윗의 신앙의 세 가지의 중심요소를 보여주고 있습니다.

첫째는 다윗 신앙은 항상 현재성(現在性)을 바탕으로 하였습니다.

1절에 "내가 나의 완전함에 행하였사오니…"하는 말씀에서의 완전(完全 בתמי타미)이라는 말은 완벽(完璧)함보다는 "지금도"라는 뜻에 더 가깝습니다. 이는 신앙의 초점(焦點)은 항상 현재(現在), 곧 "지금"에 맞춰 살았다는 것을 증거하는 말입니다.

간혹 "왕년(往年)에 내가…"운운(云云)하는 사람들치고 과거에 신앙생활을 제대로 한 사람이 많지 않습니다. 중요한 것은 과거에 잘한 것이 아니라 "지금"에 얼마나 성실하냐? 하는 것입니다.

또한 앞으로 잘 할 것이라고 장담하는 사람도 있는데, 문제는 미래(未來)라는 것이 우리의 것이 아니라는 사실입니다.

둘째는 다윗 신앙은 항상 지속성(持續性)을 바탕으로 하였습니다.

11절에 "나는 나의 완전함에 행하오리니…"하는 말씀에서의 완전(完全 בתמי타미)이라는 말은 이번에는 "완벽함", "지금도"라는 뜻보다는 "계속하여"라는 뜻에 더 가깝습니다.

"다윗 신앙"의 특징은 변치 않고 지속하여 행하는데 있습니다.

신앙인들이 가장 잘 잊기 쉬운 부분이 바로 이 "지속성" 아닙니까?

생활(生活)이 어렵다고, 환경(環境)이 불리하다고, 시험(試驗) 들었다고 신앙을 포기(抛棄)하거나 단절(斷絶)하는 것은 손해입니다.

빙산(氷山)의 일각(一角)이라는 말 들어보셨나요?

원래 빙산은 전체 무게의 1/9만 바다 위에 떠다닌다고 합니다.

나머지 대부분의 무게는 깊이 해류(海流)가 흐르는 데 닿아있어서 바다 겉에서 물결치는 파도의 방향과는 전혀 상관없이 해류가 흐르는 곳으로만 다닌다고 합니다. 그러니 아무리 큰 배도 빙산을 만나면 크게 위험할 수 있습니다. 아무리 큰 파도가 쳐도 흔들리지 않고 오직 제 갈 길 가는 빙산의 모습처럼 세상풍파 아무리 몰아쳐도 인생의 모든 것 하나님께 맡기고 하나님의 뜻대로만 지속적으로 따라가는 다윗의 모습이 참으로 멋있지 않습니까?

"송죽(松竹)의 절개(節槪)는 북풍한설(北風寒雪)몰아치는 엄동설한(嚴冬雪寒)에서야 비로소 나타난다"하는 말이 있습니다.

봄, 여름, 가을에 그렇게 무성하던 잎사귀들이 겨울 찬바람에 다 떨어져 없어져도 소나무, 대나무의 모습은 여전히 푸르지 않습니까?

신앙의 절개는 위기와 고난 속에서 그 신실한 모습으로 나타납니다.

셋째는 다윗 신앙은 항상 결과성(結果性)을 바탕으로 하였습니다.

7절에 "감사의 소리를 들리고 주의 기이(奇異)한 모든 일을 이르리이다"하심 같이 신앙의 정점은 언제나 열매에 있음을 기억하십시다!

열매란 뿌리나, 줄기나 기둥이나, 가지나, 잎사귀나, 꽃이나 다 똑같지 않습니다. 나무가 자라서 가장 마지막에 나타나는 것이 무엇이냐? 하면 바로 열매입니다. 열매는 하루 이틀에 만들어지는 것이 아닙니다. 자랄만큼 자라고 커질 만큼 커져 모든 것들의 활동이 열매로 모일 때, 그 때에야 바로 열매가 튼실하게 맺는 것입니다.

그러나 나무의 이름을 나타내는 것은 곧 열매에 있습니다.

다윗의 신앙은 마치 나무의 열매에 비유될 만큼 모든 믿음의 최종판과 같은 믿음의 모습을 볼 수 있습니다.

여러분!

다윗처럼 늘 하나님 앞에서 항상 변함없는 송죽처럼 날마다 변함없는 신앙으로 전진하는 지혜로운 성도가 되십시다.

할렐루야! 아멘.

시편(詩篇) - 29

강(强)하고 담대(膽大)한 믿음으로!

"(다윗의 시) 여호와는 나의 빛이요 나의 구원이시니 내가 누구를 두려워하리요 여호와는 내 생명의 능력이시니 내가 누구를 무서워하리요 나의 대적, 나의 원수된 행악자가 내 살을 먹으려고 내게 왔다가 실족하여 넘어졌도다 군대가 나를 대적하여 진 칠지라도 내 마음이 두렵지 아니하며 전쟁이 일어나 나를 치려 할지라도 내가 오히려 안연하리로다 내가 여호와께 청하였던 한 가지 일 곧 그것을 구하리니 곧 나로 내 생전에 여호와의 집에 거하여 여호와의 아름다움을 앙망하며 그 전에서 사모하게 하실 것이라 여호와께서 환난 날에 나를 그 초막 속에 비밀히 지키시고 그 장막 은밀한 곳에 나를 숨기시며 바위 위에 높이 두시리로다 이제 내 머리가 나를 두른 내 원수 위에 들리리니 내가 그 장막에서 즐거운 제사를 드리겠고 노래하여 여호와를 찬송하리로다 여호와여 내가 소리로 부르짖을 때에 들으시고 또한 나를 긍휼히 여기사 응답하소서 너희는 내 얼굴을 찾으라 하실 때에 내 마음이 주께 말하되 여호와여 내가 주의 얼굴을 찾으리이다 하였나이다 주의 얼굴을 내게서 숨기지 마시고 주의 종을 노하여 버리지 마소서 주는 나의 도움이 되셨나이다 나의 구원의 하나님이시여 나를 버리지 말고 떠나지 마옵소서 내 부모는 나를 버렸으나 여호와는 나를 영접하시리이다 여호와여 주의 길로 나를 가르치시고 내 원수를 인하여 평탄한 길로 인도하소서 내 생명을 내 대적의 뜻에 맡기지 마소서 위증자와 악을 토하는 자가 일어나 나를 치려 함이니이다 내가 산 자의 땅에 있음이여 여호와의 은혜 볼 것을 믿었도다 너는 여호와를 바랄지어다 강하고 담대하며 여호와를 바랄지어다."(27:1-14)

본문의 표제(標題)도 역시 "다윗의 시(לדוד)"로 시작하고 있습니다.

24편까지는 다윗의 시(לדוד מזמור)라고 표시하다가 이제는 한 번 더 단축(短縮)시켜 단순하게 "다윗(לדוד)"으로만 표시(表示)합니다.

이러한 형태의 표제는 29편까지 계속되고 있습니다.

첫째, 27편도 표제처럼 다윗의 신앙고백 정수가 담긴 시입니다.

"다윗 신앙"이 나타내는 가장 높은 정점(頂點)은 하나님과의 관계(關係)라는 것인데 본문은 이러한 사실을 정확히 보여줍니다.

27편은 다윗의 신본주의적 신앙 표현의 정수라고 할 수 있습니다.

둘째, 이 시의 배경(背景)은 압살롬에게 쫓길 때의 일로 봅니다.

1절에 "…여호와는 내 생명의 능력이시니 내가 누구를 무서워하리요?" 하지 않습니까?

다윗의 신앙적 특징은 세상의 어떠한 일도 두려워하지 않는다는 것입니다. 이는 하나님만 바라보니 세상의 어떠한 것도 무섭지 않다는 사실입니다. "내가 누구를 두려워하리요?"하는 이 고백(告白)은 무모(無謀)한 만용(蠻勇)을 나타내는 말이 아니라 실제로 하나님을 의지하는 자는 이렇게 강하고 담대함을 얻을 수 있다는 말입니다.

히11:38절에 "이런 사람은 세상이 감당치 못하도다"하지 않습니까?

셋째, 27편에는 하나님을 향한 다윗 신앙의 깊은 고백이 있습니다.

10절에 "내 부모는 나를 버렸으나 여호와는 나를 영접하시리이다"하신 말씀이지요!

다윗이 깨달은 하나님의 사랑에 대한 고백을 보세요! 어떻게 부모의 사랑보다 더 큰 사랑이라고 고백할 수 있다는 말입니까?

부모의 입장에서 보면 자식은 그의 분신(分身)이요, 피와 살이요, 자신의 생명의 일부분과 같은 존재입니다. 너무나 귀한 존재이지요!

부모는 자신의 생명을 버려 자식을 살릴 수 있다면 기꺼이 합니다.

자식의 병을 대신 앓아 자식을 살린다면 기꺼이 병을 앓을겁니다.

자식을 대신하여 징역을 살아서 자식을 살린다면 징역도 삽니다.

그런데 세상은 이렇게 밝은 면(面)만 있는 것이 아닙니다.

가난 때문에 자식을 미련없이 버린 부모도 있습니다.

전쟁의 와중에서는 귀찮다고 자식을 버린 부모도 있습니다.

자식이 장애(障碍)가 심하다고 남모르게 버린 부모도 있습니다.

부부가 싸워 이혼(離婚)하며 서로 나몰라라하는 부모도 있습니다.

부모의 사랑은 하나님의 사랑의 그림자라고 합니다. 그러나 그림자가 결코 실체(實體)를 대신할 수는 없지 않습니까?

혹시 그림자는 보이지 않아도 실체이신 하나님은 항상 계십니다.

넷째, 27편의 내용은 다윗 신앙의 특징 중 하나를 강조합니다.

27편에는 "다윗 신앙"의 특징(特徵)중의 하나인 "강(强)하고 담대(膽大)한 믿음"에 대한 근원(根源)을 나타내주고 있습니다.

1절에 "…내가 누구를 두려워하리요?"합니다.

1절에 "…내가 누구를 무서워하리요?"합니다.

3절에 "…내 마음이 두렵지 아니하며…"합니다.

3절에 "…내가 오히려 안연(晏然)하리로다"합니다.

14절에 "너는 여호와를 바랄지어다 강하고 담대하며…"합니다.

이렇게 "강(强)하고 담대(膽大)한 믿음"은 누구나 다 원(願)합니다. "약(弱)하고 흔들리는 믿음"을 원하는 사람이 어디에 있겠습니까? 그렇다고 아무나 다 이러한 강하고 담대한 신앙을 가지지 못합니다.

그러면 여러분! 골리앗 앞에 강하고 담대한 믿음으로 나아간 다윗의 모습이 우리의 현실 속에서 그대로 이루어 질 수는 없을까요?

"다윗의 신앙"- 곧 강하고 담대한 신앙의 뿌리를 찾아가 보십시다!

첫째는 하나님의 빛, 곧 말씀 속에 들어가야만 합니다.

1절에 "여호와는 나의 빛이요, 나의 구원이시니…"하였습니다.

여호와께서 "나의 빛(אורי오리)"이 된다는 뜻은 무슨 말씀입니까?

"빛"은 그 다음에 나오는 말씀들이 증거하여 뒷받침하고 있습니다.

1절에 "구원(救援)"이란 말이 곧 빛으로부터 연결되어 나타납니다.

요1:7절에 "…곧 이 빛에 대하여 증거(證據)하고…"하신 이 말씀은 세례요한이 예수 그리스도의 구원의 성역을 증거한 것을 말합니다.

1절에 "생명(生命)"이란 말이 곧 빛으로부터 연결되어 나타납니다.

요1:4절에 "그 안에 생명이 있었으니 이 생명은 사람들의 빛이라"하신 이 말씀은 예수 그리스도가 말씀이 육신이 되어 오셔서 우리 가운데 임하시므로 생명을 은혜로 받을 것에 대한 언약(言約)입니다.

이 진리는 곧 하나님의 말씀으로부터 나오는 것이니 빛은 말씀과 예수 그리스도를 상징합니다. 이 빛은 은혜와 축복의 근원이구요.

둘째는 여호와의 집, 곧 성막(聖幕,교회) 속에 들어가야만 합니다.

4절에 "나로 내 생전에 여호와의 집에 거하여 여호와의 아름다움을 앙망하며 그 전에서 사모하게 하실 것이라"하고 있지요?

다윗이 평생 사모(思慕)한 것은 늘 여호와의 집(בבית יהוה베바이트 여호와)에 거(居)하는 것입니다.

이는 제사장들처럼 성막(聖幕)에서 제사드리며 사는 것 같은 의미(意味)가 아니라 하나님과 영적(靈的)인 깊은 교제(交際)를 항상 누리고 싶다는 말입니다.

23편에서 다윗이 "내가 여호와의 집에 영원히 거하리로다"하고 고백한 것처럼 항상 하나님과의 아름다운 교제를 사모(思慕)합시다.

셋째는 주의 길, 곧 신앙생활(信仰生活)속으로 들어가야만 합니다.

11절에 "여호와여 주의 길로 나를 가르치시고…"하시지 않습니까?

주의 길로 가르치소서!

평탄한 길로 인도하소서!

여기에서 말하는 길(ארח오라흐)은 단순한 길(道)만을 말하는 것이 아니라 인생의 삶, 특히 "신앙에서의 삶"을 말합니다.

여러분!

신앙은 생활(生活)을 통(通)해서 비로소 "강하여지고", "담대함"을 얻을 수 있습니다. 강하고 담대한 신앙으로 날마다 나아가십시다!

할렐루야! 아멘.

시편(詩篇) - 30

하나님의 손길을 느끼는 차원으로!

"(다윗의 시) 여호와여 내가 주께 부르짖으오니 나의 반석이여 내게 귀를 막지 마소서 주께서 내게 잠잠하시면 내가 무덤에 내려가는 자와 같을 까 하나이다 내가 주의 성소를 향하여 나의 손을 들고 주께 부르짖을 때에 나의 간구하는 소리를 들으소서 악인과 행악하는 자와 함께 나를 끌지 마옵소서 저희는 그 이웃에게 화평을 말하나 그 마음에는 악독이 있나이다 저희의 행사와 그 행위의 악한 대로 갚으시며 저희 손의 지은 대로 갚아 그 마땅히 받을 것으로 보응하소서 저희는 여호와의 행하신 일과 손으로 지으신 것을 생각지 아니하므로 여호와께서 저희를 파괴하고 건설치 아니하시리로다 여호와를 찬송함이여 내 간구하는 소리를 들으심이로다 여호와는 나의 힘과 나의 방패시니 내 마음이 저를 의지하여 도움을 얻었도다 그러므로 내 마음이 크게 기뻐하며 내 노래로 저를 찬송하리로다 여호와는 저희의 힘이시요 그 기름 부음 받은 자의 구원의 산성이시로다 주의 백성을 구원하시며 주의 산업에 복 주시고 또 저희의 목자가 되사 영원토록 드십소서."(28:1-9)

오늘 본 본문의 표제(標題)도 역시 "다윗의 시(לדוד)"라고 합니다. "다윗(לדוד)"의 시로 표시된 이러한 형태는 29편까지 계속됩니다.

첫째, 이 28편의 시(詩)에도 다윗 신앙의 좋은 특징이 나타납니다.

이 "다윗 신앙"의 가장 좋은 특징은 가장 높은 정점(頂點)에 "하나님과의 관계(關係)"를 두고 "나"와 "저희"의 관계를 맺었다는 사실입니다. 즉 나와 저희의 모든 관계를 하나님 중심으로 맺어 왔다는 것입니다. 그래서 이 28편의 내용 중에 가장 두드러지게 나타나는 말은 1절과 3절에서의 "나"라는 말입니다.

1절에 "내가 주께 부르짖고…",

"나의 반석이여!",

"내게 귀를 막지 마소서…",

"내게 잠잠하시면…",

"내가 무덤에 내려가는 자와 같을까 하나이다…"합니다.

2절에 "내가 주의 성소를 향하여…"

"나의 손을 들고…"

"나의 간구하는 소리를…"합니다.

3절에 "나를 끌지 마옵소서…"합니다. 여기에 대하여,

3절-4절-5절에 "저희"라는 말입니다.

3절에 "저희는 그 이웃에게 화평을 말하나…"합니다.

4절에 "저희의 행사(行事)와…저희 손의 지은대로 갚아…"합니다.

5절에 "저희는 여호와의 행하신 일과…생각지 아니하므로…"하다가 "여호와께서 저희를 파괴하고 건설치 아니하시리로다"합니다.

이렇게 나와 저희를 대조하여 하나님의 백성과 세상 사람들과의 차이를 극명(克明)하게 밝히고 있습니다.

둘째, 이 28편의 또 다른 특징은 의인화(擬人化)의 묘사입니다.

1절에 "여호와여!…내게 귀를 막지 마소서…"에서 "귀"를 말합니다.

1절에 "주께서 내게 잠잠(潛潛)하시면…"에서의 "입"을 말합니다.

3절에 "…나를 끌지 마옵소서…"에서의 "팔"을 말합니다.

5절에 "…여호와의 행하신 일과 손으로 지으신 것…"의 "손"입니다.

9절에 "…저희의 목자(牧者)가 되사…"에서의 "목자"입니다.

"다윗 신앙"의 정점(頂點)은 하나님과 하나가 되어서 하나님을 마치 "양과 목자"의 관계(關係)처럼 뗄레야 뗄 수 없는 일심동체(一心同體) 같은 개념으로 본 것입니다.

그래서 "하나님의 손"으로 만져주시고,

그래서 "하나님의 입"으로 말씀해주시고,

그래서 "하나님의 팔"로 안아 주시고,

그래서 "하나님의 눈"으로 우리의 형편을 살펴보시고,

그래서 "하나님의 귀"로 항상 우리의 소리를 들어주시는 것입니다.

셋째, 이 28편은 기독교의 핵심이 "귀의 종교"에 있음을 말합니다.

사람의 몸은 사지백체(四肢百體)라는 말이 있습니다. 이렇게 각각 다른 지체(肢體)들은 다 나름대로의 역할(役割)과 사명(使命)이 있습니다.

그 중에서도 우리의 신앙생활에 가장 많은 영향을 미치는 요소(要素)는 아무래도 "귀"일 것입니다. 왜냐하면 이 귀는 청각(聽覺)을 통해서 외부의 소리를 듣는 기관이기 때문입니다.

물론 입으로 말을 하는 것도 중요하겠지만, 우리의 신앙에서는 귀의 역할(役割)을 제일 중요(重要)하게 여깁니다.

그래서 기독교를 흔히 "귀의 종교"라고 하지 않습니까?

왜냐하면 "믿음"에 직결된 부분이기 때문이지요!

롬10:17절에 "그러므로 믿음은 들음에서 나며 들음은 그리스도의 말씀으로 말미암았느니라"하신 것을 보면 알 수 있지 않습니까? 이러한 귀의 역할에 대한 중요성을 인식하면서 다음의 말씀들을 생각해 보십시다.

첫째는 귀를 막고 듣지 않는 인간(人間).

엡5:21절에 "귀가 있어도 듣지 못하는 백성이여!"합니다.

잠28:9절에 "사람이 귀를 돌이키고 율법을 듣지 아니하면…"합니다.

렘6:10절에 "그 귀가 할례를 받지 못하였으므로 듣지 못하는도다"하지 않습니까?

둘째는 귀를 기울여 들으시는 하나님.

시94:9절에 "귀를 만드신 자가 듣지 아니하시랴?"하십니다.

사65:24절에 "저희가 부르기 전에 내가 응답하고, 저희가 아직 말하고 있는 동안에 내가 청종(聽從)하리니…"하십니다.

본문 6절에 "…내 간구하는 소리를 들으심이로다"하시지 않습니까?

여러분!

다윗의 신앙처럼 하나님의 손길을 느끼며, 음성을 들으시는 차원까지 신앙의 승화(昇華)를 체험하시는 성도가 되십시다!

할렐루야! 아멘.

시편(詩篇) - 31

하나님의 소리에 민감(敏感)하게!

"(다윗의 시) 너희 권능 있는 자들아 영광과 능력을 여호와께 돌리고 돌릴지어다 여호와의 이름에 합당한 영광을 돌리며 거룩한 옷을 입고 여호와께 경배할지어다 여호와의 소리가 물 위에 있도다 영광의 하나님이 뇌성을 발하시니 여호와는 많은 물 위에 계시도다 여호와의 소리가 힘 있음이여 여호와의 소리가 위엄차도다 여호와의 소리가 백향목을 꺾으심이여 여호와께서 레바논 백향목을 꺾어 부수시도다 그 나무를 송아지 같이 뛰 게 하심이여 레바논과 시룐으로 들 송아지 같이 뛰게 하시도다 여호와의 소리가 화염을 가르시도다 여호와의 소리가 광야를 진동하심이여 여호와께서 가데스 광야를 진동하시도다 여호와의 소리가 암사슴으로 낙태케 하시고 삼림을 말갛게 벗기시니 그 전에서 모든 것이 말하기를 영광이라 하도다 여호와께서 홍수 때에 좌정하셨음이여 여호와께서 영영토록 왕으로 좌정하시도다 여호와께서 자기 백성에게 힘을 주심이여 여호와께서 자기 백성에게 평강의 복을 주시리로다."(29:1-11)

오늘 본 본문의 표제(標題)도 역시 "다윗의 시(דוד)"라고 합니다. 이러한 형태는 이제 본문인 29편에서 마쳐집니다.

첫째, 이 29편에서는 다윗 신앙의 중심 영역을 보여주고 있습니다.

여기 29편에서는 다윗 신앙의 영역(領域)중에서 자연관(自然觀)까지도 얼마나 철저하게 하나님 중심이었는지를 보여주는 증거입니다.

다윗은 온 우주(宇宙)의 영역이 다 하나님의 "손 안에서" 운영되며 하나님의 역사(役事)를 나타내는 증거물(證據物)로 보고 있습니다.

뇌성(雷聲)과 화염(火焰)과 진동(震動)을 통해서 나타내시는 현상(現像)까지도 하나님의 소리로 들을 수 있는 신앙을 가진 것입니다.

세상 사람들이 이러한 뇌성과 진동과 화염에 놀라 그것들을 숭배(崇拜)하며 신봉(信奉)하는 무지몽매(無知蒙昧)에 붙들릴 때, 다윗은 오히려 그러한 것들을 통해서 "하나님의 소리"를 듣고, 온 우주를 주관하시는 하나님을 본다는 것은 얼마나 놀라운 믿음입니까?

둘째, 이 29편의 내용은 자연을 통해서도 "여호와의 소리"를 들을 수 있는 자는 힘과 평강이라는 축복을 받게 됨을 증거합니다.

11절에 "여호와께서 자기 백성에게 힘을 주심이여, 여호와께서 자기백성에게 평강의 복을 주시리로다"하신 이 말씀은 아무나 받을 수 있는 것이 아니라 여호와의 소리를 듣는 자들만이 받는 복입니다.

본문에는 "여호와의 소리(קוֹל יהוה 콜 여호와)"라는 말이 일곱 번씩이나 강조되어 나타나고 있습니다.

3절에 "여호와의 소리"가…,

4절에 "여호와의 소리"가…, "여호와의 소리"가,…

5절에 "여호와의 소리"가…,

7절에 "여호와의 소리"가…,

8절에 "여호와의 소리"가…,

9절에 "여호와의 소리"가…, 계속 반복되고 있지 않습니까?

이 말씀을 이렇게 계속 사용한 것은 결코 무의미(無意味)한 반복(反復)이 아닐 것이라 생각됩니다.

이것은 다윗이 뇌성(雷聲)과 진동(震動)과 화염(火焰)같은 자연현상 속에서, 자연계시(自然啓示)속에서도 하나님의 말씀인 특별계시(特別啓示)를 들을 수 있는 신앙의 영역을 가졌음을 나타냅니다.

1절의 "권능(權能)있는 자"가 11절의 "힘과 평강(平康)"을 얻기까지는 "여호와의 소리"에 항상 민감(敏感)해야 한다는 말입니다.

셋째, 여호와의 소리는 하나님 자녀에게 주신 승리의 소리입니다.

하나님은 역사(歷史)와 자연(自然)의 영역을 다스리시는 주(主)님이시며 왕이심을 나타내는 것이 곧 "여호와의 소리"인 것입니다.

이 여호와의 소리가 백향목(柏香木)을 꺾으시고, 헤르몬산(山)을 흔드시고, 애굽의 바로왕(王)과 그 군대(軍隊)를 홍해에 수장시키시고, 바벨론 느부갓네살왕(王)의 신상(神像)을 산산조각나게 날려버리시는 승리의 하나님이십니다.

시편29편은 시편 전체 중에서도 가장 극적인 승리의 노래입니다.

이렇게 승리하신 하나님의 소리를 듣는 자녀들에게도 승리를 주십니다. 지금도 여호와의 소리로 나타나시는 하나님의 말씀을 들을 수 있는 하나님의 자녀들에게는 힘과 평강의 복이 임하실 것입니다.

넷째, 지금도 여호와의 소리로 자녀들을 부르신다는 것입니다.

본문은 오늘도 하나님은 여호와의 소리(קוֹל יהוה)로 하나님의 자녀들을 부르시고(Calling)계신다는 것을 전합니다.

뇌성(雷聲) 벽력(霹靂)까지도 하나님의 음성으로 들을 수 있는 사람은 복된 사람입니다.

성경은 하나님께서 여러 종류의 "여호와의 소리"로 지금까지 믿음의 선각자들을 부르시고, 사명을 주시며 역사하셨음을 전합니다.

첫째, 엘리야 선지자는 "세미한 소리"를 통해 사명을 받습니다.

왕상19:12절에 "…불 후에 세미한 소리가 있는지라"하지 않습니까?

그는 이 소리를 듣고 하사엘을 아람의 왕으로, 예후를 이스라엘 왕으로 그리고 엘리사를 선지자의 후계자로 기름을 부으라는 사명을 받은 것입니다.

둘째, 요나는 니느웨에 전해야할 "심판의 소리"를 듣습니다.

욘1:2절에 "너는 일어나 저 큰 성읍 니느웨로 가서…외치라"합니다.

요나는 그 사명이 싫어서 도망하기 위해 다시스로 가는 배에 올랐다가 큰 물고기 뱃속에서 죽기로 기도한 후에 비로소 살아나 다시 니느웨로 가서 남은 사명, "심판의 소리"를 전합니다.

셋째, 이사야는 백성에게 전해야할 "사명의 소리"를 듣습니다.

사6:8절에서 하나님이 "내가 누구를 보내며 누가 우리를 위하여 갈꼬?"하시니 이 말씀을 들은 이사야가 "내가 여기 있나이다 나를 보내소서!"하지 않습니까? 백성들에게 전할 사명의 소리를 듣습니다.

넷째, 베드로, 야고보, 요한이 변화산에서 예수님을 향하신 하나님의 "기쁨의 소리"를 듣습니다.

마17:5절에 "…구름 속에서 소리가 나서 가로되 이는 내 사랑하는 아들이요, 내 기뻐하는 자니라"하신 하나님의 말씀이 변화 산 정상(頂上)에서 주님의 변화를 기뻐하던 제자들에게 들린 것입니다.

이들은 세상을 향하여 원대하신 구속의 역사를 선포하시는 "하나님의 소리"를 듣는 기쁨을 갖게 된 것입니다.

여러분!

오늘도 하나님은 우리에게 여러 가지의 소리로 하나님의 뜻을 전하여 주시기를 원하십니다. 하나님의 소리에 귀 기울여 들을 수 있는 지혜로운 성도가 되십시다.

할렐루야! 아멘.

시편(詩篇) - 32

나를 고치셨나이다!

"(다윗의 시, 곧 성전 낙성가) 여호와여 내가 주를 높일 것은 주께서 나를 끌어 내사 내 대적으로 나를 인하여 기뻐하지 못하게 하심이니이다 여호와 내 하나님이여 내가 주께 부르짖으매 나를 고치셨나이다 여호와여 주께서 내 영혼을 음부에서 끌어내어 나를 살리사 무덤으로 내려가지 않게 하셨나이다 주의 성도들아 여호와를 찬송하며 그 거룩한 이름에 감사할지어다 그 노염은 잠간이요 그 은총은 평생이로다 저녁에는 울음이 기숙할지라도 아침에는 기쁨이 오리로다 내가 형통할 때에 말하기를 영영히 요동치 아니하리라 하였도다 여호와께서 주의 은혜로 내 산을 굳게 세우셨더니 주의 얼굴을 가리우시매 내가 근심하였나이다 여호와여 내가 주께 부르짖고 여호와께 간구하기를 내가 무덤에 내려갈 때에 나의 피가 무슨 유익이 있으리요 어찌 진토가 주를 찬송하며 주의 진리를 선포하리이까 여호와여 들으시고 나를 긍휼히 여기소서 여호와여 나의 돕는 자가 되소서 하였나이다 주께서 나의 슬픔을 변하여 춤이 되게 하시며 나의 베옷을 벗기고 기쁨으로 띠 띠우셨나이다 이는 잠잠치 아니하고 내 영광으로 주를 찬송케 하심이니 여호와 나의 하나님이여 내가 주께 영영히 감사하리이다."(30:1-12)

오늘 본문은 표제(標題)때문에 본문에 들어가기도 전에 좀 논란이 있습니다. 무엇입니까? 저자와 저작시기에 대한 문제 때문입니다.

우선 "성전(聖殿) 낙성가(落成歌)"라는 표제를 보면 다윗의 시대에는 아직 성전이 건축(建築)되기 전(前)이었으니 "다윗의 낙성가"라는 말이 서로 맞지 않는 모순(矛盾)이 있기 때문입니다. 그런데

원래의 표제는 다윗의 시(שיר לדוד미즈모르 쉬르)에다가 성전의 낙성(חנכת הבית하나키트 하바이트)이라는 말을 덧붙였는데, 이 말은 "성전의 낙성"만을 말하는 것이 아니라 "집의 봉헌"을 말하기도하기 때문에 "성막의 봉헌"이라는 말도 틀리지 않으니 저자(著者)나 시대(時代) 문제가 모순(矛盾)이라고는 할 수 없습니다.

그래서 표제의 내용을 두 가지로 나누어 볼 수 있습니다.

하나는 다윗이 법궤를 옮겨온 후 법궤를 안치한 성소(聖所)의 봉헌

을 찬양하며 부른 노래이거나, 아니면 솔로몬 시대에 성전을 완공한 후에 낙성식을 하며 아버지 다윗의 시로 찬양을 드린 것입니다.

전체적인 내용으로 보아서는 다윗의 시로 볼 수 있습니다.

첫째, 이 30편의 핵심 주제는 찬송과 기쁨과 감사의 시(詩)입니다.

이 30편은 1절의 "…주께서 나를 이끌어 내사…"로부터 시작해서 12절에 "여호와 나의 하나님이여 내가 주께 영영히 감사하리이다"로 마치는 찬송(讚頌)과 감사(感謝)의 시(詩)라고 볼 수 있습니다.

이 30편의 내용들을 보면서 우리가 놀라고 감탄(感歎)하는 것은 다윗의 찬양에 대한 열정(熱情)과 감각이 아주 탁월하다는 것입니다.

본문의 구성을 잘 보면 바로 이러한 면을 알 수 있습니다.

찬송(讚頌):

4절에 "성도들아 여호와를 찬송하며…",

9절에 "어찌 진토가 주를 찬송하며…",

12절에 "내 영광으로 주를 찬송케 하심이니…"합니다.

감사(感謝):

4절에 "…그 거룩한 이름에 감사할지어다",

12절에 "…내가 주께 영영히 감사하리이다"합니다.

기쁨:

5절에 "아침에는 기쁨이 오리로다",

11절에 "…나의 베옷을 벗기고 기쁨으로 띠 띄우셨나이다"합니다.

특별히 베옷을 벗기고 기쁨의 띠로 띄우게 하셨다는 것은 죽을 병에 걸렸다가 회복시켜주신 은혜를 감사하며 감격한 노래로 부른 것입니다.

둘째, 이 30편의 배경은 중병(重病)에 걸렸다가 기도(祈禱)로 회복된 후의 어느 한 사건을 중심으로 하고 있습니다.

대개 믿음의 사람들은 병으로 인하여 죽음에까지 이르게 되면 하나님께 기도하는 패턴(Pattern)이 아주 비슷합니다.

9절에 "내가 무덤에 내려갈 때에 나의 피가 무슨 유익이 있으리요 어찌 진토가 주를 찬송하며 주의 진리를 선포하리이까"하는 말씀입니다. 욥기에서도, 히스기야왕도 이러한 스타일의 기도를 드립니다.

이는 역으로 보아서 "저를 살려주시면 주를 찬송함을 물론, 주의 진리를 선포하며 살겠습니다. 저를 죽이신들 무슨 유익이 있겠습니까?"하는 기도입니다. 살려 달라하는 강력한 청원인 것입니다.

2절에 "…내가 주께 부르짖으매 나를 고치셨나이다"하신 이 말씀은 강력한 기도로 치유된 그 기적의 상당한 근거가 된 것 같습니다.

무엇인가 하나님의 치유(治癒 רפא라파)하심의 기적적인 은혜(恩惠)를 입은 흔적(痕迹)이 보입니다.

1절에 "이끌어내시고…",

2절에 "나를 고치셨나이다(רפאני라프니)",

3절에 "살리사…"라는 말들을 종합해보면 중병(重病)의 깊은 수렁에서 건져 고쳐주시고 회복(回復)시켜 살려주신데 대한 감사의 마음이 듬뿍 담겨있는 감사의 시(詩)라고 볼 수 있습니다.

셋째, 이 30편의 구성(構成)은 찬양(讚揚)과 회고(回顧)와 감사(感謝)가 서로 짝을 이루어 아주 완벽하게 맞춰져 있습니다.

1절은 내가 하나님을 찬송하는 이유를 명백하게 밝히고 있습니다.

2-5절은 병(病)의 고통(苦痛)에서 건지신 주께 감사합니다.

6-11절은 죄(罪)의 고난(苦難)에서 건지신 주께 감사합니다.

12절은 내가 주께 찬송한 결과를 분명하게 알리고 있습니다.

다윗이 언제 이렇게 큰 중병을 앓았었는지는 잘 모르겠지만, 분명한 것은 큰 병에서 다시 회복되어 살아난 것을 회고하며 그것도 하나님의 은혜로 완전하게 받아들이는 신앙으로 승화시키고 있습니다.

원래 사람의 일생에서 중병에 걸려보지 못한 사람은 없을 것입니다. 사람은 어느 누구도 이 질병의 시련과 고통에서 자유롭지 못합니다. 사람의 일생에 나타나는 질병들은 대개 다음과 같은 세 가지입니다.

첫째는 선천적(先天的)으로 타고난 신체적 결함(缺陷) 때문입니다.

둘째는 후천적(後天的)으로 건강관리(健康管理)측면의 실패입니다.

셋째는 영적(靈的)면에서 마귀(魔鬼)의 공격을 받았기 때문입니다.

그런데 성경에서는 이러한 질병의 원인이 어떠한 요소이든 우리 예수 그리스도의 치유(治癒)를 통해서 회복할 수 있음을 보여줍니다. 성경에서의 이에 대한 말씀과 치유의 역사는 다음과 같습니다.

출15:26절에 "나는 너희를 치료하는 여호와임이니라"하십니다.

말4:2절에 "내 이름을 경외하는 너희에게는 의로운 해가 떠올라서 치료하는 광선을 발하리니…"하십니다.

사53:5절에 "그가 채찍에 맞음으로 우리가 나음을 입었도다"합니다.

우리는 이 말씀들을 통해서 놀라운 치유와 회복의 역사를 체험해 왔습니다.

여러분!

우리를 치료(治療)하시는 하나님을 철저히 신뢰하며, 경외(敬畏)하며, 의지(依支)하면 치유(治癒)의 은혜를 베풀어 주실 것입니다.

할렐루야! 아멘.

시편(詩篇) - 33

강(强)하고 담대(膽大)하라!

"(다윗의 시, 영장으로 한 노래) 여호와여 내가 주께 피하오니 나로 영원히 부끄럽게 마시고 주의 의로 나를 건지소서 내게 귀를 기울여 속히 건지시고 내게 견고한 바위와 구원하는 보장이 되소서 주는 나의 반석과 산성이시니 그러므로 주의 이름을 인하여 나를 인도하시고 지도하소서 저희가 나를 위하여 비밀히 친 그물에서 빼어 내소서 주는 나의 산성이시니이다 내가 나의 영을 주의 손에 부탁하나이다 진리의 하나님 여호와여 나를 구속하셨나이다 내가 허탄한 거짓을 숭상하는 자를 미워하고 여호와를 의지하나이다 내가 주의 인자하심을 기뻐하며 즐거워할 것은 주께서 나의 곤란을 감찰하사 환난 중에 있는 내 영혼을 아셨고 나를 대적의 수중에 금고치 아니하셨고 내 발을 넓은 곳에 세우셨음이니이다 여호와여 내 고통을 인하여 나를 긍휼히 여기소서 내가 근심으로 눈과 혼과 몸이 쇠하였나이다 내 생명은 슬픔으로 보내며 나의 해는 탄식으로 보냄이여 내 기력이 나의 죄악으로 약하며 나의 뼈가 쇠하도소이다 내가 모든 대적으로 말미암아 욕을 당하고 내 이웃에게서는 심히 당하니 내 친구가 놀라고 길에서 보는 자가 나를 피하였나이다 내가 잊어버린바 됨이 사망한 자를 마음에 두지 아니함 같고 파기와 같으니이다 내가 무리의 비방을 들으오며 사방에 두려움이 있나이다 저희가 나를 치려 의논할 때에 내 생명을 빼앗기로 피하였나이다 여호와여 그리하여도 나는 주께 의지하고 말하기를 주는 내 하나님이시라 하였나이다 내 시대가 주의 손에 있사오니 내 원수와 핍박하는 자의 손에서 나를 건지소서 주의 얼굴을 주의 종에게 비취시고 주의 인자하심으로 나를 구원하소서 여호와여 내가 주를 불렀사오니 나로 부끄럽게 마시고 악인을 부끄럽게 하사 음부에서 잠잠케 하소서 교만하고 완악한 말로 무례히 의인을 치는 거짓 입술로 벙어리 되게 하소서 주를 두려워하는 자를 위하여 쌓아 두신 은혜 곧 인생 앞에서 주께 피하는 자를 위하여 베푸신 은혜가 어찌 그리 큰지요 주께서 저희를 주의 은밀한 곳에 숨기사 사람의 꾀에서 벗어나게 하시고 비밀히 장막에 감추사 구설의 다툼에서 면하게 하시리이다 여호와를 찬송할지어다 견고한 성에서 그 기이한 인자를 내게 보이셨음이로다 내가 경겁한 중에 말하기를 주의 목전에서 끊어졌다 하였사오나 내가 주께 부르짖을 때에 주께서 나의 간구하는 소리를 들으셨나이다 너희 모든 성도들아 여호와를 사랑하라 여호와께서 성실한 자를 보호하시고 교만히 행하는 자에게 엄중히 갚으시느니라 강하고 담대하라 여호와를 바라는 너희들아!"(31:1-24)

오늘 본문의 표제(標題)는 오랜만에 다시 "다윗의 시, 영장으로 한 노래"로 시작하고 있습니다.

첫째, 영장으로 한 노래라는 말대로 찬양대의 예배용 찬송입니다.

영장(令長)은 지휘자로써 모든 회중과 악기들을 총괄 지휘하여 하나님을 찬양하여 영광을 돌리게 하는 예배의 주관자 중의 한 사람입니다. 또한 예배의 찬송에 대한 총책임자(總責任者)의 역할로 항상 새 노래로 찬송곡을 준비하는 참 존귀한 직분자입니다.

둘째, 다윗의 시(詩)로 그의 신앙이 듬뿍 담긴 찬송(讚頌)입니다.

31편의 구성(構成)을 보면 다음과 같은 세 부분으로 나누어집니다.

1절-8절까지 숱한 죽음의 고비를 넘기면서 하나님의 구원을 간구하는 내용입니다.

9절-18절까지 자신의 처절한 형편에 괴로워하며 하나님의 도우심을 간절히 원하는 내용입니다.

19절-24절까지 위기를 말씀과 기도로 극복(克復)하고 난 후 소망의 마음으로 하나님을 찬양하는 내용입니다.

그러니까, 구원해주실 것을 간구하고-도우심을 원하며-감사한 마음으로 찬양해드리는 패턴(Pattern)은 다윗시의 전형(典型)입니다.

셋째, 31편의 배경은 사울에게 쫓기던 때의 상황으로 추정됩니다.

2절에 "견고(堅固)한 바위…",

3절에 "주는 나의 산성(山城)과 반석(磐石)이시니…",

4절에 "…주는 나의 산성이시니이다"하는 말씀들이 바로 그러한 상황(狀況)들을 나타냅니다.

본 31편의 내용 중에는 다윗의 보배같은 신앙의 고백들이 끊임없이 흐르고 있지만, 그 중에서도 아주 뛰어난 "다윗 신앙"의 정수(精髓)가 뚜렷하게 빛을 발하는 부분(部分)이 있습니다. 무엇입니까?

5절과 6절의 비교(比較) 문장(文章)입니다.

첫째는 5절/ 진리의 하나님이 나를 구속(救贖)하신다는 것입니다.

둘째는 6절/ 하나님은 허탄한 거짓을 숭상(崇尙)하는 자를 미워하신다는 것입니다.

진리(眞理 אמת에메트)와 허탄한 거짓(שוא-הבלי하블리 샤웨)을 대비하여 참 신(神)이신 하나님을 증거(證據)하는 것입니다.

"바람에 나는 겨"와 같은 존재인 "허탄한 거짓", 즉 우상숭배의 허상(虛像)을 대비하여 "뿌리 깊은 나무"와 같은 존재인 진리(眞理)의 하나님의 실상(實像)을 철저히 믿는 다윗신앙의 표본(標本)입니다.

다윗의 신앙을 통해 우리의 신앙을 다시 세우는(Remodeling)는 지혜를 하나님께 구해보십시다. 먼저 다윗의 모범을 살펴보십시다.

첫째, 1-4절/ 오직 주님만 향(向)하여 나아가는 믿음입니다.

1절에 "여호와여! 내가 주께 피(避)하오니…"합니다.

주께로 피한다는 말은 주님께로 향한다는 말입니다.

둘째, 5-6절/ 전적으로 주님만 신뢰(信賴)하는 믿음입니다.

5절에 "내가 나의 영(靈)을 주의 손에 부탁하나이다"합니다.

내 일을 나의 손으로 해결하려면 결코 이루어지지 않습니다.

그래서 마11:28절에 우리 주님께서는 "이는 내 멍에는 쉽고 내 짐은 가벼우니라"하셨습니다. 오직 주님 손에 우리의 일을 맡기십시다.

셋째, 7-12절/ 결코 은혜를 망각(忘却)하지 않은 믿음입니다.

12절에 "내가 잊어버린바 됨이…"합니다. 세상 일들은 잊어버려도 하나님의 은혜만큼은 결코 잊어버릴 수 없다는 말입니다.

넷째, 13-18절/ 기도로 시작하고 기도로 마치는 믿음입니다.

17절에 "여호와여! 내가 주를 불렀사오니…"합니다.

다윗은 만사(萬事)가 주의 손 안에 있음을 알고 모든 일을 기도로 시작하고 기도로 마치는 기도의 사람이었습니다. 대단하지요!

다섯째, 19-24절/ 미래(未來)를 바라보면서 믿는 믿음입니다.

24절에 "강하고 담대하라! 여호와를 바라는 너희들아!"합니다.

다윗의 믿음이 우리의 모범(模範)이 되는 것은 항상 앞날의 일들을 위하여 하나님의 역사를 바라보면서 의뢰하는 자세입니다.

여러분! 다윗의 믿음은 우리의 영원한 모델(Model)입니다.

할렐루야! 아멘.

시편(詩篇) - 34

회개와 치유의 앙상블(ensemble)

"다윗의 마스길) 허물의 사함을 얻고 그 죄의 가리움을 받은 자는 복이 있도다 마음에 간사가 없고 여호와께 정죄를 당치 않은 자는 복이 있도다 내가 토설치 아니할 때에 종일 신음하므로 내 뼈가 쇠하였도다 주의 손이 주야로 나를 누르시오니 내 진액이 화하여 여름 가물에 마름 같이 되었나이다(셀라) 내가 이르기를 내 허물을 여호와께 자복하리라 하고 주께 내 죄를 아뢰고 내 죄악을 숨기지 아니하였더니 곧 주께서 내 죄의 악을 사하셨나이다(셀라) 이로 인하여 무릇 경건한 자는 주를 만날 기회를 타서 주께 기도할지라 진실로 홍수가 범람할지라도 저에게 미치지 못하리이다 주는 나의 은신처이오니 환난에서 나를 보호하시고 구원의 노래로 나를 에우시리이다 (셀라) 내가 너의 갈 길을 가르쳐 보이고 너를 주목하여 훈계하리로다 너희는 무지한 말이나 노새 같이 되지 말지어다 그것들은 자갈과 굴레로 단속하지 아니하면 너희에게 가까이 오지 아니하리로다 악인에게는 많은 슬픔이 있으나 여호와를 신뢰하는 자에게는 인자하심이 두르리로다 너희 의인들아 여호와를 기뻐하며 즐거워할지어다 마음이 정직한 너희들아 다 즐거이 외칠지어다."(32:1-11)

오늘 본문의 표제(標題)는 "다윗의 마스길"이라는 말로 시작합니다.

첫째, 영장이라는 말이 빠진 것은 공식예배용 찬양으로도 쓸 수는 있지만, 자유롭게 교육용의 노래로 활용할 수 있게 한 노래입니다.

이 마스길(משכיל)이라는 말은 흔히 "교훈시(敎訓詩)"에 해당합니다.

교훈은 그냥 알고 있던 지식을 가르치듯 하는 것이 아니라 자기가 뼈저리게 경험한 것을 진솔하게 알려주고자 하는 것을 말합니다.

1-2절에 "…하는 자는 복(福)이 있도다"하신 말씀은 교육용입니다.

8절에 "…가르쳐 보이고…훈계하리로다"하신 말씀도 마찬가지입니다.

둘째, 32편의 배경은 다윗이 밧세바를 범한 후에 하나님 앞에 회개한 후에 죄 사함을 받은 은혜를 감사하며 지은 시(詩)입니다.

본문에서 다윗은 마스길을 통하여 주로 다음과 같은 것들을 고백(告白)하고 자신이 하나님의 은혜 받은 것을 교훈한 것입니다.

먼저/ 죄(罪)를 사(赦)함 받은 은혜 체험을 고백하였습니다.

다음/ 죄를 회개(悔改)하는 것이 큰 복임을 고백하였습니다.

마지막/ 하나님을 신뢰함이 가장 큰 축복됨을 고백하였습니다.

이제 다윗은 자신이 경험(經驗)하였던 죄의 문제에 대하여 과거(過去)를 회상(回想)해보며 철저히 회개하며 고백으로 교훈합니다.

셋째, 32편은 다윗의 회개와 사죄의 은총에 대한 감사 찬양입니다.

32편에는 다윗이 가진 신앙체험(信仰體驗)의 고백들로써 주로 "인간의 죄(罪)"와 "하나님의 복(福)"이라는 관계를 통해서 나타나는 현상들을 말합니다. 회개하여 사죄(赦罪)함을 받은 경험을 가진 성도들은 하나님을 신뢰하며, 그 입의 말씀을 교훈으로 받습니다.

다음은 이러한 경험들을 통해서 어떻게 하나님께 사함받고 은총을 힘입는가를 보여주고 있습니다.

첫째는 죄를 회개하지 않았을 때의 큰 고통에 시달린 경험입니다.

3절에 "내가 토설(吐說)치 아니할 때에 종일 신음(呻吟)하므로 내 뼈가 쇠(衰)하였도다"하신 말씀대로입니다.

둘째는 죄를 회개하여 사(赦)함을 받고 느낀 큰 은혜 경험입니다.

1절에 "허물의 사(赦)함을 얻고 그 죄(罪)의 가리움을 받는 자는 복(福)이 있도다"하신 말씀대로입니다.

셋째는 은혜의 경험에 대한 공유(共有)를 권하는 교훈시입니다.

8절에 "내가 너의 갈 길을 가르쳐 보이고 너를 주목(注目)하여 훈계(訓戒)하리로다"하신 말씀대로입니다.

다윗이 원하는 한 가지는 하나님의 은혜에 대한 공유로 말미암아 가능하면 많은 사람들이 하나님의 은혜를 누리며 사는 것입니다.

넷째는 다윗 신앙의 초점은 회개(悔改)와 치유(治癒)의 신앙입니다.

특히 본문 32편에서 나타난 "다윗 신앙"의 초점(焦點)은 5절에 "…내 허물을 여호와께 자복(自服)하리라 하고 주께 내 죄를 아뢰고 내 죄악을 숨기지 아니하였더니 곧 주께서 내 죄의 악을 사(赦)하셨나이다"하신 말씀입니다

옛말에 "사람의 병(病)이 오만(伍萬)가지"라고 해서 너무나 많다는 것을 비유해서 표현한 것이겠지요? 그런데 어떤 병은 쉽게 치료되기도 하지만, 어떤 병은 전혀 치료가 되지 않는 경우도 있습니다.

병을 치료하는 의사(醫師)라고 해서 모든 병을 다 고치는 것 아닙니다. 개중에는 명의(名醫)도 있고, 돌팔이 의사도 있는 법입니다.

명의의 기본은 환자의 상태를 정확하게 진단하여 치료의 방법을 확실하게 찾아내는 것과 이것저것 알고 싶어하는 환자에게 자상하게 설명하여 마음의 안심(安心)과 소망(所望)을 주는 의사입니다.

안심과 소망의 말을 전해주지 않고 애매모호하게 대답하면 환자가 오히려 더 불안해하고 병을 크게 키우다가 죽는 경우도 있습니다.

목사(牧師)도 영적(靈的)인 면(面)에서는 의사(醫師)와 같습니다.

목사는 성도(聖徒)들의 영적인 삶을 진단하고 치료해야할 의무가 있습니다. 그런데 이상하게도 사람들은 육적(肉的)인 질병들은 이것저것 궁금해 하면서도 영적질병(靈的疾病)인 죄악(罪惡)의 문제들은 진단하고 치료하는 것을 아주 싫어합니다. 오히려 모르는척 하는 것을 더 좋아합니다. 육적인 병과는 정반대(正反對)로 행합니다.

왕상22장에 보면 "골방 선지자"인 미가야가 죄에 대하여 지적하고 책망하자 그를 "흉(凶)선지자"로 부르고, "다방 선지자"인 시드기야와 400명의 선지자들이 전하는 거짓 예언에 대해서는 오히려 좋아하고 "길(吉)선지자"로 여기지 않습니까?

넷째, 32편은 죄(罪)와 복(福)의 명확한 이해를 제시한 시입니다.

다윗은 복과 죄에 대한 관계를 누구보다 더 정확히 파악하였습니다.

다윗이 먼저 파악한 진리는 복을 그냥 복으로만 안 것이 아니라 죄에 대하여 복이 어떻게 작용하는 가에 대한 관계성입니다.

다윗에게 있어서의 참 복은 다음과 같은 주제로 봅니다.

하나, 범죄(犯罪)하지 않는 자가 복이 있다! 는 것입니다.

시119:1절에 "행위 완전하여 여호와의 법에 행하는 자가 복이 있음이여!"하였습니다.

둘, 범죄를 회개함으로 사죄(赦罪)받는 자가 복이 있다는 것입니다.

1절에 "허물의 사(赦)함을 얻고 그 죄(罪)의 가리움을 받는 자는 복이 있도다!"하였습니다.

다윗의 신앙이 우리의 모범이 되는 점은 바로 여기, 죄에 대한 철저한 회개의 정신에 있습니다. 이는 그의 수많은 경험의 결론입니다.

다음은 이 회개(悔改)에 대한 하나님의 은혜의 응답 과정입니다.

첫째는 죄 사(赦)함을 얻습니다.

사(赦 פשע-נשוי 나시-페샤)함이란 말은 허물을 벗어남을 말합니다.

둘째는 가리움을 받습니다.

가리움을 받는 것(חטאה-כסוי 카시-하타아)은 죄를 덮는 것입니다.

셋째는 정죄(定罪)를 당치 않습니다.

정죄를 당치 않음(יחשב-לא 로-하샤브)은 죄의 책임을 지지 않게 해주신다는 것입니다.

여러분!

다윗이 이 세 가지의 과정을 통해서 죄 문제를 해결한 체험을 통해 우리에게 전해주는 은혜의 공유(共有)의 제안을 받으셔서 우리도 그렇게 살아가셨으며 좋겠습니다.

할렐루야! 아멘.

시편(詩篇) - 35

새 노래로 주를 찬양하라!

"너희 의인들아 여호와를 즐거워하라 찬송은 정직한 자의 마땅히 할 바로다 수금으로 여호와께 감사하고 열 줄 비파로 찬송할지어다 새 노래로 그를 노래하며 즐거운 소리로 공교히 연주할지어다 여호와의 말씀은 정직하며 그 행사는 다 진실하시도다 저는 정의와 공의를 사랑하심이여 세상에 여호와의 인자하심이 충만하도다 여호와의 말씀으로 하늘이 지음이 되었으며 그 만상이 그 입 기운으로 이루었도다 저가 바닷물을 모아 무더기 같이 쌓으시며 깊은 물을 곳간에 두시도다 온 땅은 여호와를 두려워하며 세계의 모든 거민은 그를 경외할지어다 저가 말씀하시매 이루었으며 명하시매 견고히 섰도다 여호와께서 열방의 도모를 폐하시며 민족들의 사상을 무효케 하시도다 여호와의 도모는 영영히 서고 그 심사는 대대에 이르리로다 여호와로 자기 하나님을 삼은 나라 곧 하나님의 기업으로 빼신 바 된 백성은 복이 있도다 여호와께서 하늘에서 감찰하사 모든 인생을 보심이여 곧 그 거하신 곳에서 세상의 모든 거민을 하감하시도다 저는 일반의 마음을 지으시며 저희 모든 행사를 감찰하시는 자로다 많은 군대로 구원 얻은 왕이 없으며 용사가 힘이 커도 스스로 구하지 못하는도다 구원함에 말은 헛 것임이여 그 큰 힘으로 구하지 못하는도다 여호와는 그 경외하는 자 곧 그 인자하심을 바라는 자를 살피사 저희 영혼을 사망에서 건지시며 저희를 기근시에 살게 하시는도다 우리 영혼이 여호와를 바람이여 저는 우리의 도움과 방패시로다 우리 마음이 저를 즐거워함이여 우리가 그 성호를 의지한 연고로다 여호와여 우리가 주께 바라는 대로 주의 인자하심을 우리에게 베푸소서." (33:1-22)

오늘 본문 33편에는 어떠한 표제(標題)도 보이지 않습니다.

첫째, 따라서 저자와 연대는 미상(未詳)이지만 다윗의 시로 봅니다.

33편은 누구의 시(詩)라 하는 저자(著者)나 용도(用度)에 대한 어떠한 지시어(指示語)가 없으나 전체적인 시편의 편집(編輯)에 따른 구성과 문장(文章)의 성격들을 잘 살펴보면 다윗의 시임이 틀림없습니다.

둘째, 33편의 전체적인 내용은 지혜와 교육의 찬양시에 속합니다.

어떤 이는 33편이 32편과 연결된 하나의 시이기 때문에 표제가 없다고 하지만 서로 추구하는 주제(主題)가 많이 다르기 때문에 32편과 33편이 하나의 시라고는 볼 수 없고 33편은 독립된 시가 맞습니다.

32편은 회개(悔改)와 사죄(赦罪)를 주제(主題)로 하는데 반해, 본 33편은 창조(創造)와 섭리(攝理)에 대한 찬송(讚頌)을 주제로 하고 있기 때문입니다.

셋째, 33편에는 다윗과 백성들의 공통적 신앙주제가 나타납니다.

하나님 자녀들의 기본적인 신앙의 틀은 하나님의 창조(創造)와 섭리(攝理) 역사(役事)에 바탕을 두고 있습니다.

본 33편은 히브리(Hebrew)인들에게 나타난 신앙주제와 다윗이 추구하는 신앙주제가 가장 가깝게 근접한 내용들을 담고 있습니다.

이는 무엇을 말씀하는 것입니까?

이제 말씀을 잘 상고하면서 다음과 같은 내용을 정리해 보십시다.

첫째는 창조(創造)에 대한 것입니다.

6절에 "여호와의 말씀으로 하늘이 지음이 되었으며 그 만상이 그 입 기운으로 이루었도다"하신대로 창조에 관한한 다윗의 신앙은 하나님의 말씀으로 만물이 창조되었다는 믿음이 확고부동합니다.

둘째는 언약(言約)에 대한 것입니다.

9절에 "저가 말씀하시매 이루었으며 명하시매 견고히 섰도다"합니다

하나님의 언약은 반드시 이루어지고 견고히 서있음을 확신합니다.

셋째는 예배(禮拜)에 대한 것입니다.

18절에 "여호와는 그 경외하는 자 곧 그 인자하심을 바라는 자를 살피사…"하신 말씀처럼 하나님은 예배드리는 자를 살펴주십니다.

넷째는 구원(救援)에 대한 것입니다.

19절에 "저희 영혼을 사망에서 건지시며 저희를 기근(饑饉)시에 살게 하시는도다"하신 말씀처럼 하나님은 구원의 은총을 베푸십니다.

다섯째는 찬송(讚頌)에 대한 것입니다.

21절에 "우리 마음이 저를 즐거워함이여 우리가 그 성호를 의지한 연

고로다"하신 말씀처럼 찬송은 기쁨으로 하나님께 드릴 산제사임을 증거합니다.

특히 본 33편은 "하나님을 찬양"하는 것을 핵심 주제로 삼습니다.

1절에 "너희 의인들아 여호와를 즐거워하라 찬송은 정직한 자의 마땅히 할 바로다"라고 하지 않습니까?

예배에 미치는 찬송(讚頌)의 영향을 살펴보십시다.

첫째, 찬송(讚頌)은 당연(當然)히 해야 할 성도의 의무(義務)입니다.

1절의 "마땅히"라는 말은 "당연히"하라는 말입니다. 하고 싶으면 하고, 말고 싶으면 말고가 아닙니다. 찬송은 마땅히 해야 하는 필수적(必須的)인 신앙행위입니다.

둘째, 찬송은 각종의 악기(樂器)로 공교히 연주해서 해야 합니다.

2절에 "수금으로 여호와께 감사하고 열 줄 비파로 찬송할지어다"합니다. 이미 다윗시대에는 "영장(슈長 מנצח메나체호, Conductor)"을 세워 온갖 종류의 악기들을 동원해서 찬양대를 통해 하나님을 찬양하되 아주 공교히 찬양하는 틀이 다 갖춰져 있었습니다.

셋째, 찬송은 늘 "새 노래"로 찬양하라는 것입니다.

3절에 "새 노래로 그를 노래하며…"하라고 합니다.

여기서 말하는 "새 노래שיר חדש쉬르 하다쉬)"라는 말은 새로 지은 신곡(新曲)을 말하는 것이 아니라 하나님께서 주시는 새로운 감동과 영감(靈感)을 받아 "성령 충만"함으로 부르는 노래를 말합니다.

넷째, 찬송은 기쁘고 즐거운 마음으로 해야 한다는 것입니다.

3절에 "즐거운 소리로 공교(工巧)히 연주(演奏)할 지어다"합니다.

찬송은 사람을 위해서 부르는 노래가 아닙니다. 하나님을 경배하고 영화롭게 해드리기 위해서 하는 것이니, 항상 기쁘고 즐거운 마음으로 하는 것이 기본입니다. 찬송은 장송곡(葬送曲)이 아닙니다.

다섯째, 하나님을 찬양함에는 독창보다 합창이 더 합당합니다.

1절에 "너희 의인(義人)들아 여호와를 즐거워하라"하신대로입니다.

찬송은 대개 혼자서 하는 독창(獨唱)보다 여러 사람이, 온갖 악기를 동원해서 합창(合唱)으로 하는 것이 더 좋습니다.

대개 성경에 나타난 천사들의 찬양은 독창이 아니라 합창입니다.

여러분!

하나님은 찬양받으시게 합당하신 분이십니다. 우리의 온갖 정성을 다하여 늘 하나님을 찬양하고 찬송하는 은혜로운 성도가 되십시다!

할렐루야! 아멘.

시편(詩篇) - 36

맛보아 알지어다!

"(다윗이 아비멜렉 앞에서 미친 체하다가 쫓겨나서 지은 시) 내가 여호와를 항상 송축함이여 그를 송축함이 내 입에 계속하리로다 내 영혼이 여호와로 자랑하리니 곤고한 자가 이를 듣고 기뻐하리로다 나와 함께 여호와를 광대하시다 하며 함께 그 이름을 높이세 내가 여호와께 구하매 내게 응답하시고 내 모든 두려움에서 나를 건지셨도다 저희가 주를 앙망하고 광채를 입었으니 그 얼굴이 영영히 부끄럽지 아니하리로다 이 곤고한 자가 부르짖으매 여호와께서 들으시고 그 모든 환난에서 구원하셨도다 여호와의 사자가 주를 경외하는 자를 둘러 진 치고 저희를 건지시는도다 너희는 여호와의 선하심을 맛보아 알지어다 그에게 피하는 자는 복이 있도다 너희 성도들아 여호와를 경외하라 저를 경외하는 자에게는 부족함이 없도다 젊은 사자는 궁핍하여 주릴지라도 여호와를 찾는 자는 모든 좋은 것에 부족함이 없으리로다 너희 소자들아 와서 내게 들으라 내가 여호와를 경외함을 너희에게 가르치리로다 생명을 사모하고 장수하여 복 받기를 원하는 사람이 누구뇨 네 혀를 악에서 금하며 네 입술을 궤사한 말에서 금할지어다 악을 버리고 선을 행하며 화평을 찾아 따를지어다 여호와의 눈은 의인을 향하시고 그 귀는 저희 부르짖음에 기울이시는도다 여호와의 얼굴은 행악하는 자를 대하사 저희의 자취를 땅에서 끊으려 하시는도다 의인이 외치매 여호와께서 들으시고 저희의 모든 환난에서 건지셨도다 여호와는 마음이 상한 자에게 가까이 하시고 중심에 통회하는 자를 구원하시는도다 의인은 고난이 많으나 여호와께서 그 모든 고난에서 건지시는도다 그 모든 뼈를 보호하심이여 그 중에 하나도 꺾이지 아니하도다 악이 악인을 죽일 것이라 의인을 미워하는 자는 죄를 받으리로다 여호와께서 그 종들의 영혼을 구속하시나니 저에게 피하는 자는 다 죄를 받지 아니하리로다."(34:1-22)

오늘의 본문 표제(標題)도 "다윗의 시(דוד)"로 시작하고 있습니다.

25편부터 28편까지 "다윗의 시"라고 표제 한 것처럼 똑같이 다시 34편에 와서 단축형(短縮形) "다윗의 시"로 표시(表示)합니다.

그리고 그 뒤에 부연설명(敷衍說明)된 "다윗이 아비멜렉 앞에서 미친체하다가 쫓겨나서 지은 시"라는 내용은 원래 표제가 아니라 1절의 말씀을 표제로 차용(借用)해 쓴 것입니다.

삼상21장에 보면 블레셋 왕의 이름이 원래 "아기스"인데 "아비멜렉"으로 표기된 것은 아비멜렉이 왕호(王號)이기 때문에 전혀 다른 사람이 아닌 동일한 인물이니 아무런 혼동될 일이 아닙니다.

첫째, 34편에는 영장이라는 말이 빠져있으나 공식예배용 찬양으로 쓰기도 합니다. 그 외에도 자유롭게 부르는 예배용의 노래입니다.

34편의 시는 "다윗 신앙"이 그동안 나타내었던 높은 정점(頂點)의 위치(位置)가 아니라 가장 낮은 저점(低店)에 있을 때의 시입니다.

둘째, 34편의 배경은 다윗이 아기스 왕에게 쫓겨난 후의 일입니다.

이 34편의 배경(背景)은 삼상21:10-22:2절까지의 내용으로서 다윗이 사울을 피하여 블레셋의 가드 왕 아기스 밑으로 도망쳐 갔다가 정체(正體)가 탄로(綻露)나는 바람에 "미친 놈"노릇으로 위기를 넘기고 쫓겨나온 때의 그 부끄러운 일을 회상하고 지은 시입니다.

다시는 생각하고 싶지 않은 사건을 회개하면서 부르는 노래입니다.

셋째, 이 34편은 다윗이 하나님의 철저한 보호와 사랑을 감사하며 찬양하는 감사시(感謝詩 thanksgiving psalm)에 해당됩니다.

34편의 또 다른 특징(特徵)중의 하나는 형식상(形式上) 흔히 말하는 대로 "알파벳 시(詩)"로 분류(分流)되고 있다는 말입니다.

말하자면 히브리 문자의 알파벳 22자의 순서(順序)를 따라 22개의 절(節)마다 배치(配置)를 하는 특징입니다. 이러한 알파벳 시의 목적(目的)은 알파벳을 따라 기억하기 쉽도록 하는 방법인데 대개 22개절로 이루어진 시(詩)는 25편, 33편, 34편, 103편 등입니다.

넷째, 이 34편에는 다윗의 신앙에 나타난 세 가지의 핵심적인 요소(要素)를 보여주고 있습니다.

하나님의 축복(祝福)이란 거저 얻는 것이 아니라 그에 합당한 조건(條件)과 행위(行爲)가 있을 때, 비로소 축복의 열매가 나타납니다.

다윗의 신앙에 나타난 세 가지의 요소는 찬양과 기도와 말씀입니다.

찬양 1절에/ "내가 여호와를 항상 송축(頌祝)함이여…"합니다.

기도 4절에/ "내가 여호와께 구(求)하매…"하신대로 기도입니다.

말씀 8절에/ "너희는 여호와의 선하심을 맛보아 알지어다"합니다.

그러니까, 찬송(讚頌)과 기도(祈禱)와 말씀은 우리의 신앙에 있어서도 똑같이 축복받는 가장 기본적인 조건과 행위가 되는 것입니다.

다섯째, 34편에는 신앙의 세 가지 요소로 받는 축복을 보여줍니다.

8절에 "너희는 여호와의 선하심을 맛보아 알지어다 그에게 피하는 자는 복이 있도다"하신 말씀이 그 근거(根據)입니다.

여기에 "피(避)한다"는 말은 "도망한다"라는 말이 아니라, "의뢰(依賴 Trust)한다", "의지(依支)한다"라는 의미로 쓰였습니다.

그러니까 하나님을 신뢰(信賴Trust)하는 자는 형통의 축복을 받게 하신다는 말씀입니다.

9절/ 부족(不足)함이 없는 축복입니다.

12절/ 장수(長壽)하는 축복입니다.

15절/ 기도응답(祈禱應答)의 축복입니다.

18절/ 구원(救援)받는 축복입니다.

22절/ 죄(罪)를 받지 아니하는 축복입니다.

여섯째, 34편은 다윗이 맛본 축복과 응답의 체험에 대한 시입니다.

2절에 "…이를 듣고 기뻐하리로다"합니다.

4절에 "…내게 응답하시고 모든 두려움에서 건지셨도다"합니다.

8절에 "…그에게 피(避)하는 자는 복(福)이 있도다"합니다.

특히 본문표제의 기록대로 다윗이 블레셋 왕 아기스 앞에서 미친체 하다가 쫓겨나서 그때 얻은 체험을 절실하게 표현한 내용이 곧 8절의 말씀이 아닙니까? "너희는 여호와의 선하심을 맛보아 알지어다"(יהוה טעמו וראו כי-טוב 타아미 뵈 로우 키 토브 여호와)하는 말씀에서 "맛보아 알지어다!"하는 것은 도대체 무엇을 맛보라는 것입니까?

"맛보다"라는 말은 크게 두 가지의 개념(概念)을 가진 말입니다.

첫째는 지각적(知覺的) 개념입니다.

사람에게는 흔히 5개의 감관이 있다고 합니다. 후각(嗅覺), 촉각(觸覺), 시각(視覺), 미각(味覺), 청각(聽覺)입니다. 이 중에서 "맛본다"라는 감관은 미각이라는 것으로 주로 2차원적 경험을 말합니다.

둘째는 인식적(認識的) 개념입니다.

이는 사람의 이성(理性)을 통해 선험(先驗)하는 것을 말합니다

하나님의 말씀은 사람의 감각기관을 통해서 얻는 것보다는 이러한 이성적 인식기능(認識機能)을 통해서 얻는 경우가 대부분입니다.

문제는 이러한 인식(認識)적 체험은 대부분 추상적(抽象的)이라, 하나님의 말씀은 이러한 막연한 추상이 아닌 구체적인 실존에 관한 말씀이니 실제적인 삶을 통해 감각적인 체험으로까지 이끌어 "맛보아 알지어다!"라고 하신 것입니다. 이는 다음과 같은 의미입니다.

하나님의 말씀은 생활이요, 체험이요, 능력입니다.

여러분!

하나님의 말씀을 맛보는 것이 얼마나 복된 일인가를 깨닫는 큰 기쁨이 있기를 축원합니다!

할렐루야! 아멘.

시편(詩篇) - 37

내 기도가 내 품안에 돌아오다니!

"(다윗의 시) 여호와여 나와 다투는 자와 다투시고 나와 싸우는 자와 싸우소서 방패와 손 방패를 잡으시고 일어나 나를 도우소서 창을 빼사 나를 쫓는 자의 길을 막으시고 또 내 영혼에게 나는 네 구원이라 이르소서 내 생명을 찾는 자로 부끄러워 수치를 당케 하시며 나를 상해하려 하는 자로 물러가 낭패케 하소서 저희로 바람 앞에 겨와 같게 하시고 여호와의 사자로 몰아내소서 저희 길을 어둡고 미끄럽게 하시고 여호와의 사자로 저희를 따르게 하소서 저희가 무고히 나를 잡으려고 그 그물을 웅덩이에 숨기며 무고히 내 생명을 해하려고 함정을 팠사오니 멸망으로 졸지에 저에게 임하게 하시며 그 숨긴 그물에 스스로 잡히게 하시며 멸망 중에 떨어지게 하소서 내 영혼이 여호와를 즐거워함이여 그 구원을 기뻐하리로다 내 모든 뼈가 이르기를 여호와와 같은 자 누구리요 그는 가난한 자를 그보다 강한 자에게서 건지시고 가난하고 궁핍한 자를 노략하는 자에게서 건지시는 이라 하리로다 불의한 증인이 일어나서 내가 알지 못하는 일로 내게 힐문하며 내게 선을 악으로 갚아 나의 영혼을 외롭게 하나 나는 저희가 병 들었을 때에 굵은 베옷을 입으며 금식하여 내 영혼을 피롭게 하였더니 내 기도가 내 품으로 돌아왔도다 내가 나의 친구와 형제에게 행함 같이 저희에게 행하였으며 내가 굽히고 슬퍼하기를 모친을 곡함 같이 하였도다 오직 내가 환난을 당하매 저희가 기뻐하여 서로 모임이여 비류가 나의 알지 못하는 중에 모여 나를 치며 찢기를 마지 아니하도다 저희는 연회에서 망령되이 조롱하는 자 같이 나를 향하여 그 이를 갈도다 주여 어느 때까지 관망하시리이까 내 영혼을 저 멸망자에게서 구원하시며 내 유일한 것을 사자들에게서 건지소서 내가 대회 중에서 주께 감사하며 많은 백성 중에서 주를 찬송하리이다 무리하게 나의 원수된 자로 나를 인하여 기뻐하지 못하게 하시며 무고히 나를 미워하는 자로 눈짓하지 못하게 하소서 대저 저희는 화평을 말하지 아니하고 평안히 땅에 거하는 자를 거짓말로 모해하며 또 저희가 나를 향하여 입을 크게 벌리고 하하 우리가 목도하였다 하나이다 여호와여 주께서 이를 보셨사오니 잠잠하지 마옵소서 주여 나를 멀리하지 마옵소서 나의 하나님, 나의 주여 떨치고 깨셔서 나를 공판하시며 나의 송사를 다스리소서 여호와 나의 하나님이여 주의 공의대로 나를 판단하사 저희로 나를 인하여 기뻐하지 못하게 하소서 저희로 그 마음에 이르기를 아하 소원 성취하였다 하지 못하게 하시며 우리가 저를 삼켰다 하지 못하게 하소서 나의 해를 기뻐하는 자들로 부끄러워 낭패하게 하시며 나를 향하여 자긍하는 자로 수치와 욕을 당케 하소서 나의 의를 즐거워하는 자로 기꺼이 부르고 즐겁게 하시며 그 종의 형통을 기뻐하시는 여호와는 광대하시다 하는 말을 저희로 항상 하게 하소서 나의 혀가 주의 의를 말하며 종일토록 주를 찬송하리이다." (35:1-28)

오늘 본문의 표제(標題)도 "다윗의 시(זִזז)"로 시작하고 있습니다. 24편부터 29편에 이르기까지 "다윗의 시"로 단축하여 표시(表示)한 것과 똑같이 이번에도 다윗의 시라고 합니다.

　이렇게 단축되어 있기 때문에 그 배경과 당시의 상황들은 시(詩)의 내용에 나타난 말씀들을 통해서만 짐작하고 판단할 뿐입니다.

　첫째, 이 35편은 다윗의 가장 힘들고 어두웠던 때에 간절히 부르짖었던 기도입니다.

　35편에는 다윗이 자기를 향하여 대적(對敵)하는 자(者)들에 대한 별명(別名)들을 아주 여러 가지로 표현하고 있음을 볼 수 있습니다.

　그런데 그 내용들을 보면 상당히 강한 적개심을 드러낸 표현입니다.

　지금까지 보여준 "용서(容恕)의 한계(限界)"가 드러난 것 같아요!

　이 35편은 "다윗 신앙"이 그동안 추구해왔던 "용서와 사랑"의 높은 정점(頂點)의 위치가 아니라 반대로 "복수(復讐)와 저주"의 가장 낮은 저점(低店)을 나타낸 시가 아닌가 생각됩니다.

　특히 35편에는 상대에 대하여 공격성이 다분한 표현들로 가득차 있습니다. 한 번 살펴보실까요?

　1절에 "나와 다투는 자(者)", "나와 싸우는 자(者)"

　3절에 "나를 쫓는 자(者)"

　4절에 "내 생명을 찾는 자(者)", "나를 상해(傷害)하려 하는 자"

　11절에 "불의(不義)한 증인(證人)"

　15절에 "비류(匪類)"

　16절에 "망령(妄靈)되이 조롱(嘲弄)하는 자(者)"

　19절에 "나의 원수(怨讐)된 자", "나를 미워하는 자(者)"

　둘째는 35편에는 원수들로 인하여 하나님께 호소(呼訴)하는 간구(懇求)가 가득차 있습니다.

　이 35편에는 자기를 향하여 대적하는 원수들에 대하여 저주로 반격하는 내용으로 가득 차 있습니다. 몇 가지 예를 들어 봅시다.

1절에 "다투시고…", "싸우소서"

3절에 "길을 막으시고…"

4절에 "부끄러워 수치를 당케 하시며…물러가 낭패(狼狽)케 하소서"

5절에 "저희로 바람 앞에 겨와 같게 하시고…"

8절에 "멸망으로 졸지에 저에게 임하게 하시며…그 숨긴 그물에 스스로 잡히게 하시며…멸망 중에 떨어지게 하소서"합니다.

셋째, 35편은 외면에서는 원수들에 대한 저주의 시 같이 보이나 내면(內面)에서는 철저히 절대주권적인 신앙의 노래가 불려집니다.

35편은 겉으로는 원수들에 대한 저주의 시로 보여지지만, 그 내면을 자세히 살펴보면 이 원수들과의 관계(關係)나 뒤처리들까지도 철저히 하나님께 맡기고 의탁하는 하나님 절대주권의 신앙이 들어있음을 볼 수 있습니다.

2절에 "방패와 손 방패를 잡으시고 일어나 나를 도우소서"합니다.

3절에 "…또 내 영혼에게 나는 네 구원(救援)이라 이르소서"합니다.

9절에 "내 영혼이 여호와를 즐거워함이여 그 구원을 기뻐하리로다"

13절에 "…금식(禁食)하여 내 영혼을 괴롭게 하였더니 내 기도가 내 품으로 돌아왔도다"합니다.

특히 "내 기도가 내 품으로 돌아왔다(תפלתי על-חיקי תשוב타슈브 헤키엘 테필라트"하는 다윗의 기도는 그의 신앙의 정수(精髓)입니다.

부메랑(Boomerang)효과(效果) 같이 입술로 내보낸 모든 기도의 제목은 그대로 다시 돌아와 그의 품에 안기는 것을 이해한 것입니다.

"기도의 부메랑"이란 것이 무엇입니까?

첫째는 사울을 위한 기도가 그의 품안에 축복으로 돌아왔습니다.

삼상26:23절/ "기름부음을 받은 자 치기를 원치 아니하고-"합니다.

반칙(反則)을 일삼는 사울 왕의 생명을 아예 원칙(原則)대로 사는 다윗의 손에 완전하게 맡기시는 것 자체가 곧 다윗의 복입니다.

세상적으로는 미련한 듯 보여도 원칙주의를 따르는 자들에게는 반드시 하나님의 축복이 부메랑이 돌아오듯 돌아오게 해주십니다.

둘째는 압살롬을 위한 기도가 그의 품안에 위로로 돌아왔습니다.

삼하18:5절/ "압살롬을 너그러이 대접하라"하지 않습니까?

아버지 다윗을 처형하려 하고, 앞장서서 싸우려 하고, 숨 돌릴 틈도없이 압박하는 압살롬을 그래도 아들이라고 만약에 잡히면 죽이지 말고 너그럽게 대접하라고 신신부탁하는 다윗에게 다시 복권하는 기회와 안정을 되찾는 축복의 부메랑이 돌아오지 않았습니까?

셋째는 원수들을 위한 기도가 그에게 큰 힘으로 돌아왔습니다.

삼하 22:29절에 "…여호와께서 나의 흑암을 밝히시리이다"합니다.

자기를 핍박하고 반역하고 싸우려고 덤벼드는 원수들을 위해서도 다윗은 기도하고 하나님께 맡기니 하나님께서 대신 싸워주신 "신의전쟁"으로 승리케 하셔서 큰 위로를 받게 하셨던 것입니다.

이래서 다윗은 "내 기도가 내 품으로 돌아왔도다"하고 고백합니다.

이 기도의 부메랑 효과(效果)에 대해서는 신약성경에서도 우리 주님께서 똑같이 인용하고 있습니다.

마10:12-13절에 "또 그 집에 들어가면서 평안하기를 빌라…그 평안이 너희에게로 돌아올 것이니라"하셨습니다.

여러분!

우리도 항상 기도하여 그 기도가 우리의 품에 다시 돌아오는 날 하나님의 축복을 경험하는 기쁨을 가지십시다!

기도로 하나님과 동행하는 성도가 다 되시기를 바랍니다.

할렐루야! 아멘.

시편(詩篇) - 38

악인과 의인의 삶을 비교해 보세요!

"(여호와의 종 다윗의 시, 영장으로 한 노래) 악인의 죄얼이 내 마음에 이르기를 그 목전에는 하나님을 두려워함이 없다 하니 저가 스스로 자긍하기를 자기 죄악이 드러나지 아니하고 미워함을 받지도 아니하리라 함이로다 그 입의 말은 죄악과 궤휼이라 지혜와 선행을 그쳤도다 저는 그 침상에서 죄악을 꾀하며 스스로 불선한 길에 서고 악을 싫어하지 아니하는도다 여호와여 주의 인자하심이 하늘에 있고 주의 성실하심이 공중에 사무쳤으며 주의 의는 하나님의 산들과 같고 주의 판단은 큰 바다와 일반이라 여호와여 주는 사람과 짐승을 보호하시나이다 하나님이여 주의 인자하심이 어찌 그리 보배로우신지요 인생이 주의 날개 그늘 아래 피하나이다 저희가 주의 집의 살찐 것으로 풍족할 것이라 주께서 주의 복락의 강수로 마시우시리이다 대저 생명의 원천이 주께 있사오니 주의 광명 중에 우리가 광명을 보리이다 주를 아는 자에게 주의 인자하심을 계속하시며 마음이 정직한 자에게 주의 의를 베푸소서 교만한 자의 발이 내게 미치지 못하게 하시며 악인의 손이 나를 쫓아내지 못하게 하소서 죄악을 행하는 자가 거기 넘어졌으니 엎드러지고 다시 일어날 수 없으리이다." (36:1-12)

오늘의 본문 표제(標題)는 "여호와의 종 다윗의 시 영장으로 한 노래"라는 비교적 긴 내용의 소개로 시작하고 있습니다.

첫째, 36편도 영장으로 한 노래라 하니 공식 예배용 찬송입니다.

이 찬양도 영장(令長)의 지휘체계 하에서 온 회중(會衆)이 예배드리며 부르는 예배용 찬송곡(讚頌曲)으로 볼 수 있습니다.

둘째, 36편은 하나님 앞에 겸손한 다윗의 모습을 그린 시입니다.

본문의 표제에 지금까지 보지 못하던 좀 특이한 말이 더 첨가되고 있지 않습니까? - "여호와의 종" - 이라는 말을 표제 앞에 붙여 이 시(詩)의 특징을 좀 더 분명하게 한정짓고 있는 것입니다. 다윗은 자신을 "이스라엘의 왕(מלך ישראל멜렉)"으로 표현(表現)하지 않고 오히려 "여호와의 종(עבד-יהוה에베드)"이라는 표현을 합니다.

자신을 왕(מֶלֶךְ멜렉)으로 자랑치 않고 오히려 종(עֶבֶד에베드)으로 나타내는 겸손을 보입니다. "사람들 앞의 왕"보다는 "하나님 앞에서의 종"이라는 위치(位置)를 더 중시하는 신본주의적 신앙 때문입니다.

이는 찬양하는 자로서 갖춰야할 가장 기본적인 자세라 생각됩니다.

셋째, 36편은 하나님에 대한 경외를 다룬 일종의 교훈시입니다.

36편의 특징(特徵)은 그 형식(形式)이 시편1편과 아주 비슷합니다.

이 무슨 말이냐? 하면 시편1편과 서로 교차되는 대칭구조(對稱構造)로 되어있다는 말입니다.

시편1편은 "의인(義人)과 악인(惡人)"에 대한 대칭구조인데 반해, 본 36편은 역으로 "악인과 의인"에 대한 대칭구조로 되어 있습니다.

시편1편은 의인을 다루고 나중에 악인을 다루는데, 36편은 반대로 악인을 다루고 나중에 의인을 다루는 역구조(逆構造)라는 말입니다.

1편은 "복(福)있는 사람은…그 행사가 다 형통하리로다"로 시작해서 1편에 "악인은 그렇지 않음이여…악인의 길은 망하리로다"합니다.

36편은 "악인의 죄얼(罪孼)이…악을 싫어하지 아니하는도다"로 시작해서 "여호와여! 주의 인자하심이…주의 의를 베푸소서"마칩니다.

넷째, 36편은 의인을 향한 하나님의 은혜의 장치를 보여줍니다.

시편1편에서는 의인을 향하신 하나님 은혜의 보호장치(保護裝置)를 "행사의 형통(亨通)"이라는 가장 귀한 복으로 채워 주셨습니다.

본 36편에서는 다음과 같은 은혜 보호 장치를 베풀어 주십니다.

첫째는 7절에/ "주의 날개 그늘"입니다.

둘째는 8절에/ "주의 집의 살진 것"입니다.

셋째는 8절에/ "주의 복락(福樂)의 강수(江水)"입니다.

넷째는 9절에/ "주의 생명(生命)의 원천(源泉)"입니다.

다섯째는 9절에/ "주의 광명(光明)"입니다.

다섯째, 36편은 의인과 악인의 차이를 삶을 통해 비교해줍니다.

하나님을 경외하는 자와 두려워하지 않는 자의 삶을 다음의 예(例)를 들어 비교해 보십시다.

첫째는 하나님을 경외(敬畏)하는 의인(義人)의 삶을 보십시다.

8절에/ 풍족(豊足, 여유와 감사)한 삶을 주십니다.

8절에/ 복락(福樂, 기쁨과 즐거움)의 삶을 주십니다.

9절에/ 생명의 원천(源泉, 건강(健康)의 삶을 주십니다.

9절에/ 광명(光明, 축복)의 삶을 주십니다.

10절에/ 경외(敬畏, 신앙(信仰)의 삶을 주십니다.

하나님의 백성들의 가장 큰 축복은 하나님을 경외함에 있습니다.

둘째는 하나님을 두려워하지 않는 악인(惡人)의 삶을 보십시다.

여기 죄얼(罪孼 פשע 페샤)이라는 말은 "죄(罪)를 지으려는 경향, 또는 분위기"를 말합니다. 즉 "죄의 씨", "죄의 싹"을 말하는 것입니다.

하나님을 두려워하지 않는 자들은 이미 그 자체로 죄의 씨를 품고 있는 것이라고 할 수 있습니다.

악인은 다음과 같은 삶의 모습을 보입니다.

1절에 안하무인(眼下無人)같이 하나님을 두려워하지 않습니다.

2절에 스스로 자긍(自矜)하는 삶을 삽니다.

3절에 입에서는 죄악(罪惡)과 궤휼(詭譎)의 말만 합니다.

4절에 죄악(罪惡)을 계획(計劃)하며 삽니다.

4절에 선(善)을 싫어하고 악을 즐기며 삽니다.

여러분!

어떠한 경우이든, 총론(總論)이 다르면 각론(各論)도 달라지듯이 인생의 동기(動機)가 다르면 삶의 방법(方法)도 달라지는 법입니다.

종두득두(種豆得豆), 종과득과(種瓜得瓜)라는 말처럼 콩 심은 데 콩

이 나는 법이고 오이 심은 데 오이 나는 법입니다.

　하나님을 경외하고, 말씀에 순종하고, 기도에 힘쓰는 성도에게는 그에 합당한 하나님의 축복이 예비(豫備)되는 줄 믿으시기 바랍니다.

　하나님을 경외하는 삶에 온 힘을 다하는 성도가 되십시다.

　할렐루야! 아멘.

시편(詩篇) - 39

믿음의 눈으로 살펴보세요!

"(다윗의 시) 행악자를 인하여 불평하여 하지 말며 불의를 행하는 자를 투기하지 말지어다 저희는 풀과 같이 속히 베임을 볼 것이며 푸른 채소 같이 쇠잔할 것임이로다 여호와를 의뢰하여 선을 행하라 땅에 거하여 그의 성실로 식물을 삼을지어다 또 여호와를 기뻐하라 저가 네 마음의 소원을 이루어 주시리로다 너의 길을 여호와께 맡기라 저를 의지하면 저가 이루시고 네 의를 빛같이 나타내시며 네 공의를 정오의 빛같이 하시리로다 여호와 앞에 잠잠하고 참아 기다리라 자기 길이 형통하며 악한 꾀를 이루는 자를 인하여 불평하여 말지어다 분을 그치고 노를 버리라 불평하여 말라 행악에 치우칠 뿐이라 대저 행악하는 자는 끊어질 것이나 여호와를 기대하는 자는 땅을 차지하리로다 잠시 후에 악인이 없어지리니 네가 그곳을 자세히 살필지라도 없으리로다 오직 온유한 자는 땅을 차지하며 풍부한 화평으로 즐기리로다 악인이 의인 치기를 꾀하고 향하여 그 이를 가는도다 주께서 저를 웃으시리니 그 날의 이름을 보심이로다 악인이 칼을 빼고 활을 당기어 가난하고 궁핍한 자를 엎드러뜨리며 행위가 정직한 자를 죽이고자 하나 그 칼은 자기의 마음을 찌르고 그 활은 부러지리로다 의인의 적은 소유가 많은 악인의 풍부함보다 승하도다 악인의 팔은 부러지나 의인은 여호와께서 붙드시는도다 여호와께서 완전한 자의 날을 아시니 저희 기업은 영원하리로다 저희는 환난 때에 부끄럽지 아니하며 기근의 날에도 풍족하려니와 악인은 멸망하고 여호와의 원수는 어린 양의 기름 같이 타서 연기 되어 없어지리로다 악인은 꾸고 갚지 아니하나 의인은 은혜를 베풀고 주는도다 주의 복을 받은 자는 땅을 차지하고 주의 저주를 받은 자는 끊어지리로다."(37:1-22)

오늘의 본문 표제(標題)도 "다윗의 시(דוד)"로 간단히 시작합니다.

이렇게 거두절미하고 간략하게 단축하여 표시(表示)한 것처럼 "다윗의 시"라 한 뒤로는 별다른 설명(說明)이 없어서 그 배경과 당시의 상황들은 오직 시의 내용들을 통하여 짐작하고 판단할 뿐입니다.

첫째, 이 37편은 다윗의 일생의 경험을 통한 교훈시에 속합니다.

37편은 그 특징을 통해서 다음과 같은 세 가지의 표현을 합니다.

교훈서(敎訓書)라고 합니다. 시의 내용이 교훈적이라는 말입니다.

체험서(體驗書)라고 합니다. 자신의 체험을 교훈으로 삼았습니다.

회고서(回顧書)라고 합니다. 지난 일생의 삶을 돌아보며 그 결과를 정리한 것입니다.

25절에 "내가 어려서부터 늙기까지 의인이 버림을 당하거나 그 자손(子孫)이 걸식(乞食)함을 보지 못하였도다"하지 않습니까?

둘째, 37편은 잠언(箴言)과 같은 성격을 나타낸 금언시입니다.

잠언(箴言)이라는 의미는 "잊지 말고 기억하여 가슴에 담아 둘 말"이라는 뜻이요, 또는 "지혜가 있는 보배로운 말"이라는 뜻입니다.

9절에 "…여호와를 기대(企待)하는 자는 땅을 차지하리로다"하심과 11절에 "오직 온유(溫柔)한 자는 땅을 차지하며…"하신 말씀과 2절에 "주의 복을 받은 자는 땅을 차지하고…"하신 말씀과 29절에 "의인(義人)이 땅을 차지 함이여…"하신 말씀과 34절에 "그 도를 지키라…그리하면 너를 들어 땅을 차지하게 하실 것이라"하신 말씀은 잠언2:21절에 "대저 정직한 자는 땅에 거하며완전한 자는 땅에 남아 있으리라"하신 말씀과 동일한 의미입니다.

여기에는 다윗의 오랜 신앙적인 삶의 체험을 통해서 얻어낸 진수(眞髓)가 그대로 나타나고 있습니다.

셋째, 37편은 하나님 자녀들의 세상에 대한 처세술이기도 합니다.

하나, 우리의 인생길을 오직 하나님께 맡겨드리는 것입니다.

잠16:3절에 "너의 행사를 여호와께 맡기라"하신 말씀과, 벧전5:7절에 "너의 염려를 주께 맡겨 버리라"하신 말씀을 보세요!

둘, 우리의 믿음으로 하나님을 기쁘시게 해드리는 것입니다.

히11:6절에 "믿음이 없이는 하나님을 기쁘시게 못하나니…"하신 말씀을 보세요! 믿음으로 하나님을 기쁘시게 할 수만 있다면 세상 모든 일들도 형통(亨通)하게 길을 열어주실 것입니다.

셋, 하나님의 역사(役事)하심을 잠잠히 기다리는 것입니다.

악인(惡人)과 원수(怨讐)와 대적(對敵)들에 대하여 일일이 대응(對

應)하지 말고 오직 하나님께 일임하고 잠잠히 기도하고 기다리면 결국은 하나님께서 처리하시고 해결해 주실 것이기 때문입니다.

넷, 기도생활과 말씀생활에 항상 힘써야만 하는 것입니다.

세상에서 처세(處世)하는 방법도 결국은 하나님께 맡기는 것이 제일 안전하고, 효율적이며 좋은 방법이 됩니다.

넷째, 37편은 이 악한 세상을 살아가는 자녀들이 하나님 앞에서 어떻게 행하여야 하는지에 대한 처신술(處神術)적인 교훈시입니다.

5절에 "너의 길을 여호와께 맡기라 저를 의지하면 저가 이루시고…"합니다. 이 말씀과 똑같은 의미(意味)의 말씀들을 찾아보십시다!

잠16:3절에 "너의 행사를 여호와께 맡기라"하심과, 벧전5:7절에 "너의 염려를 주께 다 맡겨 버리라"하심을 보세요!

흔히 사람들이 이 세상을 살아갈 때에 가장 중요시하는 것은 곧 처세술(處世術)이라고 합니다. 요즈음 서점가에서 가장 잘 팔리는 베스트셀러들이 바로 이 처세술에 관한 책들 아닙니까?

그런데 본문은 정반대적으로 처신술에 관한 말씀으로 일관합니다.

첫째는 3절에 여호와를 의지하라! 합니다.

둘째는 4절에 여호와를 기뻐하라! 합니다.

셋째는 5절에 여호와께 맡기라! 합니다.

넷째는 7절에 여호와 앞에 참고 기다리라! 합니다.

다섯째는 8절에 여호와 앞에 불평하지 말라! 합니다.

여러분!

이 처신술에 관한 가장 기본적인 것은 "믿음의 눈"에 있습니다.

이 믿음의 눈으로 볼 수 있다면 다윗의 신앙고백이 우리의 삶 속에 그대로 하나님의 말씀으로 이루어지는 것을 체험하게 될 것입니다.

1절에 "행악자를 인하여 불평하여 하지 말며 불의를 행하는 자를 투기

하지 말지어다"합니다.

2절에 "저희는 풀과 같이 속히 베임을 볼 것이며…"하지 않습니까?

10절에 "잠시 후에 악인이 없어지리니 네가 그곳을 자세히 살필지라도 없으리로다"합니다.

"믿음의 눈에" 하나님의 역사하심이 속히 보일 것입니다.

이 믿음의 눈으로 세상 모든 역사를 바라볼 수 있는 지혜로운 성도가 되십시다!

할렐루야! 아멘.

시편(詩篇) - 40

섭리 속에 구원이 있습니다!

"여호와께서 사람의 걸음을 정하시고 그 길을 기뻐하시나니 저는 넘어지나 아주 엎드러지지 아니함은 여호와께서 손으로 붙드심이로다 내가 어려서부터 늙기까지 의인이 버림을 당하거나 그 자손이 걸식함을 보지 못하였도다 저는 종일토록 은혜를 베풀고 꾸어주니 그 자손이 복을 받는도다 악에서 떠나 선을 행하라 그리하면 영영히 거하리니 여호와께서 공의를 사랑하시고 그 성도를 버리지 아니하심이로다 저희는 영영히 보호를 받으나 악인의 자손은 끊어지리로다 의인이 땅을 차지함이여 거기 영영히 거하리로다 의인의 입은 지혜를 말하고 그 혀는 공의를 이르며 그 마음에는 하나님의 법이 있으니 그 걸음에 실족함이 없으리로다 악인이 의인을 엿보아 살해할 기회를 찾으나 여호와는 저를 그 손에 버려두지 아니하시고 재판 때에도 정죄치 아니하시리로다 여호와를 바라고 그 도를 지키라 그리하면 너를 들어 땅을 차지하게 하실 것이라 악인이 끊어질 때에 네가 목도하리로다 내가 악인의 큰 세력을 본즉 그 본토에 선 푸른 나무의 무성함 같으나 사람이 지날 때에 저가 없어졌으니 내가 찾아도 발견치 못하였도다 완전한 사람을 살피고 정직한 자를 볼지어다 화평한 자의 결국은 평안이로다 범죄자들은 함께 멸망하리니 악인의 결국은 끊어질 것이나 의인의 구원은 여호와께 있으니 그는 환난 때에 저희 산성이시로다 여호와께서 저희를 도와 건지시되 악인에게서 건져 구원하심은 그를 의지한 연고로다."(37:23-40)

오늘 우리가 본 본문은 다윗이 이해(理解)하고 있는 하나님의 속성(屬性)과 역사(役事)에 대한 깊은 신앙고백이라고 할 수 있습니다.

특히 37편에는 다윗 신앙의 핵심진리(核心眞理)인 하나님의 "섭리역사(攝理役事)"에 대한 가장 뛰어난 증거들을 나타내고 있습니다.

본문 23절의 말씀이 바로 그것입니다

"여호와께서 사람의 걸음을 정하시고 그 길을 기뻐하시나니 저는 넘어지나 아주 엎드러지지 아니함은 여호와께서 손으로 붙드심이로다"

이 말씀은 하나님 섭리에 대한 두 가지 기본적인 진리를 말합니다.

첫째는 하나님의 작정(作定)입니다.

23절에 "여호와께서 사람의 걸음을 정하시고 그 길을 기뻐하시나니…"

하신 말씀이 바로 하나님의 작정에 관한 진리인 것입니다.

세상의 모든 섭리 역사는 하나님이 작정하시지 않는 것이 없습니다.

이 세상 모든 일들은 다 하나님의 예정(豫定)과 작정(作定)속에서 이루어지는 섭리(攝理)안에 있다는 사실은 영원한 진리입니다.

둘째는 하나님의 실행(實行)입니다.

23절에 "저는 넘어지나 아주 엎드러지지 아니함은 여호와께서 손으로 붙드심이로다"하신 말씀이 바로 하나님의 실행에 관한 진리인 것입니다.

하나님께서 예정, 작정하신 일들에 대하여는 반드시 실행하셔서 완성하시는데, 이 일을 섭리라고 말합니다.

본 37편에는 특히 의인을 향하여 베푸시는 하나님의 "섭리역사"에 대한 묘사(描寫)가 아주 뛰어납니다.

무엇입니까?

첫째, 사람의 걸음을 정하시고 그 길을 기뻐하신다는 것입니다.

23절에 "사람의 걸음을 정(定)하신다"는 것은 하나님의 섭리를 가장 잘 표현한 말씀이기도 합니다.

우리 인간들의 삶의 여정(旅程)은 다 자기 마음대로 행하는 것 같지만 결국에는 하나님께서 예정하시고 작정하신 대로 통제(統制)되고 안내(案內)되어 살아가는 것일 뿐입니다.

우리 인생의 가이드(Guide)는 우리 하나님이십니다.

하나님께서 우리 인생의 가이드라는 말은 맹목적인 구색(具色)맞추기 식의 순종이 아닙니다. 그 때 그 때마다 은혜주시는 하나님의 역사와 섭리를 인정하는 신앙의 따름을 의미하는 것입니다.

어떤 신비주의자는 그의 인생의 모든 일을 하나님의 말씀 따라 순종하겠다고 결심하였답니다.

그래서 두 가지의 행동(行動) 원칙(原則)을 세웠습니다.

첫째는 성경을 펴서 눈을 감고 손가락으로 성구를 짚습니다.

둘째는 눈을 떠서 그 짚어진 곳의 말씀대로 순종하겠다는 것입니다.

어느 날 성경을 펴서 눈을 감고 손으로 짚었습니다. 눈을 떠보니 신 28장 13절이 보였습니다. "여호와께서 너를 위하여 하늘의 아름다운 보고를 열으사…" 그는 얼마나 신기하고 좋았던지 이 방법을 확신하게 되었습니다. 그래서 다시 눈을 감고 손으로 짚은 곳을 살펴보았습니다. 마27:5절 "유다가 은을 성소에 던져 놓고 물러가서 스스로 목매어 죽은지라" 그는 깜짝 놀라서 다시 짚었습니다.

눅10:37절 "…가서 너도 이와 같이 하라…" 그는 질겁을 하고 성경을 덮었습니다.

여러분! 하나님의 말씀으로 인도를 받는 것은 이런 식이 아닙니다.

"사람의 걸음을 정(定)하시는" 하나님께 맡기시는 것이 지혜입니다.

그 길이 우리가 원하는 것이 아니라도 따르면 나중에 뒤 돌아볼 때에 비로소 깨달아지면서 아! 하나님이 정하신 그 길이 결국에는 축복이었구나! 하는 것을 알게 되며 감사할 수 있을 것입니다.

둘째, 사람의 삶을 도와 모든 악으로부터 구원하신다는 것입니다.

40절에 "여호와께서 저희를 도와 건지시되…"하시는 말씀도 하나님의 섭리에 대하여 가장 잘 표현한 말씀입니다.

하나님의 섭리는 하나님의 주권(主權)으로 역사하시는데, 우리의 구원을 위하여 세상의 모든 것들을 총동원해서 이루시는 것입니다.

자연(自然)을 동원하시든지, 역사(歷史)를 활용하셔서라도 하나님의 자녀들을 도우시고 축복하십니다.

그러면 여기에서 말씀하시는 저희는 누구를 말하는 것입니까?

37절에 "완전한 사람을 살피고…"하는 말씀과 "정직한 자를 본다"는 말씀을 통해서 하나님은 섭리로 역사하셔서서 이들은 구원하시고, 38절에 "범죄자(犯罪者)들은 함께 멸망(滅亡)"시키시고 "악인(惡人)"은 끊어 버리신다는 말씀입니다.

결국 의인(義人)의 구원은 "여호와께 있으니…"하신대로 "하나님의 섭리" 속에 우리의 구원이 있음이 증명되고 있지 않습니까?

셋째, 하나님의 정하신 것을 기뻐하고 따르는 자는 축복하십니다.

세상 사람들은 자신들이 가진 소망대로, 뜻대로 목표삼고 살아가지만, 하나님의 자녀들은 내 뜻대로, 내 소망대로 살아갈 것이 아니라 곧 하나님께서 정하신 길은 반드시 우리가 바라보고, 따라가야 한다는 것입니다. 그래서 여기에 꼭 필요한 말씀은 다음과 같습니다.

3절에 "여호와를 의뢰(依賴)하여 선(善)을 행(行)하라"하심과,

5절에 "너희 길을 여호와께 맡기라"하심과,

34절에 "여호와를 바라고 그 도(道)를 지키라"하신 것입니다.

그러면 우리는 하나님께서 정하신 길을 어떻게 따라야 할까요?

첫째는 불평(不平)하지 말라! 는 것입니다.

1절에 "행악자를 인하여 불평하지 말며 불의를 행하는 자를 인하여 투기 하지 말라"하셨습니다.

둘째는 선(善)을 행(行)하라! 는 것입니다.

3절에 "여호와를 의뢰하여 선을 행하라"하셨습니다.

셋째는 은혜(恩惠)를 베풀라! 는 것입니다.

26절에 "은혜를 베풀고 꾸어주니 그 자손이 복을 받는도다"합니다.

넷째는 말씀(道)을 지키라! 는 것입니다.

34절에 "여호와를 바라고 그 도(道)를 지키라"하셨습니다.

여러분!

하나님을 의지하고 늘 말씀을 따르는 것이 우리의 복(福)중의 복(福)

이 됨을 믿으시기 바랍니다.
할렐루야! 아멘.

시편(詩篇) - 41

입을 열 때와 닫을 때!

"(다윗의 기념케 하는 시) 여호와여 주의 노로 나를 책하지 마시고 분노로 나를 징계치 마소서 주의 살이 나를 찌르고 주의 손이 나를 심히 누르시나이다 주의 진노로 인하여 내 살에 성한 곳이 없사오며 나의 죄로 인하여 내 뼈에 평안함이 없나이다 내 죄악이 내 머리에 넘쳐서 무거운 짐 같으니 감당할 수 없나이다 내 상처가 썩어 악취가 나오니 나의 우매한 연고로소이다 내가 아프고 심히 구부러졌으며 종일토록 슬픈 중에 다니나이다 내 허리에 열기가 가득하고 내 살에 성한 곳이 없나이다 내가 피곤하고 심히 상하였으매 마음이 불안하여 신음하나이다 주여 나의 모든 소원이 주의 앞에 있사오며 나의 탄식이 주의 앞에 감추이지 아니하나이다 내 심장이 뛰고 내 기력이 쇠하여 내 눈의 빛도 나를 떠났나이다 나의 사랑하는 자와 나의 친구들이 나의 상처를 멀리하고 나의 친척들도 멀리 섰나이다 내 생명을 찾는 자가 올무를 놓고 나를 해하려는 자가 괴악한 일을 말하여 종일토록 궤계를 도모하오나 나는 귀먹은 자 같이 듣지 아니하고 벙어리 같이 입을 열지 아니 하오니 나는 듣지 못하는 자 같아서 입에는 변박함이 없나이다 여호와여 내가 주를 바랐사오니 내 주 하나님이 내게 응락하시리이다 내가 말하기를 두렵건대 저희가 내게 대하여 기뻐하며 내가 실족할 때에 나를 향하여 망자존대할까 하였나이다 내가 넘어지게 되었고 나의 근심이 항상 내 앞에 있사오니 내 죄악을 고하고 내 죄를 슬퍼함이니이다 내 원수가 용발하며 강하고 무리하게 나를 미워하는 자가 무수하오며 또 악으로 선을 갚는 자들이 내가 선을 좇는 연고로 나를 대적하나이다 여호와여 나를 버리지 마소서 나의 하나님이여 나를 멀리하지 마소서 속히 나를 도우소서 주 나의 구원이시여."(38:1-22)

오늘의 본문 표제(標題)는 "다윗의 기념케 하는 시"로 시작합니다.

이런 표제는 처음보는 독특한 제목입니다. 다윗의 기념케 하는 시?(מזמור לדוד להזכיר 미즈모르 르다윗 르하즈키르). 여러분! 우리 어법(語法)에 "다윗을 기념케 하는 시"라는 말이 맞습니까? 아니면 "다윗의 기념케 하는 시"라는 말이 맞습니까? 문제는 기념케 하는 대상이 누구냐에 따라 달라지겠지요? 전자(前者)의 경우는 다윗을

기념하는 것이고, 후자(後者)의 경우는 다윗이 하나님을 기념한다는 뜻이니, 좀 어색하게 느껴지기는 하지만, 원래의 뜻에 가깝습니다.

여기에 히브리어의 접두사(接頭辭)인 ל와 ל를 연속으로 붙이니까 어

법이 아주 어색하게 보인 것뿐이지, 내용은 정확하고 분명합니다.

그래서 성경번역의 초기 작품 중에 70인경(人經, Septuagint)같은 경우에는 "안식일을 기념하기 위해 다윗이 쓴 시(Φαλμός τῷ Δανίδ είς άν αμνησιν περί σαββάτου)"라고 덧붙여서 설명하고 있습니다.

어쨌든 이 38편의 시는 다윗이 고통을 이긴 후에 일생가운데 받았었던 은혜를 기억하면서 하나님께 찬양하며 드리는 노래인 것입니다.

첫째, 38편은 다윗이 자신의 죄에 대하여 회개하는 기도입니다.

특히 38편에는 자신의 범죄로 인하여 내리신 하나님의 징계(懲戒)와 책벌(責罰)에 대하여 숨기거나 은폐하지 아니하고 도리어 다른 사람도 알고 경계가 되도록 기념이 되게 한 "참회의 기도"입니다.

대개의 사람들은 자신의 죄에 대하여는 어떻게든 감추고 싶고 숨기고 싶은 것이 인지상정(人之常情)이 아니겠습니까?

그런데 다윗은 오히려 정반대로 자신의 죄악을 겉으로 드러내어 기념을 한 것입니다. 이렇게 하기까지는 대단한 결단력이 필요합니다.

다윗의 신앙이 "하나님의 마음에 맞은 것"은 바로 이 점, 죄악을 숨기지 않고 철저히 내어놓고 회개하여 사죄(赦罪)함 받은 것입니다.

둘째, 38편은 형식상으로는 알파벳 시의 구조와 같은 시입니다.

본문 38편의 특징(特徵)은 형식상(形式上)으로 "알파벳 시(詩)"와 같은 구조(構造)로 되어있습니다.

말하자면 히브리 문자의 알파벳 22자의 순서(順序)를 따라 22개의 절(節)마다 배치(配置)를 하는 특징입니다. 이러한 알파벳 시의 목적(目的)은 알파벳을 따라 기억하기 쉽도록 하는 방법인데 대개 22개절로 이루어진 시(詩)는 25편, 33편, 34편, 38편, 103편입니다.

셋째, 38편은 내용상으로는 회개의 시와 같은 애가(哀歌)입니다.

이 시의 배경(背景)에 대해서는 딱히, 이거다! 하고 찍어서 이야기할 수는 없지만, 전체적인 흐름을 볼 때, 다윗이 밧세바와의 불륜(不倫)으로 말미암아 하나님의 징계(懲戒)를 받았을 때, 참회(懺悔)하며 지은 애가(哀歌)적인 시(詩)일 것이라고 생각됩니다.

본문을 통해 볼 때, 가장 두드러지게 나타난 "다윗 신앙"의 모습은 "입을 열 때와 닫을 때"를 구별할 줄 아는 지혜로운 모습입니다.

12절에 "…나를 해하려는 자가 괴악한 일을 말하여 종일토록 궤계를 도모하오나…"한 것에 반(反)하여,

13절에 "나는 귀먹은 자같이 듣지 아니하고 벙어리같이 입을 열지 아니하오니…"라고 합니다.

한 마디로 "악인 앞에서의 침묵(沈黙)과 하나님 앞에서의 기도(祈禱)"라는 가장 멋있는 신앙인의 참 모범을 보여준 사례인 것입니다.

우리는 여기에서 몇 가지의 신앙적(信仰的) 교훈을 발견합니다.

첫째는 우리의 삶에는 항상 악한 말과 궤계가 따른다는 것입니다.

보통 일반적인 사람들이 하루에 하는 말의 횟수(回數)는 얼마나 될까요? 대개는 8천 마디에서 9천 마디의 말들을 한다고 합니다.

그런데 이 많은 말들의 대부분은 남을 비방하고, 욕하고, 흉보고, 하는 쓸데없는 말들이 대부분이고 남을 칭찬하고, 축복하고, 위로하는 말은 별로 많지 않다는 것입니다. 이러한 사실을 아십니까?

둘째는 인생 중에는 말을 함부로 하는 자들이 많다는 것입니다.

16절에 "나를 향하여 망자존대(妄自尊大)할까 하였나이다"한 말은 하나님의 존재를 무시하고 자기를 스스로 높이는 자라는 것입니다.

말을 함부로 하지 말고 조심해서 하는 것이 가장 귀한 일입니다.

셋째는 사람들 앞에서는 침묵하고, 하나님 앞에서는 기도하는 자가 최후의 승리를 거둔다는 말입니다.

14절에 "나는 듣지 못하는 자 같아서 입에는 변박함이 없나이다"하지

않습니까? 입을 열 때와 닫을 때를 구별하는 지혜로운 말입니다.

다윗은 이 원칙을 철저히 지키므로 어떠한 경우에도 승리했습니다. 여러분!

사람 앞에서는 입을 다물고, 하나님 앞에서는 입을 여는 자 됩시다!

할렐루야! 아멘.

시편(詩篇) - 42

허사(虛事)와 진실(眞實)의 전도서

"〈다윗의 시, 영장 여두둔으로 한 노래〉 내가 말하기를 나의 행위를 조심하여 내 혀로 범죄치 아니하리니 악인이 내 앞에 있을 때에 내가 내 입에 자갈을 먹이리라 하였도다 내가 잠잠하여 선한 말도 발하지 아니하니 나의 근심이 더 심하도다 내 마음이 내 속에서 뜨거워서 묵상할 때에 화가 발하니 나의 혀로 말하기를 여호와여 나의 종말과 연한의 어떠함을 알게 하사 나로 나의 연약함을 알게 하소서 주께서 나의 날을 손 넓이 만큼 되게 하시매 나의 일생이 주의 앞에는 없는 것 같사오니 사람마다 그 든든히 선 때도 진실로 허사 뿐이니이다(셀라) 진실로 각 사람은 그림자 같이 다니고 헛된 일에 분요하며 재물을 쌓으나 누가 취할는지 알지 못하나이다 주여 내가 무엇을 바라리오 나의 소망은 주께 있나이다 나를 모든 죄과에서 건지시며 우매한 자에게 욕을 보지 않게 하소서 내가 잠잠하고 입을 열지 아니하옴은 주께서 이를 행하신 연고니이다 주의 징책을 나에게서 옮기소서 주의 손이 치심으로 내가 쇠망하였나이다 주께서 죄악을 견책하사 사람을 징계하실 때에 그 영화를 좀 먹음 같이 소멸하게 하시니 참으로 각 사람은 허사 뿐이니이다(셀라) 여호와여 나의 기도를 들으시며 나의 부르짖음에 귀를 기울이소서 내가 눈물 흘릴 때에 잠잠하지 마옵소서 대저 나는 주께 객이 되고 거류자가 됨이 나의 모든 열조 같으니이다 주는 나를 용서하사 내가 떠나 없어지기 전에 나의 건강을 회복시키소서."(39:1-13)

오늘 본문의 표제(標題)는 "다윗의 시, 영장 여두둔으로 한 노래"로 시작합니다. 지금까지 이러한 표제에서 제시(提示)한바 있는 "스미닛", "깃딧", "뭇랍벤", "식가욘", "믹담", "아앨렛샤할"같은 말들은 주로 곡조(曲調)나 리듬(Rhythm)에 관련된 용어(用語)였는데, 오늘 제시된 말, 여두둔(ידותון)이라는 말은 "사람 이름"에 대한 것입니다.

대상 25:1절에 "다윗이…아삽과 헤만과 여두둔의 자손 중에서 구별하여 섬기게 하여…신령한 노래를 하게 하였으니…"하신 말씀이 있지요? 여기 아삽이나, 헤만, 여두둔 같은 이들은 바로 궁중(宮中) 찬양대의 유명한 지휘자(指揮者)들, 곧 영장입니다.

그러니까 본문의 내용은 여두둔이라는 악장(樂匠 Conductor)이 지휘한 찬양대의 찬송곡(讚頌曲)이라는 말입니다.

첫째, 영장이라는 말이 있으니 이 시(詩)도 예배용 찬양곡입니다.

다윗 시대의 유명한 영장(슈長 מנצח메낫체흐)인 여두둔이 지휘한 궁중 찬양대의 노래입니다. 여두둔의 이름으로 된 시(詩)중에는 그 외에도 62편과 77편이 있습니다.

둘째, 39편은 다윗의 시로써 개인적인 애가(哀歌)인 것 같습니다.

4절에 "여호와여 나의 종말(終末)과 연한(年限)의 어떠함을 알게 하사 나로 나의 연약함을 알게 하소서"합니다.

이 말씀은 다윗의 인생 만년(晩年)에 이르러 수많은 반란과 시련(試鍊), 그리고 질병(疾病)으로 인하여 고통(苦痛)가운데 있을 때, 돌아본 자기 인생의 허망함과 생명의 연한이 얼마 남지 않은 것을 깨달으며 슬프고 안타까운 마음으로 주님께 기도하는 모습입니다.

셋째, 39편은 인생의 의미에 대한 다윗의 전도서(傳道書)입니다.

39편의 주제는 "허사(虛事)"와 "진실(眞實)"의 비교 구도입니다.

39편에 제일 많이 등장하는 단어가 바로 이 "허사와 진실"입니다.

먼저 허사(虛事)에 관한 말씀입니다.

5절에 "허사 뿐…", 6절에 "헛된 일에…", 11절에 "허사 뿐…"합니다.

5절에 "…나의 일생이 주의 앞에는 없는 것 같사오니 사람마다 그 든든히 선 때도 진실로 허사뿐이니이다."합니다. 똑 같은 개념으로, 전(傳)1:2절에 "전도자가 가로되 헛되고 헛되며 헛되고 헛되니 모든 것이 헛되도다"합니다.

허사(虛事 הבל헤벨)란 말은 입김(Vaper)을 의미합니다.

숨 한번 쉬면 훅하고 날라 가는 보이지 않는 입김 같은 것입니다.

90:9절에 "우리의 평생이 일식간(一息間)에 다 하였나이다"합니다.

다음은 진실(眞實)에 관한 말씀입니다.

5절에 "진실(眞實)로…", 6절에 "진실로", 11절에 "참으로…"합니다.

7절에 "주여! 내가 무엇을 바라리요? 나의 소망(所望)은 주께 있나이다"합니다. 우리의 소망은 오직 주만 바라보며 나가는 것입니다.

전12:13절에 "일의 결국을 다 들었으니 하나님을 경외하고 그 명령을 지킬지어다! 이것이 사람의 본분(本分)이니라"하시지 않습니까?

8-13절은 다윗이 자신의 기도를 들으시고 진실을 회복시켜 달라는 간구입니다.

넷째, 39편은 인생의 고난과 그로부터 나온 허무와 유일한 소망이신 하나님을 주제로 비교한 고백시(告白詩)입니다.

무슨 말입니까?

우리나라 기독교는 다음과 같은 세 가지의 장점(長點)이 있습니다.

하나는 뜨거운 찬양(讚揚)의 열정(熱情)입니다.

다음은 강력한 기도(祈禱)의 의지(意志)입니다.

마지막은 깊이 있는 신학(神學)의 순수(純粹)입니다.

그런데 고쳐야할 단점(短點)들도 있습니다.

하나는 이기주의적 신앙입니다. 오직 나만 위하는 신앙으로 삽니다.

다음은 기복신앙(祈福信仰)을 중심으로 하는 행위입니다.

마지막은 진리오해(眞理誤解)입니다. 특히 고난에 대한 오해입니다.

고난이나 시련을 하나님의 벌(罰)이나 마귀의 저주로만 여깁니다.

이 고난에 대한 가장 정확한 진리이해가 바로 "다윗 신앙"입니다.

다윗은 이 고난에 대하여 자신의 신앙을 위하여 주신 유익한 하나님의 배려(配慮)요, 변장된 축복이라고 인식하였습니다.

첫째는 자신의 죄악을 깨우쳐 주는 은혜의 도구라는 인식입니다.

둘째는 자신의 신앙을 견고하게 세우시는 훈련이라는 인식입니다.

셋째는 고난은 하나님과 동행할 수 있는 기회라는 인식입니다.

여러분!

합력하여 선을 이루시는 하나님만 의지합시다!
할렐루야! 아멘.

시편(詩篇) - 43

주의 뜻 행하기를 즐기오니…

"(다윗의 시, 영장으로 한 노래) 내가 여호와를 기다리고 기다렸더니 귀를 기울이사 나의 부르짖음을 들으셨도다 나를 기가 막힐 웅덩이와 수렁에서 끌어 올리시고 내 발을 반석 위에 두사 내 걸음을 견고케 하셨도다 새 노래 곧 우리 하나님께 올릴 찬송을 내 입에 두셨으니 많은 사람이 보고 두려워하여 여호와를 의지하리로다 여호와를 의지하고 교만한 자와 거짓에 치우치는 자를 돌아보지 아니하는 자는 복이 있도다 여호와 나의 하나님이여 주의 행하신 기적이 많고 우리를 향하신 주의 생각도 많도소이다 내가 들어 말하고자 하나 주의 앞에 베풀 수도 없고 그 수를 셀 수도 없나이다 주께서 나의 귀를 통하여 들리시기를 제사와 예물을 기뻐 아니하시며 번제와 속죄제를 요구치 아니하신다 하신지라 그 때에 내가 말하기를 내가 왔나이다 나를 가리켜 기록한 것이 두루마리 책에 있나이다 나의 하나님이여 내가 주의 뜻 행하기를 즐기오니 주의 법이 나의 심중에 있나이다 하였나이다 내가 대회 중에서 의의 기쁜 소식을 전하였나이다 여호와여 내가 내 입술을 닫지 아니할 줄을 주께서 아시나이다 내가 주의 의를 내 심중에 숨기지 아니하고 주의 성실과 구원을 선포하였으며 내가 주의 인자와 진리를 대회 중에서 은휘치 아니하였나이다 여호와여 주의 긍휼을 내게 그치지 마시고 주의 인자와 진리로 나를 항상 보호하소서 무수한 재앙이 나를 둘러 싸고 나의 죄악이 내게 미치므로 우러러 볼 수도 없으며 죄가 나의 머리털보다 많으므로 내 마음이 사라졌음이니이다 여호와여 은총을 베푸사 나를 구원하소서 여호와여 속히 나를 도우소서 나의 영혼을 찾아 멸하려 하는 자로 다 수치와 낭패를 당케 하시며 나의 해를 기뻐하는 자로 다 물러가 욕을 당케 하소서 나를 향하여 하하 하는 자로 자기 수치를 인하여 놀라게 하소서 무릇 주를 찾는 자는 다 주로 즐거워하고 기뻐하게 하시며 주의 구원을 사랑하는 자는 항상 말하기를 여호와는 광대하시다 하게 하소서 나는 가난하고 궁핍하오나 주께서는 나를 생각하시오니 주는 나의 도움이시요 건지시는 자시라 나의 하나님이여 지체하지 마소서."(40:1-17)

오늘의 본문 표제(標題)는 오랜만에 다시 "다윗의 시, 영장으로 한 노래"로 라는 말로 시작하고 있습니다.

첫째, 영장으로 한 노래이니 찬양대의 예배용 찬송을 말합니다.

영장(令長מנצח메낫체호)은 회중예배에 있어서 가장 주도적인 인물로 악장(樂匠)Conductor)이 되어 찬양대와 악기팀과 온 회중(會衆)들을 진두지휘하여 하나님께 드리는 찬양을 주도하는 지휘자입니다.

따라서 40편도 지휘자(指揮者)가 지휘하는 조직된 궁중(宮中) 찬양대(讚揚隊)의 예배용 찬송곡으로 쓰이는 노래라고 볼 수 있습니다.

둘째, 다윗 신앙의 핵심인 "새 노래"를 주제로 한 찬송 시입니다.

40편의 구성(構成)은 하나님을 향한 다윗의 "찬양과 기도"라는 두 가지의 타이틀(Title)로 "구하고 전하는" 일종의 신앙고백입니다.

여기 표현한 새 노래라는 것은 "신곡(新曲)"을 말하는 것이 아니라 새로운 마음을 가지고 하나님을 찬양하고 기도하는 것을 말합니다.

셋째, 40편은 다윗의 신앙 중에서도 "말과 노래"를 "그림과 영상(像)"으로 표현한 가장 뛰어난 회화적(繪畵的)인 시입니다.

1절에 "내가 여호와를 기다리고 기다렸더니…귀를 기울이사 나의 부르짖음을 들으셨도다"합니다. 이 말씀을 자세히 살펴보십시다.

"귀"와 "부르짖음"이라는 말의 개념은 철저히 언어적(言語的)인 요소의 표현이 아니겠습니까? 이러한 언어적인 요소에 대하여, 2절에 "나를 기가 막힐 웅덩이와 수렁에서 끌어 올리시고…내 발을 반석 위에 두사 내 걸음을 견고케 하셨도다"합니다. 또 다른 표현이 나타납니다. "웅덩이"와 "수렁"이라는 말이 바로 그것입니다.

바로 눈앞에 나타나는 영상적(映像的)인 표현 아닙니까?

하나님의 구원의 역사를 뛰어난 시어(詩語)를 통해 표현하는 기능! 대단합니다. "반석" 위의 "내 걸음"이라는 회화적(繪畵的)인 요소로 연결(連結)시키는 것을 보면 다윗은 언어의 연금술사(鍊金術士)라 해도 지나침이 없을 것 같습니다.

5절에서도 "…주께서 나의 귀를 통하여 들리시기를…"합니다.

"귀"를 통해 "들리심"이라는 언어적인 요소를 바꾸는 것을 보세요!

7절에 "내가 왔나이다!…두루마리 책에 있나이다!"하는 말씀입니다.

"두루마리 성경"을 들고 직접 찾아온 "나"의 모습을 영상화합니다.

또한 9절에 "내가 대회 중에서…", 10절에 "대회(大會) 중에서…" 예태

공동체 안에서 "의(義)의 기쁜 소식(消息)을 전하는…"모습을 생각해 보십시오!

다윗의 시(詩)는 철저한 신앙을 바탕으로 한 시라, 하나님을 향한

그 사랑과 믿음의 고백(告白)을 단 한마디의 말로써도 이렇게 선명(鮮明)하게 담아내는 정성(精誠)이 대단하지 않습니까?

넷째, 40편은 믿음을 통해 고난(苦難)을 극복(克復)한 다윗 신앙의 모범적(模範的)인 교훈시(敎訓詩)입니다.

8절에 "나의 하나님이여 내가 주의 뜻 행하기를 즐기오니…"합니다.

"주의 뜻을 행한다는 것"이 무슨 말입니까?

고난의 역사를 믿음의 눈으로 보아서 삶의 현장에 투영(投影)시키는 것을 말합니다. 어떠한 방법이 있을까요?

첫째는 찬양(讚揚)의 삶으로 나타납니다.

3절에 "새 노래 곧 우리 하나님께 올릴 찬송을 내 입에 두셨으니…"합니다. 믿음의 눈으로 고난을 보고 극복한 자들은 아주 자연스럽게 하나님을 찬양하는 삶의 모습을 보이게 마련입니다.

둘째는 순종(順從)의 삶으로 나타납니다.

8절에 "나의 하나님이여 내가 주의 뜻 행하기를 즐기오니…"합니다.

고난은 순종의 삶을 위한 가장 보배로운 경험으로 볼 수 있습니다.

셋째는 증거(證據)의 삶으로 나타납니다.

9절에 "내가 대회 중에서 의의 기쁜 소식을 전하였나이다!"합니다.

고난을 극복한 사람만이 반드시 하나님의 은혜에 대한 간증거리가 생기고 여기에서 비로소 증거(證據)의 삶이 시작되는 것입니다.

여러분!

다윗이 보는 고난에 대한 인식은 그냥 오는대로 받고, 가는대로 떠나보내는 것이 아니라 오히려 그 고난을 즐거이 맞이하고 극복해서 하나

님의 은혜를 체험하는 도구로 활용하였다는 것입니다. 오늘날의 우리 모두에게도 이러한 은혜의식이 충만하게 임하였으면 좋겠습니다.

할렐루야! 아멘.

시편(詩篇) - 44

참 멋진 신앙의 고백입니다!

"(다윗의 시, 영장으로 한 노래) 빈약한 자를 권고하는 자가 복이 있음이여 재앙의 날에 여호와께서 저를 건지시리로다 여호와께서 저를 보호하사 살게 하시리니 저가 세상에서 복을 받을 것이라 주여 저를 그 원수의 뜻에 맡기지 마소서 여호와께서 쇠약한 병상에서 저를 붙드시고 저의 병중 그 자리를 다 고쳐 펴시나이다 내가 말하기를 여호와여 나를 긍휼히 여기소서 내가 주께 범죄하였사오니 내 영혼을 고치소서 하였나이다 나의 원수가 내게 대하여 악담하기를 저가 어느 때에나 죽고 그 이름이 언제나 멸망할꼬 하며 나를 보러 와서는 거짓을 말하고 그 중심에 간악을 쌓았다가 나가서는 이를 광포하오며 나를 미워하는 자가 다 내게 대하여 수군거리고 나를 해하려고 꾀하며 이르기를 악한 병이 저에게 들었으니 이제 저가 눕고 다시 일지 못하리라 하오며 나의 신뢰하는바 내 떡을 먹던 나의 가까운 친구도 나를 대적하여 그 발꿈치를 들었나이다 그러하오나 주 여호와여 나를 긍휼히 여기시고 일으키사 나로 저희에게 보복하게 하소서 나의 원수가 승리치 못하므로 주께서 나를 기뻐하시는 줄을 내가 아나이다 주께서 나를 나의 완전한 중에 붙드시고 영영히 주의 앞에 세우시나이다 여호와 이스라엘의 하나님을 영원부터 영원까지 찬송할지로다 아멘 아멘."(41:1-13)

오늘의 본문 표제(標題)도 전편인 40편과 똑같이 다시 "다윗의 시, 영장으로 한 노래"로 라는 말로 시작하고 있습니다.

첫째, 영장으로 한 노래이니 역시 찬양대의 예배용 찬송입니다.

영장의 지휘 아래 조직된 찬양대(讚揚隊)가 예배드릴 때에 부르는 찬송곡이라는 말입니다. 아주 공교하고 은혜로운 찬양입니다.

둘째, 전체 5권(券)으로 구성된 시편 1권의 마지막 편(篇)입니다.

시편은 전체 150편(篇)을 5권(卷)으로 나누고 있는데, 제1권은 1편부터-41편까지 41개편으로 구성되어 있습니다.

제2권은 42편부터-72편까지 31개편으로 구성되어 있습니다.

제3권은 73편부터-89편까지 17개편으로 구성되어 있습니다.

제4권은 90편부터-106편까지 17개편으로 구성되어 있습니다.

제5권은 107편부터-150편까지 44개편으로 구성되어 있습니다.

이제 1권 마지막 편인 41편의 마지막 절은 "여호와 이스라엘의 하나님을 영원부터 영원까지 찬송할지로다 아멘 아멘."하며 끝납니다. 시편은 매권(每卷)마다 끝날 때에 "아멘, 아멘(אמן ואמן)"하며 마무리를 짓습니다.

이는 하나님께서만 유일하신 구원자이심을 믿는 신앙의 고백입니다.

셋째, 41편은 다윗의 일생에 나타난 모든 고난들의 종합편(綜合篇)이라 할 수 있습니다.

41편의 구성(構成)은 다윗의 생애에 나타난 고난(苦難)들의 "모듬회"같은 성격을 띠고 있습니다. 몇 가지 그 의미를 살펴보십시다.

1절에 "빈약(貧弱)한 자"
3절에 "쇠약(衰弱)한 병상(病床)에서…"
5절에 "나의 원수(怨讐)가…"
7절에 "나를 미워하는 자가…"
8절에 "악(惡)한 병(病)이…"
9절에 "나의 신뢰하는바 나의 떡을 먹던 나의 가까운 친구(親舊)"

지금까지 나열(羅列)한 이 내용들을 구성(構成)해보면 그동안 다윗이 일생을 통하여 받은 고난들에 대한 충분한 설명이 됩니다.

첫째는 원수(怨讐)들에게 당한 핍박(逼迫)입니다.

2절에 "…주여! 저를 그 원수의 뜻에 맡기지 마소서…"합니다.

블레셋의 골리앗이나, 이스라엘 왕의 사울이나, 아브넬과 이스보셋이나, 심지어는 아버지를 반역한 아들 압살롬같은 자들을 말합니다.

둘째는 은혜를 베풀었던 자들에게서 받는 모욕(侮辱)입니다.

6절에 "나를 보러 와서는 거짓을 말하고 그 중심에 간악(奸惡)을 쌓았다가 나가서는 이를 광포하오며…"합니다.

나발이나, 도엑이나, 시므이나, 아히도벨 같은 자들입니다.

셋째는 가장 가까웠던 사람들에게서 받은 반역(反逆)입니다.

9절에 "나의 신뢰(信賴)하는바 내 떡을 먹던 나의 가까운 친구(親舊)도 나를 대적(對敵)하여 그 발꿈치를 들었나이다"합니다.

여기 "발꿈치를 들었다는 것"은 반역(反逆)함을 뜻하는 것입니다.

조카인 요압이나, 아들인 압살롬으로부터도 반역을 당하였습니다.

넷째는 삶의 시련(試鍊)과 육신(肉身)의 질병(疾病)으로 말미암아 받은 환란(患亂)입니다.

3절에 "여호와께서 쇠약한 병상에서 저를 붙드시고 저의 병중 그 자리를 다 고쳐 펴시나이다"합니다.

8절에도 "악한 병(病)이 저에게 들었으니 이제 저가 눕고 다시 일어나지 못하리라"합니다.

다윗이 어느 때에 이러한 중병(重病)에 걸려서 고통 중에 있었는지에 대한 역사적인 배경은 정확하지는 않지만, 어쨌든 심한 질병의 고통을 받은 적이 있었던 것 같습니다. 이때 보인 원수들의 반응은, 5절에 "나의 원수가 내게 대하여 악담하기를 저가 어느 때에나 죽고 그 이름이 언제나 멸망할꼬?"하였다는 것입니다.

또, 8절에도 "…이제 저가 눕고 다시 일어나지 못하리라!"하고 조롱하고 비방합니다.

프랑스(France)의 왕이었던 샤를르(Charles) 9세는 위그노라 하는 개신교(改新敎) 신도(信徒)들을 박해하며 전멸시키다시피 했는데, 그가 죽을 때, 아무도 돌보지 않고 오직 개신교도 간호사의 간호 속에 피를 흘리며 죽어갔다는 사실은 아이러니한(Irony)일 아닙니까?

본문은 이러한 상황(狀況)에서 보여준 다윗의 신앙자세입니다.

삶의 시련과 육신의 질병으로부터 나타난 고난인데도 그의 기도의 제목은 먼저 영혼의 연약함과 아픔을 치료해달라고 합니다.

4절에 "…여호와여! 나를 긍휼히 여기소서 내가 주께 범죄하였사오니 내 영혼을 고치소서"합니다. 참, 멋진 신앙입니다.

이 세상의 선(先)이 무엇이고, 후(後)가 무엇인지를 분명히 압니다.

여러분!

요3서1:2절에 "…네 영혼이 잘 됨같이 네가 범사에 잘되고 강건하기를 내가 간구하노라"하심같이 영혼의 치유(治癒)를 무엇보다 중요시하는 다윗의 신앙을 가장 정확하게 보여주고 있습니다. 우리의 신앙을 이렇게 고백하기를 바랍니다.

할렐루야! 아멘.

시편(詩篇) - 45

시냇물 찾는 목마른 사슴처럼!

"(고라 자손의 마스길 영장으로 한 노래) 하나님이여 사슴이 시냇물을 찾기에 갈급함 같이 내 영혼이 주를 찾기에 갈급하니이다 내 영혼이 하나님 곧 생존하시는 하나님을 갈망하나니 내가 어느 때에 나아가서 하나님 앞에 뵈올꼬 사람들이 종일 나더러 하는 말이 네 하나님이 어디 있느뇨 하니 내 눈물이 주야로 내 음식이 되었도다 내가 전에 성일을 지키는 무리와 동행하여 기쁨과 찬송의 소리를 발하며 저희를 하나님의 집으로 인도하였더니 이제 이 일을 기억하고 내 마음이 상하는도다 내 영혼아 네가 어찌하여 낙망하며 어찌하여 내 속에서 불안하여 하는고 너는 하나님을 바라라 그 얼굴의 도우심을 인하여 내가 오히려 찬송하리로다 내 하나님이여 내 영혼이 내 속에서 낙망이 되므로 내가 요단 땅과 헤르몬과 미살산에서 주를 기억하나이다 주의 폭포 소리에 깊은 바다가 서로 부르며 주의 파도와 물결이 나를 엄몰하도소이다 낮에는 여호와께서 그 인자함을 베푸시고 밤에는 그 찬송이 내게 있어 생명의 하나님께 기도하리로다 내 반석이신 하나님께 말하기를 어찌하여 나를 잊으셨나이까 내가 어찌하여 원수의 압제로 인하여 슬프게 다니나이까 하리로다 내 뼈를 찌르는 칼 같이 내 대적이 나를 비방하여 늘 말하기를 네 하나님이 어디 있느냐 하도다 내 영혼아 네가 어찌하여 낙망하며 어찌하여 내 속에서 불안하여 하는고 너는 하나님을 바라라 나는 내 얼굴을 도우시는 내 하나님을 오히려 찬송하리로다."(42:1-11)

본 42편부터는 시편의 제2권이 시작되어 72편까지 계속됩니다.

특히 오늘 본 본문 42편부터 49편에 이르기까지는 "고라자손의 마스길, 영장으로 한 노래"라는 표제(標題)가 연속(連續)되어 집니다.

오늘의 표제(標題)에 쓰인 "마스길(משכיל)"이라는 말은 흔히 "교훈시(教訓詩)"라고 하는데 이 교훈이라는 것은 그냥 대충 아는 지식을 가르치는 것이 아니라 자기가 뼈저리게 경험하고 삶의 현장에서 깊이 체득하였던 것을 진솔하게 알려주고자 함을 말합니다.

고라자손들의 마스길(משכיל)에는 다음과 같은 교훈들이 있습니다.

첫째, 죄(罪)와 회개(悔改)의 관계(關係)를 통해서 진정한 축복(祝福)이 무엇인가를 고백(告白)한 교훈시(משכיל마스길)입니다.

한마디로 아무리 큰 죄도 회개하여 죄 사함을 받는다면 도리어 더 큰 복으로 바뀌어 질 수 있다는 사실을 증거(證據)한 노래입니다.

고라자손들은 원래 레위의 후손(後孫)들로 고핫의 자손들입니다.

이들은 지도자인 모세에게 반역(反逆)을 하였다가 하나님의 심판으로 멸망당하였지만 그중에 남은 자들은 오히려 성막과 성전에서 문(門)지기, 고(庫)지기, 또는 찬양대(讚揚隊)로 봉사하였습니다.

이들에게 중요한 것은 과거에 그들의 조상들이 저질렀던 죄악에 대하여 참회하고 오히려 하나님의 성전에서 찬양으로 충성을 거듭하므로 하나님으로부터 그 죄를 사함 받은 체험을 노래한 것입니다.

이러한 충성으로 죄를 극복하고 결국 하나님의 영광을 얻게 됩니다.

둘째, 하나님을 찬양하는 자는 세상의 어떠한 제약(制約)도 받지 않는다는 것을 보여준 것입니다.

이들은 하나님을 섬기는 자리에서도 제일 앞장서서 하나님을 찬양하는 일에 힘써 왔습니다. 한마디로 하나님을 찬양함에는 어떠한 제약도 받지 않음을 체험한 명백한 증거의 노래입니다.

5절에 "내 영혼아! 네가 어찌하여 낙망하며 어찌하여 내 속에서 불안하여 하는고?"합니다. "너는 하나님을 바라라!"하고 외칩니다.

이렇게 고라자손들의 찬양은 11개 시편 표제(標題)에 등장합니다.

셋째, 죄사(罪赦)함의 체험(體驗)을 생생하게 고백한 시(詩)입니다.

우리 기독교(基督敎)의 핵심은 신앙교리(信仰敎理)의 바탕위에 있습니다. 기독교의 교리를 자세히 보면 한 마디로 완벽(完璧)합니다.

털끝만치도 오류(誤謬)나 모순(矛盾)이 없고 엉터리 같은 요소가 전혀 발붙일 곳이 없습니다. 철저한 이론(理論)과 논리정연(論理整然)한 진리(眞理)입니다. 그런데도 기독교에서 강조하는 것은 "이론(아는 것)"이 아니라 "체험(만나는 것)"입니다.

왜 그렇습니까? 하나님과의 관계맺음은 3인칭적 만남인 "지식(앎)"

보다 2인칭적인 만남인 "체험(깨달음)"이 더 우선이기 때문입니다.

하나님을 "아는 것"만으로는 "위기(危機)"를 만났을 때에 신앙을 온전히 유지(維持)하지 못하기 때문입니다.

이러한 체험적인 신앙을 가장 잘 표현한 것이 본 42편의 시입니다.

1절에 "하나님이여 사슴이 시냇물을 찾기에 갈급함 같이 내 영혼이 주를 찾기에 갈급하니이다"하신 이 말씀은 체험적(體驗的) 신앙을 강조한 42편의 특성(特性)을 가장 잘 나타낸 구절(句節)입니다.

"시냇물을 찾기에 갈급한 사슴같이(כאיל크아얄)"라는 비유적 표현과 "내 영혼이 주를 찾기에 갈급하다!"라는 이 두 표현을 보면 "사슴과 나"를 하나의 동질성으로 보는 체험적인 신앙의 생생한 고백입니다.

42편은 전(全) 시편 내에서도 유일하게 직유법(直喩法 Simile)을 사용한 독특한 표현으로 손꼽히는 시입니다.

이는 서로 상이한 두 가지를 비교해서 "같이", 또는 "처럼"이라는 말로 이들을 동일시(同一視, identity)하는 수사학적(修辭學的)인 기법(技法)으로 신앙의 갈급함을 생생하게 구사하는 특징이 있습니다.

이러한 방법으로 하나님을 체험한 표현은 다음과 같습니다.

첫째는 살아계신 하나님에 대한 체험을 고백합니다.

2절에서 "내 영혼이 생존하시는 하나님을 갈망하나니…"합니다.

이방의 우상(偶像)처럼 묵묵부답(黙黙不答)인 죽은 존재가 아니라 의인의 간구에 응답하시고 살아계셔서 나의 생명을 인도하시고, 세상을 주관하시는 하나님이시라는 확신의 고백입니다.

둘째는 도우시는 하나님에 대한 체험을 고백합니다.

5절에 "내 영혼아…너는 하나님을 바라라 그 얼굴의 도우심을 인하여 내가 오히려 찬송하리로다"합니다.

이 말씀은 42편과 43편에 걸쳐 세 번씩 똑같이 반복하고 있습니다.

들에 핀 백합화나 공중나는 참새 한 마리의 생명이라도 하나님의 도우심이 없으면 살아갈 수 없는데 하물며 하나님을 바라보는 하나님의 자녀들을 어찌 도우시지 않겠느냐? 하는 믿음의 고백입니다.

창조(創造)의 근원(根源)되시는 하나님에게서 도움 받지 못할 일이 무엇이겠습니까?

셋째는 반석(磐石)이 되시는 하나님에 대한 체험을 고백합니다.

9절에 "내 반석이신 하나님께 말하기를…"합니다.

고라자손들은 자신들의 조상이 저지른 죄악 가운데서도 용서하시고 이렇게 귀한 사명을 감당하도록 든든하게 지켜주시고 역사하신 하나님의 반석 같은 은혜를 체험하고 하나님을 늘 찬양합니다.

마치 든든한 반석 위에 세우신 것처럼 견고하게 붙들어 주시고 어려울 때마다 눈동자같이 보호해주시는 하나님을 바라보며 찬양하는 아름다운 모습을 보여 주고 있지 않습니까?

여러분!

우리의 삶이 우리를 속여서 낙망하고 좌절하고 있을 때마다 항상 창조주이신 하나님만 바라보며 기도합시다!

넘어지지 말고 늘 하나님을 바라며 찬양하는 성도가 됩시다.

하나님은 여러분들을 친히 붙들어 주실 것입니다.

할렐루야! 아멘.

시편(詩篇) - 46

주의 빛과 주의 진리(眞理)로…

"하나님이여 나를 판단하시되 경건치 아니한 나라에 향하여 내 송사를 변호하시며 간사하고 불의한 자에게서 나를 건지소서 주는 나의 힘이 되신 하나님이시어늘 어찌하여 나를 버리셨나이까 내가 어찌하여 원수의 압제로 인하여 슬프게 다니나이까 주의 빛과 주의 진리를 보내어 나를 인도하사 주의 성산과 장막에 이르게 하소서 그런즉 내가 하나님의 단에 나아가 나의 극락의 하나님께 이르리이다 하나님이여 나의 하나님이여 내가 수금으로 주를 찬양하리이다 내 영혼아 네가 어찌하여 낙망하며 어찌하여 내 속에서 불안하여 하는고 너는 하나님을 바라라 나는 내 얼굴을 도우시는 내 하나님을 오히려 찬송하리로다." (43:1-5)

오늘 우리가 본 본문 43편은 표제(標題)도 없고, 어떠한 지시어(指示語)도 없고, 별다른 설명(說明)이 없어서 흔히들 고아시(孤兒詩)로 불려지기도하는 하나의 독립(獨立)된 노래입니다.

그러나 43편의 전체적인 형태(形態)와 구조(構造)를 보면 전편(前篇)인 42편과 아주 밀접한 관계가 있음이 여러 곳에 나타납니다.

그래서 대부분의 사람들은 43편을 42편에 편입(編入)시키거나, 아예 하나의 시로 간주(看做)해서 같이 보는 경우가 종종 있습니다.

그러나 성경(聖經)이 42편과 43편을 분리(分離)해 놓았으니 우리도 분리 상태 그대로 살펴보면서 은혜를 사모하는 것이 좋겠지요?

본문은 다음과 같은 면이 전편과 유사구조(類似構造)를 이룹니다.

첫째, 하나님과 나와의 관계를 인식하는 수직구조(垂直構造)입니다.

똑같은 구절(句節)이 연속(連續)됩니다.

42:5절에 "내 영혼아!…너는 하나님을 바라라!" 합니다.

42:11절에 "내 영혼아!…너는 하나님을 바라라!" 합니다.

43:5절에도 "내 영혼아!…너는 하나님을 바라라!" 합니다.

하나님과 자신과의 관계를 통해서 자신의 문제를 해결하기 위하여 하나님과의 인식(認識)을 하는 공유(共有)하려는 의도인 것입니다.

본문의 주된 내용은 하나님에 대하여 자신이 체험한 것을 신앙으로 고백한 것입니다.

42:2절에 "생존(生存)하시는 하나님…"에 대한 체험입니다.

42:5절에 "도우시는 하나님…"에 대한 체험입니다.

42:9절에 "반석이신 하나님…"에 대한 체험입니다.

43:2절에 "나의 힘이 되신 하나님…"에 대한 체험입니다.

43:4절에 "나의 극락(極樂)의 하나님…"에 대한 체험입니다.

43:5절에 "나를 도우시는 하나님…"에 대한 체험입니다.

둘째, 의(義)의 자녀와 불의한 자들의 수평구조(水平構造)입니다.

43편은 1절부터 "하나님을 섬기는 자신"과 "원수와 불의한 자"들의 수평구조 속에서 하나님의 심판과 구원의 은총을 구하는 기도가 계속됩니다.

본편의 주제를 수평구조로 비교해보면 다음과 같습니다.

나의 소망(所望)	대적(對敵)들
내 송사(訟事)	경건(敬虔)치 아니한 나라
주의 빛과 주의 진리(眞理)	간사(奸詐)하고 불의한 자
주의 성산(聖山)과 장막	원수(怨讐)의 압제(壓制)
하나님의 단(壇)	내 뼈를 찌르는 칼

현실에서는 항상 "나의 소망"과 "대적들의 궤계"의 불협화음(不協和音)으로 인해 고난의 상황(狀況)이 지속되는 것이 문제 아닙니까?

셋째, 나의 신앙생활에 영향을 주는 연합구조(聯合構造)입니다.

3절에 "주(主)의 빛과 주의 진리를 보내어 나를 인도하사…"합니다.

우리가 믿는 하나님은 어떠하신 분이신가? 하고 생각해보신적 있으십니까? 우리가 감히 접근할 수 없이 멀리 하늘 위에 계신 초월(超越)하신 분이신가? 아니면 막연(漠然)한 절대적인 존재이신가?

흔히들 하나님과 우리의 관계를 생각할 때 신학적인 개념(槪念)으로 하나님의 존재를 파악하려고 하는 경향이 많습니다.

소위 비공유적(非共有的)속성은 하나님의 유일(唯一)하심, 불변(不變)하심, 무한(無限)하심, 자존(自存)하심 같은 것들을 생각합니다.

반대로 공유적(共有的)속성은 하나님의 진리(眞理), 지식(知識), 지혜(智慧), 선(善), 사랑, 거룩(聖), 의(義), 주권(主權)등을 생각합니다.

본문은 시인(詩人)이 느낀 "하나님의 속성"에 대한 이해와 인식의 주제(主題)를 다루고 있습니다. 무엇입니까?

3절에 "주(主)의 빛과 주의 진리를 보내어 나를 인도하사…"입니다.

본문에는 우리를 날마다 하나님의 은혜 앞으로 인도하는 두 인도자(引導者)를 소개(紹介)하고 있습니다.

첫째는 "주의 빛"입니다.

어두움이 깊은 곳에서는 이 빛의 효용성이 아주 큽니다. 특히 우리 주님의 빛은 오늘 날의 어두운 세상을 밝히는 빛의 역할입니다.

요8:12절에서 우리 주님은 "나는 세상의 빛이니 나를 따르는 자는 어두움에 다니지 아니하고…"라고 하시지 않습니까?

둘째는 "주의 진리"입니다.

하나님의 진리는 영원히 우리와 함께 하며 영생으로 인도하십니다. 우리 주님은 이 진리에 대하여 항상 자신을 가리켜 말씀하십니다. 요14:6절에서 "내가 곧 길이요, 진리요, 생명이니…"하셨습니다.

여러분!

이 두 인도자인 빛과 진리는 서로 짝을 이루어 나를 이끌며 나의 가는 길에 길잡이(Guide)가 되어 항상 "하나님만 바라보며" 살아가게 만드십니다. 말씀을 따라 빛과 진리 속에서 주님과 동행하며 이 어두운 세상을 밝히는 등불같은 성도가 되십시다!

할렐루야! 아멘.

시편(詩篇) - 47

주의 오른 손과 팔과 얼굴의 빛으로!

"(고라 자손의 마스길 영장으로 한 노래) 하나님이여 주께서 우리 열조의 날 곧 옛날에 행하신 일을 저희가 우리에게 이르매 우리 귀로 들었나이다 주께서 주의 손으로 열방을 쫓으시고 열조를 심으시며 주께서 민족들은 괴롭게 하시고 열조는 번성케 하셨나이다 저희가 자기 칼로 땅을 얻어 차지함이 아니요 저희 팔이 저희를 구원함도 아니라 오직 주의 오른손과 팔과 얼굴의 빛으로 하셨으니 주께서 저희를 기뻐하신 연고니이다 하나님이여 주는 나의 왕이시니 야곱에게 구원을 베푸소서 우리가 주를 의지하여 우리 대적을 누르고 우리를 치려 일어나는 자를 주의 이름으로 밟으리이다 나는 내 활을 의지하지 아니할 것이라 내 칼도 나를 구원치 못하리이다 오직 주께서 우리를 우리 대적에게서 구원하시고 우리를 미워하는 자로 수치를 당케 하셨나이다 우리가 종일 하나님으로 자랑하였나이다 우리가 하나님의 이름을 영영히 감사하리이다 (셀라) 그러나 이 제는 주께서 우리를 버려 욕을 당케 하시고 우리 군대와 함께 나아가지 아니하시나이다 주께서 우리를 대적에게서 돌아서게 하시니 우리를 미워하는 자가 자기를 위하여 탈취하였나이다 주께서 우리로 먹힐 양 같게 하시고 열방 중에 흩으셨나이다 주께서 주의 백성을 무료로 파심이여 저희 값으로 이익을 얻지 못하셨나이다 주께서 우리로 이웃에게 욕을 당케 하시니 둘러 있는 자가 조소하고 조롱하나이다 주께서 우리로 열방 중에 말거리가 되게 하시며 민족 중에서 머리 흔듦을 당케 하셨나이다 나의 능욕이 종일 내 앞에 있으며 수치가 내 얼굴을 덮었으니 나를 비방하고 후욕하는 소리를 인함이요 나의 원수와 보수자의 연고니이다 이 모든 일이 우리에게 임하였으나 우리가 주를 잊지 아니하며 주의 언약을 어기지 아니하였나이다 우리 마음이 퇴축지 아니하고 우리 걸음도 주의 길을 떠나지 아니하였으나 주께서 우리를 시랑의 처소에서 심히 상해하시고 우리를 사망의 그늘로 덮으셨나이다 우리가 우리 하나님의 이름을 잊어버렸거나 우리 손을 이방신에게 향하여 폈더면 하나님이 이를 더듬어 내지 아니하셨으리이까 대저 주는 마음의 비밀을 아시나이다 우리가 종일 주를 위하여 죽임을 당케 되며 도살할 양 같이 여김을 받았나이다 주여 깨소서 어찌하여 주무시나이까 일어나시고 우리를 영영히 버리지 마소서 어찌하여 주의 얼굴을 가리우시고 우리 고난과 압제를 잊으시나이까 우리 영혼은 진토에 구푸리고 우리 몸은 땅에 붙었나이다."(44:1-26)

일어나 우리를 도우소서 주의 인자하심을 인하여 우리를 구속하소서.

오늘 본문의 표제(標題)도 앞서 본 42편과 똑같이 다시 "고라자손의 마스길(משכיל), 영장으로 한 노래"라는 제목으로 시작합니다.

첫째, 영장으로 한 노래이니 찬양대의 예배용 찬송을 말합니다.

Manna 1 시편 I 195

영장(슈長מנצח메낫체흐)은 회중예배에 있어서 가장 주도적인 인물로 악장(樂匠)Conductor)이라 하기도 하며 찬양대와 악기팀과 온 회중(會衆)들을 진두지휘하여 하나님께 찬양을 드리는 지휘자입니다.

따라서 44편도 궁중(宮中) 찬양대(讚揚隊)의 예배용 찬송곡입니다.

둘째, 44편의 표제인 "마스길"은 일종(一種)의 교훈시를 말합니다.

물론 이 44편은 흔히 국가적인 애가(哀歌 National lament)라고 알려져 있지만 범국가적인 고난과 시련 속에서도 구원의 은총을 베푸시는 하나님의 역사(役事)를 소망하면서 현재의 고통을 이기고 극복하고자 하는 것들을 보여주는 교훈적인 노래인 것입니다.

셋째, 이 44편의 구조(構造)는 뛰어난 시제적(時制的)인 배치로 하나님과 백성들의 관계성을 확실하게 보여준 노래입니다.

44편 본문에서 시인(詩人)은 철저히 하나님과 백성들의 관계를 과거(過去)와 현재(現在)와 미래(未來)라는 시제적(時制的)인 구조를 중심으로 해서 그 전체의 내용을 이끌어 하나로 만들고 있습니다.

다음은 본문 중심으로 시제적인 구조가 어떻게 나타나는가 봅시다.

첫째는 1-8절까지/ 과거(過去)에 승리주신 하나님을 회상합니다.

1절에 "하나님이여! 주께서 우리 열조의 날, 곧 옛날에 행하신 일을 저희가 우리에게 이르매 우리 귀로 들었나이다"합니다.

옛적에 하나님께서 이스라엘 백성들이 출애굽할 때와 가나안에 입성할 때에 행하셨던 기적(奇蹟)과 승리(勝利)의 이야기들을 부모로부터 계속 들었던 것을 회상하며 하나님의 은혜를 사모합니다.

둘째는 9-22절까지/ 현실(現實)의 고통을 하나님께 호소합니다.

9절에 "그러나 이제는 주께서 우리를…"합니다. 현재의 고통을 하나님께 호소하는 모습을 보입니다.

"그러나 이제"라는 말과 "옛적에 행하신 일"이라는 말과는 강한 대조(對照)를 이룹니다. 말하자면 과거(過去)의 승리와 현재의 패배사이에 과거는 기뻐하셨던 백성들을 이제는 버리셨다는 강한 괴리(乖離)감으로 인하여 고통으로 호소(呼訴)하는 내용입니다.

하나님은 우리의 과거와 현재와 미래를 통해서 늘 주관해주십니다.

넷째, 이 44편의 주제(主題)는 고난과 압제 당하는 자들에 대하여 하나님께서 "섭리(攝理)의 신비(神秘)"로 구원하신다는 것입니다.

3절에 "…저희 팔이 저희를 구원함도 아니라 오직 주의 오른 손과 편 팔과 얼굴의 빛으로 하셨으니…"합니다.

아무리 백성이나 개인이 이방의 압제(壓制)를 받고 원수(怨讐)들의 멸시(蔑視)와 조롱(嘲弄)을 받는다 할지라도 하나님께서 오른 손과 편 팔과 얼굴 빛으로 비춰주시면 능히 구원을 받을 수 있다는 신앙의 고백입니다.

여기에 뚜렷하게 나타난 시편기자의 하나님에 대한 신앙관은 바로 "섭리의식(攝理意識)"에 대한 것입니다.

첫째는 주의 오른 손(ימינך וזרוע 야민 즈로아크)이라는 표현입니다.

18:35절에도 "…주의 오른손이 나를 붙들고 주의 온유함이 나를 크게 하셨나이다"하신 말씀에서의 "주의 오른 손"이라는 말은 "하나님의 섭리"를 뚜렷하게 표현하는 말이기도 합니다.

이 말은 하나님의 축복(祝福)과 위로의 섭리역사를 상징합니다.

둘째는 주의 펴신 팔(זרועם 즈로암)이라는 표현입니다.

하나님의 섭리 역사를 표현하는 또 하나의 말은 "주의 펴신 팔"이라는 말입니다.

이는 3절에 "저희가 자기 칼로 땅을 얻어 차지함이 아니요 저희 팔이 저희를 구원함도 아니라…"하신 말씀에서의 "자기 칼"과 "저희 팔"의 대적함에 대하여 역사하시는 섭리의 표현이 바로 "주의 팔"입니다. 이는 하나님의 인자하심과 자비로우신 사랑을 상징합니다.

셋째는 주의 얼굴의 빛(פנים אור 오르 파니크)라는 표현입니다.

특히 주의 얼굴의 빛이라는 표현은 하나님의 섭리하심과 현현(顯現)에 대하여 가장 실감(實感)나게 표현한 말씀이기도 합니다.

이는 하나님의 권세(權勢)와 영광을 상징(象徵)하는 말입니다.

여러분!

이 44편은 현실적인 고난이 아무리 우리에게 임한다 할지라도 하나님의 사랑은 결코 우리를 버리지 아니하심을 고백하고 있습니다.

마치 롬8:39절에 "높음이나 깊음이나 다른 아무 피조물이라도 우리를 우리 주 그리스도 예수 안에 있는 하나님의 사랑에서 끊을 수 없으리라" 하신 말씀과 같지 않습니까?

하나님은 영원히 우리와 함께하시기를 기뻐하십니다!

할렐루야! 아멘.

시편(詩篇) - 48

네 아비 집을 잊어버릴지어다!

"(고라 자손의 마스길 사랑의 노래 영장으로 소산님에 맞춘 것) 내 마음에서 좋은 말이 넘쳐 왕에 대하여 지은 것을 말하리니 내 혀는 필객의 붓과 같도다 왕은 인생보다 아름다워 은혜를 입술에 머금으니 그러므로 하나님이 왕에게 영영히 복을 주시도다 능한 자여 칼을 허리에 차고 왕의 영화와 위엄을 입으소서 왕은 진리와 온유와 공의를 위하여 위엄있게 타고 승전하소서 왕의 오른손이 왕에게 두려운 일을 가르치리이다 왕의 살이 날카로워 왕의 원수의 염통을 뚫으니 만민이 왕의 앞에 엎드러지는도다 하나님이여 주의 보좌가 영영하며 주의 나라의 홀은 공평한 홀이니이다 왕이 정의를 사랑하고 악을 미워하시니 그러므로 하나님 곧 왕의 하나님이 즐거움의 기름으로 왕에게 부어 왕의 동류보다 승하게 하셨나이다 왕의 모든 옷은 몰약과 침향과 육계의 향기가 있으며 상아궁에서 나오는 현악은 왕을 즐겁게 하도다 왕의 귀비 중에는 열왕의 딸이 있으며 왕후는 오빌의 금으로 꾸미고 왕의 우편에 서도다 딸이여 듣고 생각하고 귀를 기울일지어다 네 백성과 아비 집을 잊어버릴지어다 그러하면 왕이 너의 아름다움을 사모하실지라 저는 너의 주시니 너는 저를 경배할지어다 두로의 딸이 예물을 드리고 백성 중 부한 자도 네 은혜를 구하리로다 왕의 딸이 궁중에서 모든 영화를 누리니 그 옷은 금으로 수놓았도다 수 놓은 옷을 입은 저가 왕께로 인도함을 받으며 시종하는 동무처녀들도 왕께로 이끌려 갈 것이라. 저희가 기쁨과 즐거움으로 인도함을 받고 왕궁에 들어가리로다 왕의 아들들이 왕의 열조를 계승할 것이라 왕이 저희로 온 세계의 군왕을 삼으리로다 내가 왕의 이름을 만세에 기억케 하리니 그러므로 만민이 왕을 영영히 찬송하리로다."(45:1-17)

오늘의 본문 표제(標題)는 특이하게도 다른 것들보다 길 뿐만 아니라 제목까지도 아예 "사랑의 노래"라고 지목(指目)하고 있습니다.

첫째, 45편도 영장이란 말이 나온대로 찬양대의 예배 찬송입니다.

영장의 지휘 아래 조직된 찬양대(讚揚隊)가 예배드릴 때에 부르는찬송이라고 볼 수 있습니다. 당시의 성전 예배는 가장 중심을 이루었던 것이 곧 찬양대의 찬양인데 거기에 중추적인 역할을 하였던 고라자손들이 부른 축하송(祝賀頌)이라고 할 수 있습니다.

둘째, "소산님"이라는 지시어를 따라 부르는 축가(祝歌)입니다.

소산님(שׁשׁנים)이라는 지시어는 "밝고 경쾌한 리듬(Rythem)"으로 부르라는 것인데 이는 알레그로(Allegro)적인 노래라는 뜻입니다.

그러니까 이러한 형태의 노래는 결혼식의 축가나, 국가의 경축일(慶祝日)같은 데서 부르는 신나는 노래에 속합니다.

따라서 즐겁고 기쁜 분위기가 가득한 신나는 노래입니다.

이전(以前)에 6편과, 12편에서 보았었던 애가(哀歌 National Lament) 같은 형태(形態)인 "스미닛(שמינית)에 맞춘 노래"와는 아주 정반대적인 분위기의 경쾌하고 즐거운 축가(祝歌)요, 축하송입니다.

셋째, 45편의 주제는 "왕의 결혼"에 대한 축하송으로 그것이 상징하는 "주님과 교회와의 결합"에 대한 일종의 예언시(豫言詩)입니다.

본문에서 언급되는 이 국가적(國家的)인 결혼(結婚)에 대한 배경(背景)은 솔로몬과 바로의 딸이거나, 여호람과 아달리야의 결혼식으로 추정해보지만, 이들의 결혼은 순결(純潔)한 결혼과는 완전히 다른 것이기 때문에 시인(詩人)이 목표하는 결혼 축하송(祝賀訟)은 당시의 순결한 사람들의 결혼을 축하하며, 오히려 "예수님과 교회"의 결합을 상징(象徵)하는 노래인 것으로 해석하는 것이라 봅니다.

원래 성경에서는 결혼이란 매체를 통해서 하나님과 인간 간의 구속적(救贖的)인 관계를 예표하기 때문에 이 노래도 단순한 남녀의 결혼이라는 틀을 훨씬 능가한 차원높은 하나님 사랑의 노래로 봅니다.

넷째, 45편의 구조는 왕의 결혼을 통한 하나님 사랑의 실체(實體)를 드러내는 데 있습니다.

본문의 구조는 다음과 같이 진행됩니다.

첫째는 1-8절까지/ 신랑인 왕의 위엄에 대한 찬사(讚辭)입니다.

둘째는 9-15절까지/ 신부의 아름다움에 대한 예사(禮辭)입니다.

셋째는 16-17절까지/ 왕의 이름과 영광에 대한 축사(祝辭)입니다.

본 45편의 전체적인 내용은 기왕에 표제에 제시되어진 대로 "사랑의 노래"입니다. 물론 이 45편에는 사랑이라는 말이 한 마디도 나타나지는 않습니다. 그러나 전체적인 흐름은 사랑이 그 주제입니다.

본문에 나타난 사랑의 신비(神秘)를 고찰해 보십시다.

첫째, 사랑의 속성은 "아름다움"에 있습니다.

2절에 "왕은 인생보다 아름다워(מבני אדם יפיפית-야피야피타 므베니 아담)"이라는 말은 "당신은 사람의 후손들 누구보다 더 아름답다!"라는 말입니다. 말하자면 인간의 어떤 아름다움보다 더 아름다운 것이라는 뜻이지요! 하나님 사랑의 아름다움을 표현한 말씀입니다.

둘째, 사랑의 외형(外形)은 가장 좋은 것으로 치장하는 것입니다.

8절에 "왕의 모든 옷은 몰약과 침향(沈香)과 육계(肉桂)의 향기(香氣)가 있으며…", 9절에는 "왕후는 오빌의 금으로 꾸미고…"합니다.

사랑의 신비성은 서로를 좋게 보이려는 치장에 힘쓴다는 것입니다. 하나님은 사랑하는 자녀들에게 가장 좋은 것으로 꾸며 주십니다.

성도가 하나님께 예배드리려 할 때, 가장 좋은 옷으로 입고 꾸미려는 자세와 마음은 참 아름다운 모습이기도 합니다.

셋째, 사랑의 목적(目的)은 옛것을 잊고 앞날을 바라보는 것입니다.

10절에 "…네 백성과 아비 집을 잊어버릴지어다"하신 말씀이 이해가 되십니까? 어떻게 자기 아비의 집과 삶을 살아왔던 곳을 잊어버릴 수 있습니까? 그런데 사실은 사랑은 잊어버려야 얻을 수 있습니다.

사랑은 과거(過去)를 잊고 미래(未來)를 생각하는 것이 목적입니다.

예전에 가마타고 시집가던 시절의 이야기입니다.

혼인식을 마치고 진짜 시집으로 들어가야 하는 때, 새색시가 집 생각, 엄마 생각으로 울며 눈물을 흘리고 있습니다. 가마를 든 가마꾼들이 차마 출발하지 못하니, 어미가 안타까워 가마를 내려놔라! 하니 새색시가 질겁하고 대답합니다. "아니다! 애들아! 빨리 가자!"… 신부(新

婦)는 과거의 친정을 잊고 떠나 남편과 미래가 있는 시집으로 가야만 비로소 사랑의 열매를 맺을 수 있는 것입니다.

여러분!

우리의 이전 것들을 다 잊고, 영원하신 사랑을 나눌 하나님을 향하여 달려가십시다!

할렐루야! 아멘.

시편(詩篇) - 49

하나님은 우리의 피난처가 되시니…

"(고라 자손의 시 영장으로 알라못에 맞춘 노래) 하나님은 우리의 피난처시요 힘이시니 환난 중에 만날 큰 도움이시라 그러므로 땅이 변하든지 산이 흔들려 바다 가운데 빠지든지 바닷물이 흉용하고 뛰놀든지 그것이 넘침으로 산이 요동할지라도 우리는 두려워 아니하리로다(셀라) 한 시내가 있어 나뉘어 흘러 하나님의 성 곧 지극히 높으신 자의 장막의 성소를 기쁘게 하도다 하나님이 그 성중에 거하시매 성이 요동치 아니할 것이라 새벽에 하나님이 도우시리로다 이방이 훤화하며 왕국이 동하였더니 저가 소리를 발하시매 땅이 녹았도다 만군의 여호와께서 우리와 함께 하시니 야곱의 하나님은 우리의 피난처시로다(셀라) 와서 여호와의 행적을 볼지어다 땅을 황무케 하셨도다 저가 땅 끝까지 전쟁을 쉬게 하심이여 활을 꺾고 창을 끊으며 수레를 불사르시는도다 이르시기를 너희는 가만히 있어 내가 하나님 됨을 알지어다 내가 열방과 세계 중에서 높임을 받으리라 하시도다."(46:1-11)

오늘의 본문 표제(標題)도 "고라자손의 시"로 되어있고, "영장으로 알라못에 맞춘 노래"로 시작하고 있습니다.

첫째, 고라자손(בני-קרח)의 악장이 지휘(指揮)하는 찬양대의 아름다운 찬송곡으로 쓰였음이 틀림없습니다.

고라자손들은 어느 특정한 왕 때에만 존재했던 것이 아니라 어느 왕, 어느 때이든지 항상 성막이든 성전이든 찬양을 통해서 봉사하던 제사(祭祀)의 직분자(職分者)들이었습니다.

특히 찬양대에서는 각 파트(Part)별(別)로 봉사하였었는데, 여기 영장(슈長 מנצח 메낫체호)이라는 말처럼 찬양대 전체를 지휘(指揮)하는 예배의 중심에서 충성하는 자들입니다.

둘째, 46편은 "알라못"이라는 지시어를 따라 부르는 찬송곡입니다.

알라못(עלמות)이라는 지시어는 소산님(ששנים)이라는 "밝고 경쾌한 리듬(Rythem)"과 스미닛(שמינית)이라는 "장엄(莊嚴)하고 느린 리듬"의 중간부분쯤으로 부르는 모데라토(Moderato)적인 노래를 뜻합니다.

그러니까 이러한 형태의 노래는 감사와 경배의 찬양에 쓰입니다.

셋째, 46편의 주제는 "하나님은 나의 피난처!" 라는 것입니다.

46편의 구성(構成)은 첫 절의 문을 열면서부터 마지막절 문을 닫을 때까지 "하나님은 나의 피난처"라는 타이틀(Title)로 계속됩니다.

1절에 "하나님은 우리의 피난처시오 힘이시니…"하며 시작합니다.

7절에도 "야곱의 하나님은 우리의 피난처시로다"합니다.

11절에는 "야곱의 하나님은 우리의 피난처시로다"하며 마칩니다.

본문에서 강조한 이 "피난처(避難處, משגב 미스가브)"라는 개념(槪念)은 원래 그 의미(意味)가 "도피성(逃避性)"에 근거(根據)를 둔 표현이었지만, 이 찬양의 내용을 살펴보면 오히려 "하나님이 함께 해주심"이라는 임마누엘(עמנואל)의 뜻에 더 가까운 말입니다.

넷째, 46편은 하나님과 나와의 관계를 집중조명하는 안내서입니다.

46편 전체의 흐름을 보면 아주 잘 구성된 삼분구조(三分構造)의 시(詩)로 이루어져 있음을 볼 수 있습니다.

첫째는 1-3절에/ 하나님은 나의 힘이시라는 것입니다.

둘째는 4-7절에/ 하나님은 나의 안위와 기쁨이시라는 것입니다.

셋째는 8-11절에/ 하나님은 나와 함께하시는 분이라는 것입니다.

7절에 "만군의 여호와께서 우리와 함께 하시니…"하지 않습니까?

11절에서도 "만군의 여호와께서 우리와 함께 하시니…", "하나님은 우리의 피난처가 되신다는 것"입니다.

그러면 어떠한 경우에 하나님께서 우리의 피난처가 되실까요?

첫째, 환란(患亂) 중에서입니다. (1절)

둘째, 지진(地震)과 해일(海溢) 중에서입니다. (2-3절)

셋째, 이방(異邦)들의 침공(侵攻) 중에서입니다. (8-9절)

여러분!

이제 본문의 가장 중요한 단어(Key word)인 "피난처"가 되신 우리 하나님을 항상 의지하고 따라가는 지혜로운 성도가 되십시다.

할렐루야! 아멘.

시편(詩篇) - 50

찬양하라! 하나님을 찬양하라!

"(고라 자손의 시 영장으로 한 노래) 너희 만민들아 손바닥을 치고 즐거운 소리로 하나님께 외칠지어다 지존하신 여호와는 엄위하시고 온 땅에 큰 임군이 되심이로다 여호와께서 만민을 우리에게, 열방을 우리 발 아래 복종케 하시며 우리를 위하여 기업을 택하시나니 곧 사랑하신 야곱의 영화로다(셀라) 하나님이 즐거이 부르는 중에 올라가심이여 여호와께서 나팔 소리 중에 올라 가시도다 찬양하라 하나님을 찬양하라 찬양하라 우리 왕을 찬양하라 하나님은 온 땅에 왕이심이라 지혜의 시로 찬양할지어다 하나님이 열방을 치리하시며 하나님이 그 거룩한 보좌에 앉으셨도다 열방의 방백들이 모임이여 아브라함의 하나님의 백성이 되도다 세상의 모든 방패는 여호와의 것임이여 저는 지존하시도다."(47:1-9)

오늘의 본문 표제(標題)도 45편-46편부터 계속된 "고라자손의 시 영장으로 한 노래"로 시작하고 있습니다.

첫째, 고라자손 악장이 지휘하는 찬양대의 아름다운 찬송곡입니다.

특히 고라자손들이 지휘자(指揮者)를 따라서 각종 악기(樂器)를 연주하며 때로는 온 몸으로 하는 율동(律動)까지도 함께하며 모든 지혜를 총동원해 노래하는 예배에서의 찬송곡으로 쓰인 것입니다.

다음의 말씀들을 보면 분명하게 알 수 있습니다.

1절에 "너희 만민들아! 손바닥을 치고 즐거운 소리로…"노래합니다.

5절에 "…여호와께서 나팔 소리 중에 올라 가시도다"라고 합니다.

둘째, 이 47편은 특별한 지시어가 없지만, 내용 속에 포함된 찬양의 형태를 보아 감사 찬송이요, 행사용(行事用) 찬송곡입니다.

먼저 보았었던 45편의 소산님(שׁשׁנים)이나 46편의 알라못(עלמות)같은 형태로 부르는 찬송으로써 주로 국가행사(國家行事用)용입니다.

1절에서 이러한 사실을 뒷받침하는 단어들이 나타나지 않습니까?

"손바닥을 치는" 찬양은 왕에 대한 것이요,
"나팔소리"는 국가적(國家的)인 행사(行事)를 알리는 악기(樂器)요,
"셀라סלה"는 회중(會衆)들이 왕과 함께 화답(和答)하는 외침입니다.
따라서 이를 종합해보면 범국가적인 종교행사에서 왕과 함께 온 백성들이 참여하여 하나님께 바치는 예배와 행사에 관한 노래입니다.

셋째, 47편의 주제(主題)는 모든 것을 총동원하여 "하나님을 찬양"하는 것이 우리 삶의 목적이라는 것입니다.

6절-7절에 "찬양하라! 하나님을 찬양하라! 찬양하라! 우리 왕을 찬양하라!…지혜의 시로 찬양할지어다"하며 강조한 말씀을 보세요!

47편은 전편(全篇)에 "하나님은 찬양받으시기에 합당하신 분"이라는 내용이 흐르고 있습니다.

이 찬양(讚揚)에 대해서는 다음과 같이 해야 할 것을 제시합니다.

첫째는 즐겁고 기쁘게 해야 한다는 것입니다.

1절에 "…즐거운 소리로 하나님께 외칠지어다!"합니다.

하나님을 찬양함에는 먼저 기쁘고 즐거운 마음으로 해야 합니다.

둘째는 온 몸과 온 마음으로 해야 한다는 것입니다.

1절 "너희 만민들아 손바닥을 치고…", 5절 "나팔소리로…"합니다.

하나님을 경배함에는 온 몸, 온 마음으로 찬양해야 마땅합니다.

셋째는 온갖 지혜를 다하여 해야 한다는 것입니다.

7절에 "…지혜(智慧)의 시로 찬양할지어다!"하신 말씀대로입니다.

하나님은 우리가 온갖 지혜를 동원해 가장 귀하고도 좋은 것으로 해드리는 찬양을 받으시기에 합당하신 분이십니다.

구약시대 하나님께 드리는 예배의 요소 5가지는 다음과 같습니다.

첫째, 기도(祈禱)입니다.

둘째, 찬양(讚揚)입니다.

셋째, 성경(聖經)을 봉독(奉讀)하는 것입니다.

넷째, 봉헌(奉獻)입니다. 각종 제물을 하나님께 바치는 것입니다.

다섯째, 교제(交際)입니다.

이 중에서도 예배자들의 영적인 삶에 가장 먼저 영향을 미치는 요소가 무엇일까요? 찬양입니다! 왜 그럴까요? 이는 은혜 받는 첫 관문이기 때문입니다. 찬양에 대한 은혜적인 면을 살펴보십시오.

첫째는 찬양은 육의 노래가 아니라 영(靈)의 노래이기 때문입니다.

그래서 찬양은 일반 노래처럼 입술의 기교(技巧)로 부르는 노래가 아니라 온 심령을 다하여 정성으로 부르는 영혼의 노래입니다.

둘째는 찬양은 솔로(Solo)가 아니라 공동체가 부르는 합창입니다.

그래서 "셀라(סלה)!"나, "할렐루야(הללו יה)!"나, "아멘(אמן)"으로 화답(和答)하는 외침들은 다 합창용(合唱用)의 용어(用語)입니다.

셋째는 찬양은 흥(興)의 노래가 아니라 영감(靈感)의 노래입니다.

찬양은 사람들이 흥분(興奮)이나, 감정(感情)의 고조(高潮)로 하는 여흥(餘興)의 노래가 아닙니다. 하나님과의 영적인 교감(交感)을 통한 아름답고 고상(高尙)한 영적 감동의 노래입니다.

넷째는 찬양은 인간의 성적감정(性的感情)을 유발, 표현하기 위한 노래가 아니라 하나님의 말씀을 선포하는 신앙적인 노래입니다.

그래서 찬양은 세상 사람들이 부르는 연애(戀愛)를 위한 유행가(流行歌)가 아니고 하나님 섬기는 성도들이 부르는 신앙적 노래입니다.

다섯째는 찬양은 사람들의 온 몸과 마음을 다하여 할 뿐만 아니라 모든 악기(樂器)를 총동원해서 해야 할 노래입니다.

따라서 찬양은 가장 공교한 소리를 합하여 하나님께 들려드리는 최고의 노래이기 때문에 온갖 악기를 동원해서 드려야 합당합니다.

미국에서 있었던 일입니다. Medinah Baptist Church(메디나침례교회)

에 Hamman(함먼)이라는 목사님이 새롭게 부임해 오셨습니다.

교인은 100명 남짓하게 모이는데 와보니, 여간 냉냉한게 아닙니다.

그래서 목사님은 어떻게 하면 교회가 부흥성장할 수 있을까? 하며 여러 각도로 연구 분석을 해보았습니다.

첫째는 먼저 시무하셨던 목사님께서 너무 설교를 못했을 것이라 판단해서 가장 유명한 목사님의 설교를 베껴서 그대로 설교해봤습니다. 처음에는 교인들이 좀 늘어나는 것 같아서 기뻐했는데, 몇 달 지나니 도로 원위치가 되더라는 것입니다.

둘째는 전도훈련이 너무 안 되어서 그런가 보다하고는 전도전략과 함께 총동원 전도훈련을 통하여 전도대들을 구성하여 전도했습니다.

처음에는 몇 달간 조금 늘어나드니, 다시 원위치가 되더란 말입니다.

셋째는 성가대를 바라보니, 너무 초라하게 보여 아! 맞다! 그렇게 해보자! 하고 성가대원들을 해산시키고 그 도시의 유명한 관현악단을 초빙해서 일주일에 1시간을 고용(雇傭)하여 오케스트라로 예배시에 연주를 했습니다. 참 신났습니다! 그리고 교인들도 좋아했습니다. 그리고 처음 몇 달 동안은 꾸준히 부흥했습니다.

그런데 얼마 되지 않아 교인 수가 줄더니 다시 원위치가 됩니다.

그러던 어느 날, 비몽사몽간에 하나님의 음성이 들려왔습니다.

"야! OO목사야! 그전에 그 교회에서는 참 아름다운 찬양이 들렸었는데, 요즈음에는 어떻게 질그릇 깨지는 소리가 들리냐?"하시더라는 것입니다. 그 목사는 깜짝 놀라 즉시로 기도한 후에 오케스트라를 다 내어보내고 다시 성가대원들을 모집하여 세우니 얼마나 아름다운 찬양을 하는지 교회가 점점 부흥하더라는 것입니다.

찬양은 기교(技巧)가 문제가 아니라 찬양하는 사람들이 마음속에 얼마나 은혜에 대한 감사와 감격을 가지고 하느냐에 달려있습니다.

여러분!

하나님은 찬양받으시기에 합당하신 분이십니다! 온 몸과 마음으로 찬양으로 영광을 하나님께 돌려 드리는 성도가 되십시다! 할렐루야! 아멘.

시편(詩篇) - 51

저 북방에 있는 시온 산이!

"(고라 자손의 시 곧 노래) 여호와는 광대하시니 우리 하나님의 성, 거룩한 산에서 극진히 찬송하리로다 터가 높고 아름다워 온 세계가 즐거워함이여 큰 왕의 성 곧 북방에 있는 시온산이 그러하도다 하나님이 그 여러 궁중에서 자기를 피난처로 알리셨도다 열왕이 모여 함께 지났음이여 저희가 보고 놀라고 두려워 빨리 갔도다 거기서 떨림이 저희를 잡으니 고통이 해산하는 여인 같도다 주께서 동풍으로 다시스의 배를 깨뜨리시도다 우리가 들은 대로 만군의 여호와의 성, 우리 하나님의 성에서 보았나니 하나님이 이를 영영히 견고케 하시리로다(셀라) 하나님이여 우리가 주의 전 가운데서 주의 인자하심을 생각하였나이다 하나님이여 주의 이름과 같이 찬송도 땅 끝까지 미쳤으며 주의 오른손에는 정의가 충만하였나이다 주의 판단을 인하여 시온산은 기뻐하고 유다의 딸들은 즐거워할지어다 너희는 시온을 편답하고 그것을 순행하며 그 망대들을 계수하라 그 성벽을 자세히 보고 그 궁전을 살펴서 후대에 전하라 이 하나님은 영영히 우리 하나님이시니 우리를 죽을 때까지 인도하시리로다."(48:1-14)

오늘의 본문 표제(標題)도 49편까지 계속되었던 "고라자손의 시(詩) 곧 노래(שִׁיר쉬르)"로 시작하고 있습니다.

첫째, 48편은 비록 영장이란 말이 빠져있기는 해도 내용상 역시 공식예배용 찬송곡입니다.

이 시는 성전(聖殿)과 궁전(宮殿)을 건축한 이후에 그 건물들이 자리 잡고 있는 시온 산(הר-ציון)의 아름다운 모습을 보며 하나님의 영광의 역사(役事)를 찬양하는 노래로 볼 수 있습니다.

48편에는 다음과 같은 세 개의 구절(句節)을 통해서 이러한 시온 산의 노래가 나타나고 있습니다.

1절에 "여호와는 광대하시니 우리 하나님의 성, 거룩한 산에서 극진히 찬송하리로다"하신 말씀과 2절에 "터가 높고 아름다워 온 세계가 즐거워함이여 큰 왕의 성 곧 북방에 있는 시온(Zion)산이 그러하도다…"합니다.

8절에 "우리가 들은 대로 만군의 여호와의 성, 우리 하나님의 성에서 보았나니 하나님이 이를 영영히 견고케 하시리로다…"합니다.

시온 산위에 우뚝 선 하나님의 성, 큰 왕의 성, 여호와의 성을 바라보며 온 백성이 감격한 마음으로 하나님을 찬양하는 장면입니다.

둘째, 48편은 범국가적인 종교행사에 관한 시온의 노래입니다.

8절에 "우리가 들은대로 만군의 여호와의 성, 우리 하나님의 성에서 보았나니 하나님이 이를 영영히 견고케 하시리로다"하지 않습니까?

찬양은 왕에 대하여, "나팔소리"는 국가적인 행사를 위한 악기이며, "셀라הלס"는 회중(會衆)들이 함께 화답(和答)하는 외침입니다.

따라서 이를 종합해보면 범국가적인 종교행사에서 왕과 함께 온 백성들이 참여한 가운데 고라자손들의 "찬양대(讚揚隊)"가 온갖 악기를 동원하여 하나님께 예배드리는 장엄하고 감격스러운 장면입니다.

셋째, 48편은 시온 산이 상징하는 하나님 영광에 대한 노래입니다.

하나님이 거하시는 도성이라는 인식을 가지고 예루살렘을 바라보며 하나님을 찬양하는 이 시의 주제는 "시온"과 그것이 상징하는 "교회와 예수 그리스도"의 관계를 찬양하며 영광을 돌려드리는 것입니다.

10절에 "하나님이여 주의 이름과 같이 찬송도 땅 끝까지 미쳤으며 주의 오른손에는 정의가 충만하였나이다"하신 말씀을 생각해봅시다.

이 시편의 기자가 바라보며 찬양한 시온 산의 영광은 세상 사람들이 보는 관점과는 전혀 다른 안목입니다.

세상적인 안목(眼目)으로 바라보면 보잘 것 없는 작은 동산이요, 연약하기 짝이 없는 작은 나라의 왕궁이 있는 곳이지만 하나님의 백성된 관점(觀點)으로 바라보면 하나님의 영광이 충만한 곳입니다.

이러한 영적인 시각으로 시온 산의 아름다움을 표현한 것을 봅시다.

첫째는/ 1절에 우리 하나님의 성(城)입니다.

이스라엘의 도성(都城)이기 이전에 먼저 하나님의 성인 것입니다.

둘째는 1절에/ 그의 거룩한 산입니다.

그 산 자체가 거룩한 것이 아니라 "하나님"이 계시기 때문입니다.

셋째는 2절에/ 터가 높고 아름다운 곳입니다.

터가 높고(נוף 노프) 아름답다(יפה 야페)라는 말은 일종의 이중암시(二重暗示 Word Play)적인 말입니다.

실제적으로는 해발(海拔) 800미터도 안 되는 시온 산보다 더 웅장(雄壯)하고 높은 산들에 비하면 보잘 것 없는 작은 산일 뿐입니다.

그러나 영적인 면으로 보면 세계에서 가장 높고 아름다운 산입니다. 왜냐하면 하나님께서 임재하셔서 역사하시는 산이기 때문입니다.

넷째는 2절에/ 온 세계가 즐거워하는 곳입니다.

온 세계가 이 시온으로 말미암아 기뻐하게 된 원천이라는 말입니다.

이 시온에서 온 백성들이 "기뻐하고 즐거워하는" 그 무엇이 이루어지기 때문입니다. 하나님께서 영광을 받으시는 곳이기 때문입니다.

다섯째는 2절에/ 큰 왕의 성(城)입니다.

여기서 말하는 "큰 왕(רב מלך 라브 멜렉)"은 하나님을 호칭(呼稱)하는 말입니다. 만왕의 왕이요, 만주의 주(主)이신 하나님이십니다.

이런 하나님이 시온에 거(居)하시니 곧 큰 왕의 성이 된 것입니다.

여섯째는 2절에/ 북방의 산입니다.

여기 북방(北方 צפון 자폰)에 있는 시온 산이라는 말은 48편의 여러 시어(詩語)중에서도 가장 신비(神秘)한 표현에 속합니다. 예루살렘에서 하나님의 성전이 자리 잡고 있는 북동쪽 편에 위치(位置)한 것을 염두에 두고 한 말로 대개 북(北)은 강(强)함을 나타냅니다.

사14:13절에 "…내가 북극 집회의 산 위에 좌정하리라"하시는 말씀을 통해서 이 북방이라는 표현은 시온 산이라는 의미를 나타낼 때 가장 강력한 장악(掌握)의 표현이라고 볼 수 있습니다.

여러분!

시온 산 위에 영광으로 임하시는 하나님을 바라보십시다.

그리고 하나님을 찬양하며 영광을 돌리십시다.

할렐루야! 아멘.

시편(詩篇) - 52

듣고, 귀 기울이고, 묵상하라!

"(고라 자손의 시 영장으로 한 노래) 만민들아 이를 들으라 세상의 거민들아 귀를 기울이라 귀천빈부를 물론하고 다 들을지어다 내 입은 지혜를 말하겠고 내 마음은 명철을 묵상하리로다 내가 비유에 내 귀를 기울이고 수금으로 나의 오묘한 말을 풀리로다 죄악이 나를 따라 에우는 환난의 날에 내가 어찌 두려워하랴 자기의 재물을 의지하고 풍부함으로 자긍하는 자는 아무도 결코 그 형제를 구속하지 못하며 저를 위하여 하나님께 속전을 바치지도 못할 것은 저희 생명의 구속이 너무 귀하며 영영히 못할 것임이라 저로 영존하여 썩음을 보지 않게 못하리니 저가 보리로다 지혜 있는 자도 죽고 우준하고 무지한 자도 같이 망하고 저희의 재물을 타인에게 끼치는도다 저희의 속 생각에 그 집이 영영히 있고 그 거처가 대대에 미치리라 하여 그 전지를 자기 이름으로 칭하도다 사람은 존귀하나 장구치 못함이여 멸망하는 짐승 같도다 저희의 이 행위는 저희의 우매함이나 후세 사람은 오히려 저희 말을 칭찬하리로다(셀라) 양 같이 저희를 음부에 두기로 작정되었으니 사망이 저희 목자일 것이라 정직한 자가 아침에 저희를 다스리리니 저희 아름다움이 음부에서 소멸하여 그 거처조차 없어지려니와 하나님은 나를 영접하시리니 이러므로 내 영혼을 음부의 권세에서 구속하시리로다(셀라) 사람이 치부하여 그 집 영광이 더할 때에 너는 두려워 말지어다 저가 죽으매 가져가는 것이 없고 그 영광이 저를 따라 내려가지 못함이로다 저가 비록 생시에 자기를 축하하며 스스로 좋게 함으로 사람들에게 칭찬을 받을지라도 그 역대의 열조에게로 돌아가리니 영영히 빛을 보지 못하리로다 존귀에 처하나 깨닫지 못하는 사람은 멸망하는 짐승 같도다."(49:1-20)

오늘의 본문 표제(標題)는 시편의 제2권이 시작되는 42편부터 지금까지 계속된 "고라자손의 시(詩)"입니다. 고라자손들의 노래는 여기 말고도 84편, 85편, 87편, 88편에 추가되어 나타나고 있습니다.

첫째, 본 표제에도 영장으로 한 노래라 하니 예배용 찬송입니다.

그런데 이 49편은 지금까지 보아왔던 다른 시와는 좀 다른 특색(特色)을 보이고 있습니다. 무엇입니까?

지금까지의 시편들은 주로 찬양(讚揚), 기도(祈禱), 호소(呼訴)를 중심한 노래였었는데, 49편과 50편은 그 자체가 하나의 훌륭한 설교(說敎)라 해도 과언이 아닐 정도로 교훈적인 내용이 풍부합니다.

성전에서 쓰이는 찬양곡 중의 하나이기는 하지만 내용상으로 보면 설교적(說敎的)인 면을 강하게 풍기고 있음이 보입니다.

둘째, 49편의 내용은 세상의 허상(虛像)과 하나님의 실상(實像)을 대조(對照)하여 교훈하는 일종의 설교(說敎)용 교훈시입니다.

세상의 물질번영(物質繁榮)이라는 허상의 한계성(限界性)을 대차대조하여 하나님의 구속은혜(救贖恩惠)의 실상인 믿음의 지혜와 비교되는 차이(差異)를 말씀하신 교훈시에 속합니다.

셋째, 49편의 주제는 하나님의 지혜에 대한 교훈과 경고입니다.

49편의 전체적은 흐름은 "하나님의 지혜에 귀를 기울이라!"입니다.

1절에 "만민들아 이를 들으라 세상의 거민들아 귀를 기울이라 귀천빈부를 물론하고 다 들을지어다"합니다. 무엇을 위하여 귀를 기울이고, 무엇을 들으라는 말입니까? "지혜와 명철"에 관해서 입니다.

넷째, 49편의 결론은 하나님의 지혜를 얻지 못한 자의 결과에 대한 평가입니다.

12절과 20절에 "하나님의 지혜없이 사는 자는 짐승과 같다"는 것입니다. 본문은 역사적(歷史的)인 상황이나, 어떤 사건에 대한 문제를 회상(回想)하며 노래한 것이 아니라 주로 인생을 살아가는 지혜(智慧)문제를 교훈하고 있는 것입니다.

본 49편의 메시지를 살펴봅시다!

첫째는 하나님의 지혜(智慧)에 귀를 기울이라는 것입니다.

3절에 "내 입은 지혜를 말하겠고 내 마음은 명철을 묵상하리로다"하신 말씀에서 하나님의 지혜란 무엇을 말하는 것입니까?

3절의 "지혜(智慧)"와 "명철(明哲)"과 4절의 "오묘(娛妙)한 말"의 원천(源泉)은 곧 하나님의 말씀인 성경(聖經)입니다.

그러면 이 지혜의 성경말씀에 대하여 어떻게 하라는 것입니까?

1절의 말씀처럼 "듣고", "귀를 기울이고", 3절의 말씀처럼 "묵상(黙想)하고", 4절의 말씀처럼 "풀어 전하여야"한다는 것입니다.

이렇게 잘 들어 깊이 생각하여 잘 전하는 것은 우리의 사명입니다.

둘째는 하나님의 은혜의 실상(實像)인 믿음을 세우라는 것입니다.

15절에 "하나님은 나를 영접하시리니 이러므로 내 영혼을 음부의 권세에서 구속하시리로다(셀라 סֶלָה)!"합니다.

이 세상의 어떠한 것도 우리의 영혼을 음부의 권세에서 구속하지 못하지만, 오직 하나님께서 나를 영접하시면 구속의 은혜를 받게 됨을 고백한 노래입니다.

롬11:36절에 "만물이 주에게서 나오고, 주로 말미암고, 주에게로 돌아감이라! 영광이 그에게 세세에 있으리로다"하신 말씀대로입니다. 그래서 하나님의 구속은혜에 셀라라는 화답으로 보답해야 합니다.

셋째는 세상 재물의 허상(虛想)을 경계(警戒)하라는 것입니다.

17절에 "저가 죽으매 가져가는 것이 없고 그 영광이 저를 따라 내려가지 못함이로다"합니다.

이러한 세상의 허상에 속는 인생의 비극(悲劇)세 가지가 있습니다.

첫째, 가져갈 수 없는 것을 가져가려는 욕심이 비극입니다.

둘째, 가져가고 싶은 것 가져가지 못하는 아쉬움이 비극입니다.

셋째, 가져갈 수 있는 것도 모르고 가져가지 못하는 비극입니다.

재물은 가져갈 수 없는데도 가져가려 하는 것이 곧 미련한 짓이요, 믿음은 가져갈 수 있는데도 가져가지 못하는 것이 곧 무지입니다.

세상에서는 재물을 복으로 보나, 성경은 믿음을 복으로 봅니다.

여러분!

12절에 "사람은 존귀(尊貴)하나 장구(長久)치 못함이여!"하는 시인의 탄식(歎息)처럼 우리 인간의 삶은 영구치 못합니다.

만물의 주에게서 나오고, 주로 말미암고, 주에게로 돌아감이라는 신앙의 고백처럼 철저히 청지기의 정신으로 허상과 실상을 구분할 줄 아는 지혜로움이 우리 모두에게 임하였으면 좋겠습니다.

할렐루야! 아멘.

시편(詩篇) - 53

네가 나를 영화롭게 하리라?

"(아삽의 시) 전능하신 자 하나님 여호와께서 말씀하사 해 돋는 데서부터 지는 데까지 세상을 부르셨도다 온전히 아름다운 시온에서 하나님이 빛을 발하셨도다 우리 하나님이 임하사 잠잠치 아니하시니 그 앞에는 불이 삼키고 그 사방에는 광풍이 불리로다 하나님이 그 백성을 판단하시려고 윗 하늘과 아래 땅에 반포하여 이르시되 나의 성도를 네 앞에 모으라 곧 제사로 나와 언약한 자니라 하시도다 하늘이 그 공의를 선포하니 하나님 그는 심판장이심이로다(셀라) 내 백성아 들을지어다 내가 말하리라 이스라엘아 내가 네게 증거하리라 나는 하나님 곧 네 하나님이로다 내가 너의 제물을 인하여는 너를 책망치 아니하리니 네 번제가 항상 내 앞에 있음이로다 내가 네 집에서 수소나 네 우리에서 수염소를 취치 아니하리니 이는 삼림의 짐승들과 천산의 생축이 다 내 것이며 산의 새들도 나의 아는 것이며 들의 짐승도 내 것임이로다 내가 가령 주려도 네게 이르지 않을 것은 세계와 거기 충만한 것이 내 것임이로다 내가 수소의 고기를 먹으며 염소의 피를 마시겠느냐 감사로 하나님께 제사를 드리며 지극히 높으신 자에게 네 서원을 갚으며 환난 날에 나를 부르라 내가 너를 건지리니 네가 나를 영화롭게 하리로다 악인에게는 하나님이 이르시되 네가 어찌 내 율례를 전하며 내 언약을 네 입에 두느냐 네가 교훈을 미워하고 내 말을 네 뒤로 던지며 도적을 본즉 연합하고 간음하는 자와 동류가 되며 네 입을 악에게 주고 네 혀로 궤사를 지으며 앉아서 네 형제를 공박하며 네 어미의 아들을 비방하는도다 네가 이 일을 행하여도 내가 잠잠하였더니 네가 나를 너와 같은 줄로 생각하였도다 그러나 내가 너를 책망하여 네 죄를 네 목전에 차례로 베풀리라 하시는도다 하나님을 잊어버린 너희여 이제 이를 생각하라 그렇지 않으면 내가 너희를 찢으리니 건질 자 없으리라 감사로 제사를 드리는 자가 나를 영화롭게 하나니 그 행위를 옳게 하는 자에게 내가 하나님의 구원을 보이리라."(50:1-23)

오늘 본문의 표제(標題)는 "아삽의 시(詩)"라고 말씀하고 있습니다. 이 아삽의 시는 73편부터 83편까지에 집중적으로 나오는데, 여기 시편 제2권에서 먼저 갑자기 툭 튀어나온 격이 되었습니다.

첫째, 아삽도 영장이었고 일종의 악관(樂官)이었으니 이 시도 찬양대에서 쓰는 예배용 찬송곡이라 할 수 있습니다.

이 아삽은 원래 다윗이 임명한 유명한 악관(樂官)으로 일종의 음악(音樂)담당목사와 같은 직함이요 사역자(使役者)와 같습니다.

성경의 말씀을 찬양시로 만들고, 성경의 구절(句節)들을 찬송가(讚頌

歌)로 작곡(作曲)하는 작곡가요 찬양대 지휘자이기도 합니다.

대상16:7절에 "그 날에 다윗이 아삽과 그 형제들을 세워 위선 여호와께 감사하게 하여 이르기를…"하고 그 배경을 정확히 밝힙니다.

둘째, 50편의 주제는 율법주의적 신앙의 폐단과 잘못된 예배의 목적을 바로잡고자 하는 아삽의 경고와 교훈을 담은 교훈시입니다.

17절에 "네가 교훈을 미워하고 내 말을 네 뒤로 던지며…"하는 것과

22절에 "하나님을 잊어버린 너희여! 이제 이를 생각하라 그렇지 않으면 내가 너희를 찢으리니 건질 자 없으리라"하는 말씀을 보세요!

마음에 갈급함으로 하나님을 찾지 않고 오직 성전에 나아가 하나님께 예물만 드림으로 자기의 임무를 다했다고 생각하는 당시의 외식주의(外飾主義)자들에게 영적(靈的)인 각성(覺醒)을 위하여 시적(詩的)으로 영상화한 교훈이 곧 50편의 주제(主題)입니다.

셋째, 50편의 강조점은 하나님께 드리는 예배는 신령(神靈)과 진정(眞情)으로 해야만 하나님을 영화롭게 할 수 있다는 것입니다.

요4:23절에 예수님께서 말씀하신 대로입니다. "아버지께 참으로 예배하는 자들은 신령과 진정으로 예배할 때가 오나니…"하신 말씀과

23절에 "감사로 제사를 드리는 자가 나를 영화롭게 하나니…"하신 말씀을 비교해 보세요! 정확하게 일치하지 않습니까?

결론은 요4:23절에 "곧 이 때라 아버지께서는 이렇게 자기에게 예배하는 자들을 찾으시느니라"하심같이 또 본문 23절에서도 "그 행위를 옳게 하는 자에게 내가 하나님의 구원을 보이리라"하신 말씀을 비교해보시면 이도 역시 일치합니다.

넷째, 50편의 특징(特徵)은 하나님과 나와의 관계성 회복을 촉구하고 경고하는 교훈시입니다.

50편은 지금까지 보아왔던 다른 시와는 좀 다른 특색을 보입니다.

주로 "하나님과 나"라는 관계성 단어(單語)가 가득 차 있습니다.

그 예(例)로 15절에 "환란 날에 나를 부르라 내가 너를 건지리니 네가 나를 영화롭게 하리라"합니다.

계속해서 "나와 너"의 관계를 강조합니다.

본문 말씀 전체를 살펴보면 문장의 구성이 바로 이 "나와 너"의 관계 속에서 이루어지고 있음을 봅니다.

흔히 이러한 구성을 "1-2인칭 대화법"이라 하는데, 이는 어떠한 관계보다 더 가까운 사이의 대화로 절대적인 관계의 대화라고 합니다.

즉 하나님과의 만남의 대화가 바로 이러한 방법입니다.

이러한 2인칭(人稱)적 대화(對話)는 다음과 같은 특징이 있습니다.

첫째는 책임적(責任的)입니다.

둘째는 사고적(思考的)입니다.

셋째는 절대적(絕對的)입니다.

요즈음 사람들의 만남과 대화는 그 정반대적인 특징을 갖습니다.

첫째, 무책임합니다. 여간해서는 책임을 지려하지 않습니다.

둘째, 무개념입니다. 도무지 깊이 생각하려 하지 않습니다.

셋째, 상대적입니다. 너무나 가볍게 만나고 쉽게 저버립니다.

50편은 "나와 너"의 시(詩)라고 해도 과언(誇言)이 아닙니다.

즉 "하나님과 나" 사이에 이루어지는 노래로 보아야 합니다.

하나님의 위로(慰勞)와 경고(警告)와 책망(責望)과 우리들의 찬양(讚揚)과 기도(祈禱)와 호소(呼訴)가 서로 밀접한 관계를 맺고 우리 믿음 속에서 그대로 이루어지기를 원하시는 말씀이기도 합니다.

여러분!

우리 하나님과의 만남은 우리 생애에 무엇보다 더 중요한 일이지 않습니까?

하나님과의 만남은 3인칭적인 상대적 만남으로 끝나지 말고 2인칭적인 만남으로 만나 절대적인 관계를 이루어야 합니다.

그러한 만남만이 진정한 우리의 축복이 됩니다!

할렐루야! 아멘.

시편(詩篇) - 54

내 안에 정직한 영을 새롭게 하소서!

"(다윗의 시, 영장으로 한 노래, 다윗이 밧세바와 동침한 후 선지자 나단이 저에게 온 때에) 하나님이여 주의 인자를 좇아 나를 긍휼히 여기시며 주의 많은 자비를 좇아 내 죄과를 도말하소서 나의 죄악을 말갛게 씻기시며 나의 죄를 깨끗이 제하소서 대저 나는 내 죄과를 아오니 내 죄가 항상 내 앞에 있나이다 내가 주께만 범죄하여 주의 목전에 악을 행하였사오니 주께서 말씀하실 때에 의로우시다 하고 판단하실 때에 순전하시다 하리이다 내가 죄악 중에 출생하였음이여 모친이 죄 중에 나를 잉태하였나이다 중심에 진실함을 주께서 원하시오니 내 속에 지혜를 알게 하시리이다 우슬초로 나를 정결케 하소서 내가 정하리이다 나를 씻기소서 내가 눈보다 희리이다 나로 즐겁고 기쁜 소리를 듣게 하사 주께서 꺾으신 뼈로 즐거워하게 하소서 주의 얼굴을 내 죄에서 돌이키시고 내 모든 죄악을 도말하소서 하나님이여 내 속에 정한 마음을 창조하시고 내 안에 정직한 영을 새롭게 하소서 나를 주 앞에서 쫓아내지 마시며 주의 성신을 내게서 거두지 마소서 주의 구원의 즐거움을 내게 회복시키시고 자원하는 심령을 주사 나를 붙드소서 그러하면 내가 범죄자에게 주의 도를 가르치리니 죄인들이 주께 돌아오리이다 하나님이여 나의 구원의 하나님이여 피 흘린 죄에서 나를 건지소서 내 혀가 주의 의를 높이 노래하리이다 주여 내 입술을 열어주소서 내 입이 주를 찬송하여 전파하리이다 주는 제사를 즐겨 아니하시나니 그렇지 않으면 내가 드렸을 것이라 주는 번제를 기뻐 아니하시나이다 하나님의 구하시는 제사는 상한 심령이라 하나님이여 상하고 통회하는 마음을 주께서 멸시치 아니하시리이다 주의 은택으로 시온에 선을 행하시고 예루살렘 성을 쌓으소서 그 때에 주께서 의로운 제사와 번제와 온전한 번제를 기뻐하시리니 저희가 수소로 주의 단에 드리리이다."(51:1-19)

오늘의 본문 표제(標題)는 "다윗의 시, 영장으로 한 노래, 다윗이 밧세바와 동침한 후 선지자 나단이 저에게 온 때에"로 시작됩니다.

표제가 상당히 길기는 하지만, 그 역사적 배경(背景)이 아주 정확하여 삼하11장, 12장의 두 장에 나타난 사건들을 언급하고 있습니다.

다윗이 우리아의 아내 밧세바를 취하고 그 남편 우리아를 죽이게 한 후, 그 죄악(罪惡)에 대하여 하나님께서 나단 선지자를 보내어 책망(責望)하시는 내용입니다.

첫째, 이 51편은 다윗의 시로 영장이 등장하니 예배용 찬송입니다.

이제 다시 영장으로 한 노래가 등장합니다. 그리고 오랜만에 또 다시 다윗의 시를 보게 됩니다.

특히 본문은 아예, 표제에 다윗에게는 아킬레스(achilles)건(腱)과 같은 "밧세바"와 동침한 사건을 확 드러내놓은 이야기를 담습니다.

다윗이 밧세바를 범한 후, 완전범죄(完全犯罪)에 은근히 만족하고 있던 다윗에게 선지자 나단이 와서 그 은밀한 죄악들을 낱낱이 들쳐 냈을 때, 큰 충격을 받은 다윗이 자신의 모든 죄를 다 아시는 하나님 앞에 즉시로 회개하는 내용입니다.

그런데 놀라운 것은 이러한 내용까지도 예배의 찬송곡으로 쓸 수 있다는 사실입니다. 하나님을 찬양하는 데에는 제한이 없습니다.

둘째, 이 51편의 주제는 다윗이 자신의 범죄에 대하여 철저하게 회개한 참회시(懺悔詩)입니다.

다윗은 다방면(多方面)에서 다재다능(多才多能)한 사람이었습니다.

그는 어려서부터도 담대하고 용감함을 보였습니다. 들판에서 양(羊)을 치면서 각종의 맹수와 도둑들로부터 양을 보호하는 용감한 목자였었고, 이스라엘 국가를 대표해서 블레셋과의 싸움에서는 골리앗 앞에 담대하게 나아가 싸워 이겨서 나라의 위기를 건져내었습니다.

다윗은 덕(德)과 인(忍)과 선(善)을 갖춘 사람으로 원수까지도 기꺼이 용서하고 받아줄 정도의 넓은 아량을 갖춘 사람이었습니다.

그는 또 의리(義理)와 의지(意志)가 굳은 사람이었습니다.

사울의 집이 다 망했는데도 그 후손을 극진히 돌봐주는 의리의 모습을 온 백성에게도 보여 주지 않았습니까?

그는 또한 겸손하고도 진실된 사람이었습니다.

골리앗을 이겨놓고도 결코 남들 앞에 나서지도 않고, 자랑하지도 않는 겸손한 모습 그대로였습니다.

그런 그가 밧세바를 탐하여 취한 후로 그녀의 남편 우리아를 극렬한 전쟁터에 보내 죽게 하는 완악한 마음까지 가졌다는 것은 도저히 이해할 수 없는 일입니다. 그러나 나단 선지자가 나타나 자신의 은밀한 죄를 낱낱이 폭로하였을때, 그는 즉시로 하나님 앞에 엎드려 참회하는 모습을 보여줍니다.

먼저 2절에 "나의 죄악을 말갛게 씻기시며 나의 죄를 깨끗이 제하소서" 하며 자신의 범죄를 내어놓고 깨끗이 씻어주시기를 원합니다.

다음 3절에 "대저 나는 내 죄과를 아오니 내 죄가 항상 내 앞에 있나이다"하고 철저히 통회자복(痛悔自服)의 회개(悔改)부터 합니다.

다른 사람이 감히 할 수 없는 철저한 참회(懺悔)의 기도를 합니다.

셋째, 51편의 구성은 다윗의 회개와 갱신을 위한 기도송입니다.

먼저 10절에 "하나님이여 내 속에 정한 마음을 창조하시고 내 안에 정직한 영을 새롭게 하소서…"하고 자신의 갱신(更新)을 간구한 후,

다음 19절에서 "그 때에 주께서 의로운 제사와 번제와 온전한 번제를 기뻐하시리니…"하고 고백하며 마치고 있습니다.

회개를 통하여 죄의 용서함을 받은 다윗이 구원의 기쁨을 감사하며 찬양하는 모습은 너무나도 깨끗하고 멋진 시라고 할 수 있습니다.

결국 다윗이 사죄(赦罪)의 은총을 입고 다음부터는 온전하여지겠다는 다짐과 고백을 드리는 찬송의 내용으로 끝맺음을 하고 있습니다.

회개(悔改)와 갱신(更新)의 앙상블(ensemble)

다윗이 밧세바와 동침한 후 나단 선지자가 와서 책망할 때, 다윗은 세상의 일반인들이 전혀 예상치 못할 일을 행합니다.

보통 다른 왕들 같았으면 자기의 죄를 부인(否認)한다든지, 아니면 책망하는 선지자를 잡아 하옥시키든지 하여 자신의 죄를 은폐(隱蔽)시키려 하였을 텐데, 다윗은 오히려 많은 사람 앞에서 자신의 부끄러운

죄를 다 드러내놓고 자복(自服)하는 자세를 취하였습니다.

삼하12:13절에 보면 "내가 여호와께 죄를 범하였노라"합니다.

참 겸손한 모습입니다. 다른 때보다도 죄의 책망 앞에서는 겸손해야 합니다.

죄의 문제는 범하였을 때 보다 더욱 중요하게 여길 것이 죄를 처리할 때의 자세입니다.

(1)은폐(隱蔽)시키거나, 숨기거나

(2)변명(辨明)하거나

(3)책임전가(責任轉嫁)하거나

(4)도리어 화를 내거나, 분노하는 것은 바른 해결방법이 아닙니다.

죄의 문제는 통회자복하여 회개하는 길 만이 해결방법일 뿐입니다.

회개(悔改)하는 자에게 하나님은 새롭게 고쳐 회복시켜 주십니다.

(1)기쁨을 회복시켜 주십니다.

12절에 "주의 구원의 즐거움을 내게 회복시키시고…"합니다.

(2)소망을 갖게 해주십니다.

13절에 "그러하면 내가 범죄자에게 주의 도를 가르치리니 죄인들이 주께 돌아오리로다"합니다.

(3)찬양으로 감사하게 하십니다.

15절에 "주여! 내 입술을 열어 주소서 내 입이 주를 찬양하여 전파하리이다"합니다.

여러분!

이렇게 늘 하나님을 찬양하며 기쁨으로 소망하는 성도가 되십시다.

할렐루야! 아멘.

시편(詩篇) - 55

선(善)하신 주의 이름 앞에서!

"(다윗의 마스길, 영장으로 한 노래, 에돔인 도엑이 사울에게 이르러 다윗이 아히멜렉의 집에 왔더라 말하던 때에) 강포한 자여 네가 어찌하여 악한 계획을 스스로 자랑하는고 하나님의 인자하심은 항상 있도다 네 혀가 심한 악을 꾀하여 날카로운 삭도 같이 간사를 행하는도다 네가 선보다 악을 사랑하며 의를 말함보다 거짓을 사랑하는도다(셀라) 간사한 혀여 네가 잡아 먹는 모든 말을 좋아하는도다 그런즉 하나님이 영영히 너를 멸하심이여 너를 취하여 네 장막에서 뽑아내며 생존하는 땅에서 네 뿌리를 빼시리로다(셀라) 의인이 보고 두려워하며 또 저를 비웃어 말하기를 이 사람은 하나님으로 자기 힘을 삼지 아니하고 오직 그 재물의 풍부함을 의지하며 제 악으로 스스로 든든케 하던 자라 하리로다 오직 나는 하나님의 집에 있는 푸른 감람나무 같음이여 하나님의 인자하심을 영영히 의지하리로다 주께서 이를 행하셨으므로 내가 영영히 주께 감사하고 주의 이름이 선함으로 주의 성도 앞에서 내가 주의 이름을 의지하리이다."(52:1-9)

오늘의 본문 표제(標題)도 "다윗의 마스길, 영장으로 한 노래, 에돔인 도엑이 사울에게 이르러 다윗이 아히멜렉의 집에 왔더라 말하던 때에…"라는 길고 긴 표제로 시작하고 있습니다.

첫째, 다윗의 마스길이라 하였으니 이는 교훈시요 영장으로 한 노래라 하니 이 52편도 일종의 예배용 찬송시에 해당됩니다.

마스길(משכיל)이라는 말은 흔히 "교훈시(敎訓詩)"라는 말입니다.

자기가 뼈저리게 경험한 것을 진솔하게 알려주는 것을 말합니다.

도엑이라는 자가 자기의 공명심(功名心)과 권세를 얻기 위해 사울에게 다윗의 위치와 아히멜렉의 일을 밀고한 것으로 말미암아 참혹한 학살이 벌어진 것에 대한 교훈으로 이 시를 남긴 것입니다.

둘째, 이 52편의 구성은 도엑의 악행에 대한 언급에 대조하여 자신을 보호하신 하나님의 축복을 찬양하는 다윗의 감사시입니다.

도엑의 악행(惡行)에 대하여

(1) 강포(强暴)한 자(者)라고 표현합니다.

1절에 "강포한 자여 네가 어찌하여 악한 계획을 스스로…"합니다.

(2) 날카로운 삭도(削刀)라고 표현합니다.

2절에 "네 혀가 심한 악을 꾀하여 날카로운 삭도같이…"합니다.

하나님의 보호(保護)에 대하여

(1) 하나님 집의 푸른 감람나무, 생생한 감람나무같이 표현합니다.

8절에 "오직 나는 하나님의 집에 있는 푸른 감람나무 같다"고 하지요? 넘치는 생명력이 느껴집니다. 이는 하나님의 자녀들을 눈동자 같이 철저하게 보호하시는 하나님의 은혜라고 말하는 것입니다.

(2) 선(善)한 주의 이름으로 표현합니다.

9절에 "주의 이름이 선함으로…내가 주의 이름을 의지하리이다…"합니다. 이는 "누구든지 주의 이름을 부르는 자는 구원을 얻으리로다"하신 말씀처럼 주의 자녀들은 이름 때문에 구원하신다는 것입니다.

이 시의 마지막 절은 사악한 도엑의 밀고와 사울의 학살 속에서도 눈동자 같이 보호해주신 하나님의 은혜에 대한 다윗의 찬양입니다.

셋째, 52편의 역사적 교훈의 근거는 표제에 등장한 인물들의 위치(位置 Being)와 행위(行爲 Doing)에 대한 이야기입니다.

앞서보았던 51편과 같이 표제는 길지만, 역사적 배경(背景)은 아주 정확해서 시의 내용들을 이해하고 파악하는 데는 큰 도움을 줍니다.

이 사건의 성경적 배경은 삼상21장, 22장 두 장이 근거가 됩니다.

표제에 등장하는 네 사람, "다윗, 사울, 아히멜렉, 도엑" 같은 이들에 의해서 이루어지는 "인간의 악행(惡行)"과 그 가운데서도 역사하시는 "하나님의 보호하심"에 대한 차이를 비교하는 이야기입니다.

에돔인 도엑이 사울에게 다윗과 아히멜렉을 밀고(密告)함으로 제사장 85인을 죽인 사울의 학살(虐殺)사건 가운데에서도 하나님께서 다윗을 보호해주신 것을 찬양한 노래입니다.

여기에 등장하는 네 사람의 위치와 행위를 살펴보십시다.

본문의 구조상 가장 중요한 위치는 다윗입니다. 그는 하나님의 역사(歷史) 속의 역사(役事)의 정점(頂點)에 선 사람으로 그의 일거수일투족(一擧手一投足)은 모든 사람들의 영적인 삶에 영향을 미치게 되어 있습니다.

첫째는 다윗입니다.

그는 사울의 추격을 피하여 제사장 아히멜렉에게로 피신하는 과정에서 거짓말을 하는 실수를 합니다. 이것이 사건의 발단이 됩니다.

삼상21:8절에 "다윗이 아히멜렉에게 이르되 여기 당신의 수중에 창이나 칼이 없나이까? 왕의 일이 급하므로 내가 칼과 병기를 가지지 못하였나이다"합니다.

"왕의 일"이라니요? 왜 사울을 핑계로 칼을 찾습니까? 당당히 "내가 쓰겠나이다!"하지, 웬 거짓말은요? 거짓말은 반드시 해를 끼칩니다. 하나님의 자녀는 항상 진리 앞에서 당당해야 합니다.

둘째는 아히멜렉입니다.

그는 다윗에게 조심성 없이 골리앗의 칼을 내어주는 실수를 합니다. 삼상21:9절에 "제사장이 가로되…네가 그것을 가지려거든 가지라"합니다. 도엑이 보고 있는 자리에서 다윗에게 아무렇지도 않게 칼을 준 것입니다. 조용히 다윗을 불러 아무도 모르게 줘도 위험한 것을!

옛말에 "밤 말은 쥐가 듣고 낮말은 새가 듣는다!"는 말이 있습니다. 도엑이 보고 있는 앞에서 도대체 이 무슨 짓들을 한 것입니까?

이 일이 그대로 사울에게 보고되어 왕권에 대한 반역으로 몰리면서 대 학살 사건이 일어나게 됩니다.

셋째는 도엑입니다.

그는 이 일을 보고 사울에게 고자질을 합니다.

22:9절에 "때에 에돔사람 도엑이 사울의 신하 중에 섰더니…"합니다. 다윗은 특히 이런 자(者)들을 조심했어야 하였습니다.

이 사건에서 엄밀히 보면 가장 나쁜 짓을 한 자는 바로 도엑입니다.

고자질한 일도 나쁜 짓이지만, 더 나쁜 것은 하나님의 제사장들을 거침없이 함부로 죽인 흉악한 죄악(罪惡)입니다.

넷째는 사울입니다.

그는 도엑의 말을 듣고 제사장 85인을 무자비하게 학살합니다.

22:18절에 "왕이 도엑에게 이르되 너는 돌이켜 제사장들을 죽이라"고 명합니다. 그래서 천인공노할 대학살 사건이 벌어지게 됩니다.

하나님 앞에서는 제사장이나 왕이 똑같은 동급인데 어떻게 그런 무자비한 학살을 자행할 수 있단 말입니까?

비록 지나간 일이었지만 이 사건의 배경(背景)을 생각하면서 다윗은 아무리 악인이 꾀를 도모할지라도 하나님의 자녀들은 하나님의 은혜로 친히 보호해주신다는 것을 회상하며 찬양하고 있습니다.

여러분!

롬10:13절의 말씀처럼 "누구든지 주의 이름을 부르는 자는 구원을 얻으리라"고 하신 주님의 말씀을 생각하며 항상 주의 이름을 부르며 찬양하며 사시는 성도가 되십시다.

할렐루야! 아멘.

시편(詩篇) - 56

의인의 영광을 얻는 세대로!

"(다윗의 마스길 영장으로 마할랏에 맞춘 노래) 어리석은 자는 그 마음에 이르기를 하나님이 없다 하도다 저희는 부패하며 가증한 악을 행함이여 선을 행하는 자가 없도다 하나님이 하늘에서 인생을 굽어 살피사 지각이 있는 자와 하나님을 찾는 자가 있는가 보려 하신즉 각기 물러가 함께 더러운 자가 되고 선을 행하는 자 없으니 하나도 없도다 죄악을 행하는 자는 무지하뇨 저희가 떡 먹듯이 내 백성을 먹으면서 하나님을 부르지 아니하는도다 저희가 두려움이 없는 곳에서 크게 두려워하였으니 너를 대하여 진친 저희의 뼈를 하나님이 흩으심이라 하나님이 저희를 버리신 고로 네가 저희로 수치를 당케 하였도다 시온에서 이스라엘을 구원하여 줄 자 누구인고 하나님이 그 백성의 포로된 것을 돌이키실 때에 야곱이 즐거워하며 이스라엘이 기뻐하리로다."(53:1-6)

오늘 본문의 표제(標題)는 "다윗의 마스길, 영장으로 마할랏어 맞춘 노래"라는 말씀으로 시작합니다. 마할랏이란 말이 처음 등장합니다.

첫째, 53편도 영장으로 맞춘 노래라는 말대로 예배용 찬송입니다.

영장이란 찬양대의 대장 격(格)으로 그가 예배드릴 때에 찬양대를 총괄 지휘할 때 필요한 곡(曲)으로, 그의 역할에 맞춘 노래입니다.

둘째, 다윗의 개인 기도송(Prayer Song)으로 교훈시에 속합니다.

다윗의 마스길(משכיל לדוד)이라 하였으니 교훈시(敎訓詩)일 것인데 문제는 마할랏에 맞춘 노래(על-מחלת)라고 하는데 있습니다.

이 마할랏이라는 말은 질병(疾病)을 뜻하는 할라(חלה)라는 말에서부터 파생(派生)된 것이긴 하나 음악적(音樂的)인 면(面)에서 사용할 때에는 "낮고 장중(莊重)한 음(音)"이라는 뜻으로 사용됩니다. 그러니까, 시12편의 표제에 나오는 "스미닛(שמינית)에 맞춘 노래"와 비슷해서 주로 현악기(絃樂器)의 제8현금(玄琴)에 맞춘 노래처럼 연주(演奏)하라는 것입니다.

이는 밝고 경쾌한 알레그로(Allegro)같은 리듬(Rythem)이 아니라 느리고 무거운 느낌의 라르고(Largo)적인 리듬으로 연주(演奏)하라는 지시입니다. 말하자면 애가형식(哀歌形式)의 노래로 봅니다.

셋째, 이 53편은 하나님의 구원을 증거하는 지혜시에 속합니다.

본 53편의 역사적인 배경에 대해서는 언제, 어떠한 사건이었는지는 확실하게 알 수 없으나 다만 다윗이 경험하였던 하나님의 실존(實存)과 축복의 은혜에 대비하여 대적들이나 백성들의 무신론적인 삶을 통탄하며 쓴 지혜시(智慧詩 Wisdom Psalmi)라고 봅니다.

넷째, 무신론(無神論)에 대한 오류(誤謬)를 반증(反證)하는 독특한 신학적(神學的) 근거가 나타나는 노래입니다.

이 53편의 구성(構成)은 먼저 보았었던 14편의 내용과 1절부터 5절까지가 거의 동일(同一)합니다.

본문은 1절부터 5절까지 "하나님이 없다!"하고 부정(否定)하는 무신론자들에 대한 통렬(痛烈)한 반증(反證)으로부터 시작합니다.

1절에 "어리석은 자는 그 마음에 이르기를 하나님이 없다 하도다"하신 말씀 중에서 "어리석은 자(者 נבל 나발)"라는 말은 무신론자(無神論者)에 대한 표현으로 가장 적합하게 사용된 경우에 해당됩니다.

이 53편은 무신론의 주장에 대한 반론(反論)으로 매우 요긴하게 쓰이기도 하며 우리들의 신앙정립(信仰定立)에도 확실히 필요합니다.

신약(新約)의 롬3:10-18절에 나타난 "바울신학(神學)"의 근거(根據)가 바로 이 말씀에서 인용(引用)된 것이기도 합니다.

여섯째, 53편은 하나님에 대해서 무지한 자들에 대한 반론입니다.

1절에 "어리석은 자"라고 합니다.

2절에 "지각(知覺)이 없는 자"라고 합니다.

4절에 "무지(無知)한 자"라고 합니다.

도대체 하나님에 대해서 무지한 자라는 것은 누구를 말합니까?

첫째는 무신론자(無神論者)들을 말합니다.

이들은 하나님의 존재 자체를 인정하지 않습니다. 눈에 보이는 자연은 인정하지만, 눈에 보이지 않는 것들은 무조건 인정치 않습니다.

둘째는 불가지론자(不可知論者)들을 말합니다.

이들은 하나님의 존재여부(存在與否)를 모른다는 주장이요, 결코 알 수 없으므로 받아들일 수 없다는 주장입니다.

셋째는 회의론자(懷疑論者)들을 말합니다.

이들은 하나님의 존재를 입증하기 전까지는 결코 믿을 수 없고 입증한 것도 알기 전까지는 결코 믿을 수 없다는 주장입니다.

여섯째, 53편의 구조는 무신론자들의 결과에 대한 증거입니다.

이 53편의 구조(構造)는 불신자(不信者)들과 신앙인(信仰人)들의 존재성과 그들의 결과를 비교하고 있습니다.

크게 다음과 같은 두 가지의 형태(形態)로 나눌 수 있습니다.

첫째는 1-5절까지 인간들의 무신론에 대한 비판(批判)입니다.

1절에 "…저희는 부패(腐敗)하며 가증(可憎)한 악을 행함이여 선(善)을 행하는 자가 없도다"하는 말씀으로부터 시작하여,

5절에 "…하나님이 저희를 버리신 고로 네가 저희로 수치를 당케 하였도다…"까지 말씀하여 주십니다.

둘째는 6절에 하나님의 구원에 대한 온 백성의 찬양(讚揚)입니다.

6절에 "…하나님이 그 백성의 포로된 것을 돌이키실 때에 야곱이 즐거워하며 이스라엘이 기뻐하리로다"합니다.

그러니까 이 53편은 "이스라엘을 구원하여 줄 자(者ישועת이슈아트)" 이신 예수 그리스도와 "어리석은 자(者נבל나발)"들인 세상 사람들 간의 차이를 이원적(二元的)인 개념으로 정리하여 보여준 것입니다.

이를 통해서 "인간의 어리석음"과 "하나님의 지혜로우심"을 섭리적(攝理的)인 차원(次元)에서 보여준 것입니다.

여러분!

렘17:7절에 "그러나 무릇 여호와를 의지하며 여호와를 의뢰하는 그 사람은 복을 받을 것이라"하신 약속을 그대로 받으시기를 바랍니다.

우리는 하나님께서 약속하신 "의인의 영광을 얻은 세대"입니다.

하나님께서 약속하신대로 형통(亨通)과 평안(平安)과 상급(賞給)의 축복을 풍성히 받으며 철저한 신앙인의 반열(班列)에서 살아가시는 지혜로운 성도가 되십시다!

할렐루야! 아멘.

시편(詩篇) - 57

하나님은 나의 돕는 자시라!

"(다윗의 마스길 영장으로 현악에 맞춘 노래 십인이 사울에게 이르러 말하기를 다윗이 우리 곳에 숨지 아니하였나이까 하던 때에) 하나님이여 주의 이름으로 나를 구원하시고 주의 힘으로 나를 판단하소서 하나님이여 내 기도를 들으시며 내 입의 말에 귀를 기울이소서 외인이 일어나 나를 치며 강포한 자가 내 생명을 수색하며 하나님을 자기 앞에 두지 아니하였음이니이다(셀라) 하나님은 나의 돕는 자시라 주께서 내 생명을 붙드는 자와 함께 하시나이다 주께서 내 원수에게 악으로 갚으시리니 주의 성실하심으로 저희를 멸하소서 내가 낙헌제로 주께 제사하리이다 여호와여 주의 이름에 감사하오리니 주의 이름이 선하심이니이다. 대저 주께서 모든 환난에서 나를 건지시고 내 원수가 보응 받는 것을 나로 목도케 하셨나이다."(54:1-7)

오늘의 본문 표제(標題)는 "다윗의 마스길, 영장으로 현악에 맞춘 노래, 십인이 사울에게 이르러 말하기를 다윗이 우리 곳에 숨지 아니하였나이까? 하던 때에…"로 시작합니다. 이 54편의 표제는 앞선 52편의 표제 구성(構成)과 아주 비슷하게 연결된 긴 제목입니다.

첫째, 54편도 영장에 맞춘 노래라 하였으니 예배용 찬양곡입니다.

그런데 여기에 더하여 내용상으로는 다윗의 마스길이라 하였으니 교훈시(敎訓詩)의 의미를 담은 예배용 찬양곡이라는 것입니다.

마스길(משכיל)이라는 말은 자기가 뼈저리게 경험한 것을 진술하게 알려주어 교훈삼아 깨달아 알게 하는 "교훈시(敎訓詩)"를 말합니다.

삼상23:19절 이후로 보면 십사람(זיפים시편)들이 사울에게 다윗의 위치(位置)와 동향(動向)을 밀고(密告)함으로써 그 후 뼈저린 고통을 받게 된 것을 회상(回想)하며 교훈으로 이 시를 남긴 것입니다.

둘째, 현악(絃樂)에 맞춘 노래라 하였으니 애가(哀歌)와 같습니다.

경쾌하고 빠른 템포의 곡(曲)이 아니라 좀 느리고, 낮고, 애조(哀調)

띤 리듬의 노래입니다. 앞서 살핀 53편의 분위기(雰圍氣)와 아주 비슷한 "스미닛(שמינית)에 맞춘 노래"와 비슷해서 느리고 무거운 느낌의 라르고(Largo)적인 리듬으로 연주(演奏)하라는 것입니다. 말하자면 애가 형식(哀歌形式)의 노래로 볼 수 있습니다.

어렵고 힘든 피난의 때를 회상하자니 이러한 분위기가 맞겠지요!

셋째, 이 표제에 나타난 대로 역사적인 배경은 아주 정확합니다.

삼상23:19절에 "때에 십 사람들이 기브아에 이르러 사울에게 나아와…다윗이…수풀 요새에 숨지 아니하였나이까?"합니다.

똑 같은 경우에 도엑이라는 자도 이러한 밀고를 하였습니다.

삼상22:9절에 보면 "때에 에돔사람 도엑이 사울에게…"밀고합니다.

본 시(詩)의 배경(背景)은 삼상 23장에 도엑이라는 자가 자기의 공명심(功名心)과 권세를 얻기 위해 사울에게 다윗의 위치와 아히멜렉의 일을 밀고함으로 말미암아 참혹한 학살이 벌어진 사건에 연이어서 이번에는 십 사람들이 사울에게 다윗의 위치를 밀고하므로 다윗이 또 다시 큰 고난에 빠지게 되었던 때의 이야기입니다.

넷째, 54편의 구성은 다윗을 고발한 십 사람들의 악행에 대하여 다윗을 보호하신 하나님의 축복을 대조(對照)한 이야기입니다.

십 사람들의 악행(惡行)에 대하여

"외인(外人)과 강포(强暴)한 자(者)"로 표현하고 있습니다.

3절에 "외인이 일어나 나를 치며 강포한 자가 내 생명을 수색(搜索)하며…"합니다.

다윗의 기도(祈禱)에 대하여

(1)주의 이름으로 나를 구원(救援)해 달라고 기도하고 있습니다.

(2)주의 힘으로 나를 판단(判斷)해 달라고 기도하고 있습니다.

2절에 "하나님이여 내 기도를 들으시며 내 일의 말에 귀를 기울이소서"

합니다.

하나님의 은혜(恩惠)에 대하여

"나를 돕는 자요, 원수에게는 악으로 갚으시는 자"로 표현합니다.

(1) 4절에 "하나님은 나의 돕는 자시라"합니다.

(2) 5절에 "주께서 내 원수에게 악으로 갚으시리니…"합니다.

이 말씀은 다윗의 신앙(信仰)과 그의 생애(生涯)에 엄청난 역사(役事)를 일으킨 진리의 말씀입니다.

다윗의 생애에 나타난 이 사건(事件)을 생각하면서 우리는 왜 악(惡)을 선(善)으로만 갚아야 하는지를 정리해 보십시다.

첫째는 죄(罪)와 악(惡)에 대한 징계(懲戒)나 처벌(處罰)은 오직 하나님만이 하실 수 있기 때문입니다.

마5:44절에 "…너희 원수를 사랑하며…위하여 기도하라"하신 말씀을 보면 우리 원수(怨讐)에 대하여 우리가 할 수 있는 일은 용서와 사랑과 기도뿐 아닙니까? 우리에게는 심판이나 처벌할 수 있는 권한은 없고 오직 사랑할 수 있는 권리만 있기 때문입니다.

둘째는 하나님이 세상을 창조하실 때, 결국에는 선(善)이 악(惡)을 이기게끔 창조하셨기 때문입니다.

4절에 "…주께서 내 생명을 붙드시는 자니이다"하셨기 때문입니다.

이 세상의 가장 귀한 것은 "내 생명(生命)"입니다. 이 생명을 주관하시고 붙드시는 것은 악이 아니라 곧 하나님의 선(善)이십니다.

셋째는 악을 이길 수 있는 무기(武器)로 주신 것이 곧 믿음입니다.

6절에 "…여호와여 주의 이름에 감사하오리니…"하지 않습니까?

이 악을 이길 수 있는 방법으로 주신 것이 곧 우리의 믿음입니다.

여러분!

이 믿음의 무기로 악을 이기고 "주의 이름이 선하시도다"하고 고백한 다윗처럼 우리도 믿음으로 악을 이기는 선한 성도가 되십시다!
할렐루야! 아멘.

시편(詩篇) - 58

네 짐을 여호와께 맡겨버리라!

"(다윗의 마스길 영장으로 현악에 맞춘 노래) 하나님이여 내 기도에 귀를 기울이시고 내가 간구할 때에 숨지 마소서 내게 굽히사 응답하소서 내가 근심으로 편치 못하여 탄식하오니 이는 원수의 소리와 악인의 압제의 연고라 저희가 죄악으로 내게 더하며 노하여 나를 핍박하나이다 내 마음이 내 속에서 심히 아파하며 사망의 위험이 내게 미쳤도다 두려움과 떨림이 내게 이르고 황공함이 나를 덮었도다 나의 말이 내가 비둘기 같이 날개가 있으면 날아가서 편히 쉬리로다 내가 멀리 날아가서 광야에 거하리로다(셀라) 내가 피난처에 속히 가서 폭풍과 광풍을 피하리라 하였도다 내가 성내에서 강포와 분쟁을 보았사오니 주여 저희를 멸하소서 저희 혀를 나누소서 저희가 주야로 성벽 위에 두루 다니니 성중에는 죄악과 잔해함이 있으며 악독이 그 중에 있고 압박과 궤사가 그 거리를 떠나지 않도다 나를 책망한 자가 원수가 아니라 원수일진대 내가 참았으리라 나를 대하여 자기를 높이는 자가 나를 미워하는 자가 아니라 미워하는 자일진대 내가 그를 피하여 숨었으리라 그가 곧 너로다 나의 동무, 나의 동무요 나의 가까운 친우로다 우리가 같이 재미롭게 의논하며 무리와 함께 하여 하나님의 집안에서 다녔도다 사망이 홀연히 저희에게 임하여 산채로 음부에 내려갈지어다 이는 악독이 저희 거처에 있고 저희 가운데 있음이로다 나는 하나님께 부르짖으리니 여호와께서 나를 구원하시리로다 저녁과 아침과 정오에 내가 근심하여 탄식하리니 여호와께서 내 소리를 들으시리로다 나를 대적하는 자 많더니 나를 치는 전쟁에서 저가 내 생명을 구속하사 평안하게 하셨도다 태고부터 계신 하나님이 들으시고(셀라) 변치 아니하며 하나님을 경외치 아니하는 자에게 보응하시리로다 저는 손을 들어 자기와 화목한 자를 치고 그 언약을 배반하였도다 그 입은 우유 기름보다 미끄러워도 그 마음은 전쟁이요 그 말은 기름보다 유하여도 실상은 뽑힌 칼이로다 네 짐을 여호와께 맡겨 버리라 너를 붙드시고 의인의 요동함을 영영히 허락지 아니하시리로다 하나님이여 주께서 저희로 파멸의 웅덩이에 빠지게 하시이다 피를 흘리게 하며 속이는 자들은 저희 날의 반도 살지 못할 것이나 나는 주를 의지하리이다."(55:1-23)

　오늘의 본문 표제(標題)는 "다윗의 마스길, 영장으로 현악에 맞춘 노래"로 시작합니다. 53편의 표제와 거의 동일한 제목입니다.

　첫째, 55편도 영장에 맞춘 노래라 하였으니 공식예배 찬송입니다.

　그런데 여기에 더하여 다윗의 마스길(משכיל)이라고 하였으니 이는 교훈적인 내용을 담고 있는 시를 예배용 찬송곡으로 만든 것입니다.

　교훈시(敎訓詩)의 의미를 담은 예배용 찬양을 영장의 지휘(指揮) 하에 부르는 찬송곡(讚頌曲)으로 만들었다는 것입니다.

둘째, 이 55편은 현악에 맞춘 노래이니 애가형식의 노래입니다.

다윗의 마스길(משכיל לדוד)은 일종의 교훈시(敎訓詩)로써 인간의 반역으로 고뇌(苦惱)하던 때의 일을 생각하며 하나님께 의지하여 기도하며 해결하였던 때의 일을 회상(回想)하는 노래인 것입니다.

50편부터 다시 시작된 "다윗의 시"는 주로 가장 가까웠던 사람들의 반역(反逆)이나 대적행위로 인해 쓰디쓴 고난의 체험을 한 후에 아픔과 어두운 분위기 속에서 부른 애가형식의 노래가 대부분입니다.

셋째, 55편의 배경(背景)은 아들 압살롬의 패륜(悖倫)적인 반란과 모사(謀士)였던 아히도벨의 반역으로 곤경에 처(處)할 때로 봅니다.

본 55편의 역사적인 배경에 대해서는 언제, 어떠한 사건이었다고 분명하게 밝히지는 않았지만, 그 내용상 확실하게 알 수 있는 것은 아들 압살롬의 반란과 모사 아히도벨의 반역으로 말미암아 심한 곤경에 처하였던 때의 일임에 틀림없는 것은 문장을 보면 그렇습니다.

13절에 "그가 곧 너로다! 나의 동류(同類), 나의 동반(同伴)이요 나의 가까운 친우(親友)로다"한 내용을 보면 아히도벨이 맞습니다.

다윗의 일생 중에 가장 비참했던 때가 바로 이 두 사람이 반역하였을 때라 할 수 있는데, 왜냐하면 상상도 못한 일이었기 때문입니다.

이 두 가지의 반역사건은 다윗의 일생에 있어서 가장 큰 충격이었을 것이 틀림없는데, 이는 그만큼 그들을 사랑했기 때문입니다.

첫째는 자기의 사랑하는 아들 압살롬의 반역이었기 때문입니다.

다른 사람들은 다 반역할지라도 아들만큼은 절대 그래서는 안 되지 않습니까? 세상에 어떻게 아들이 아버지를 반역할 수 있다는 말입니까? 그리고 이런 일을 누구에게 말하며 어디 가서 하소연합니까?

둘째는 자기의 가장 친한 모사 아히도벨이 반역했기 때문입니다.

아히도벨은 다윗과 가장 가까운 사이로서 마음에 있는 온갖 이야기를 나누는 모사(謀士)였는데, 바로 그가 반역을 하였다는 것입니다.

다윗은 세상 모든 사람들이 다 자기를 버릴지라도 아히도벨 만큼은 결코 그를 버리지 않을 것이라고 여겼는데, 배반을 당한 것입니다.

13절의 "그가 곧 너로다!"할 때의 이 외침을 보세요! 얼마나 큰 충격이었겠습니까? 마치 시이저가 암살당하면서 외친 외마디, "오, 부루터스(Brutus)! 너 마저도?"한 말과 너무나도 흡사(恰似)하지요?

셋째는 자신의 마음이 오히려 자기를 감당치 못했기 때문입니다.

4절에 "내 마음이 내 속에서 심히 아파하며 사망의 위험이 내게 미쳤도다"합니다. "마음"이라는 인간 내면(內面)의 개념(槪念)을 "속"이라는 말로 이중(二重)표현을 한 것은 자신에게 닥친 고난을 견디지 못할 정도로 심히 괴로워 죽으려고 할 정도였다는 말입니다.

"왕관을 쓴 머리는 늘 불안하다!"라는 말이 있습니다. 높은 정상(頂上)의 자리는 늘 외롭다는 말이지요! 다윗의 처지를 대변합니다.

높은 자리를 향한 인간들의 투쟁은 끊임없지만 그 자리를 오른 자의 입에서는 결코 행복한 감사(感謝)의 말이 나온 적이 없습니다.

그렇게 바라보고 소망하던 그 자리에는 자신보다 먼저 와서 자리잡고 있는 배신과 반역과 음모(陰謀)가 엎드려 있기 때문입니다.

이것이 곧 우리 인생의 "짐"입니다. 안 질수도 없고, 질 수도 없는 짐, 이제 다윗은 우리에게 이 짐에 대한 문제의 정답을 알려줍니다.

22절에 "네 짐을 여호와께 맡겨버리라!"하지 않습니까?

첫째, 우리가 반드시 져야할 짐은 가볍게 느끼도록 해주십니다.

둘째, 안 져도 되는 짐은 지혜롭게 피하도록 해주십니다.

셋째, 모르고 지거나 엉뚱한 짐은 깨달아 내려놓게 해주십니다.

여러분! 하나님은 우리들 곧 하나님의 자녀인 의인(義人)을 영영히 요동치 않게 해주신다고 약속하셨습니다.

이 약속을 믿고 하나님께 기도하는 지혜로운 성도가 되십시다.

할렐루야! 아멘.

시편(詩篇) - 59

사랑이 두려움을 내어 쫓나니…

"(다윗의 믹담 시 영장으로 요낫 엘렘 르호김에 맞춘 노래 다윗이 가드에서 블레셋인에게 잡힌 때에) 하나님이여 나를 긍휼히 여기소서 사람이 나를 삼키려고 종일 치며 압제하나이다 나의 원수가 종일 나를 삼키려 하며 나를 교만히 치는 자 많사오니 내가 두려워하는 날에는 주를 의지하리이다 내가 하나님을 의지하고 그 말씀을 찬송하올지라 내가 하나님을 의지하였은즉 두려워 아니하리니 혈육 있는 사람이 내게 어찌하리이까 저희가 종일 내 말을 곡해하며 내게 대한 저희 모든 사상은 사악이라 저희가 내 생명을 엿보던 것과 같이 또 모여 숨어 내 종적을 살피나이다 저희가 죄악을 짓고야 피하오리이까 하나님이여 분노하사 뭇 백성을 낮추소서 나의 유리함을 주께서 계수하셨으니 나의 눈물을 주의 병에 담으소서 이것이 주의 책에 기록되지 아니하였나이까 내가 아뢰는 날에 내 원수가 물러가리니 하나님이 나를 도우심 줄 아나이다 내가 하나님을 의지하여 그 말씀을 찬송하며 여호와를 의지하여 그 말씀을 찬송하리이다 내가 하나님을 의지하였은즉 두려워 아니하리니 사람이 내게 어찌하리이까 하나님이여 내가 주께 서원함이 있사온즉 내가 감사제를 주께 드리리니 주께서 내 생명을 사망에서 건지셨음이라 주께서 나로 하나님 앞, 생명의 빛에 다니게 하시려고 실족지 않게 하지 아니하셨나이까."(56:1-13)

오늘 본문의 표제(標題)도 "다윗의 믹담 시, 영장으로 요낫 엘렘 르호김에 맞춘 노래, 다윗이 가드에서 블레셋인에게 잡힌 때에"라고 아주 길게 시작하고 있습니다. 지금까지 보아왔던 표제 중에서도 아주 독특하고도 희한(稀罕)한 표현들이 있지요?

그러면 표제의 내용들과 함께 시 전체를 하나하나 정리해 보십시다.

첫째, 56편도 영장으로 맞춘 노래이니 찬양대의 예배용 찬송입니다. 지휘자인 영장이 지도하는 찬양대에서 예배 때 부르는 찬송입니다.

둘째, 현악(絃樂)에 맞춘 노래이니 애가형식의 노래라는 말입니다. 다윗의 믹담(לדוד מכתם)이란 일종의 금언(金言)이라 해서 특별히 "전하고 싶은 귀한 교훈(敎訓)"을 가리켜 말하는 것입니다.

지금까지 사용하여 왔던 마스길보다는 좀 더 강화된 교훈시입니다.

Manna 1 시편 I 243

그리고 현악에 맞춘 노래라고 지정하면 원래 현악(絃樂)이란 경쾌하고 빠른 템포의 곡이 아니라 좀 느리고, 낮고, 애조띈 리듬의 노래를 연주하기에 알맞은 악기이기 때문에 애가형식의 노래입니다.

특히 현악에 맞춘 노래는 "고난당하는 자나 마음에 평안과 위로를 원하는 자"들에게는 알맞은 분위기와 마음에 와 닿는 노래입니다.

본문 표제에 기록한 "요낫(יונת)", "엘렘(אלם)", "르호김(רחקים)"이라 하는 말은 다른 특별한 의미를 띈 말이 아니라 낮고 부드러운 소리를 내는 현악기(絃樂器)의 음조에 맞춰 부르라는 지시어입니다.

이런 악기들을 통해서 자신의 처지와 상황을 위로받고 노래합니다.

셋째, 56편의 배경은 다윗이 피난시절에 블레셋의 가드에까지 들어갔다가 곤욕을 당하고 나온 때를 회상하며 부른 노래입니다.

사울의 추격으로 말미암아 심한 고난(苦難)을 당하던 때에 하나님께 의지하고 기도하며 해결하였던 일을 생각하고 부른 노래입니다.

어렵고 힘든 피난의 때를 회상하며 결국은 하나님의 은혜로 무사히 구원받고 다시 나와서 그 때를 회상하며 하나님을 찬양한 것입니다.

넷째, 56편의 주제(主題)는 다윗 자신에게 닥친 두려움이라는 위기에서도 건져 구원해주심에 대한 감사(感謝)의 찬양(讚揚)입니다.

본 56편은 다윗이 자기에게 닥치는 절대 절명의 위기(危機) 때마다 하나님을 의지(依支)하면 자신의 생명을 사망에서 건져주신 것을 생각하면서 하나님 앞에 감사제(感謝祭)를 드린다는 내용입니다.

12-13절에 "…하나님이여…내가 주께 감사제를 드리리니 주께서 내 생명을 사망에서 건지셨음이라"라고 고백(告白)하지 않습니까?

이 56편의 중점은 두려움에 시달리던 다윗이 자신을 건져주신 은혜에 감사하며 그것을 가장 중요한 신앙의 초점으로 맞춘 것입니다. 특히 두려움과의 싸움에서 이기도록 도우신 것을 회상(回想)합니다.

첫째는 3절에/ "두려워하는 날(אירא יום 이야레)"에 주를 의지 하므로 하나님이 건져주셨다는 것입니다.

둘째는 4절에/ "다윗이 하나님을 의지하고 말씀을 찬양하니", "두려워함이 사라졌다(לא אירא 이야레 로)"는 것입니다.

셋째는 11절에/ "말씀을 찬양하며 하나님을 의지하니", "두려움이 사라졌다(לא אירא 이야레 로)"는 것입니다.

그렇다면 왜 다윗의 생애에 이러한 두려움이 임하여 그의 삶을 어렵게 만드는 상황이 되었을까요? 삼상27장에 보면 다윗의 생애 중에서 이해하기에 가장 난해(難解)한 한 부분이 나옵니다. 참으로 명혼한 신앙관(信仰觀)을 가진 다윗이 왜 적진이나 다름없는 블레셋 땅으로 가서 가드의 아기스 왕에게 피하였을까요? 인간(人間) 사울에 대한 두려움이 하나님에 대한 신앙보다 더 앞섰기 때문입니다. 그래서 육(肉)을 살리고자 영(靈)이 손해(損害)보는 길을 택(擇)한 것입니다.

도대체 왜 갑자기 다윗에게 이러한 두려움이 임하였습니까?

기골이 장대한 골리앗 앞에서 당당했었던 다윗에게도 이러한 두려움의 문제는 언제든지 덮칠 수 있다는 사실을 알아야 합니다.

850명의 이방 선지자들과 당당히 대결하여 승리하였던 엘리야 선지자도 표독스런 이세벨의 독기에 두려워 도망치다가 로뎀나무 아래에서 죽음을 자처하는 데까지 떨어질 수도 있음을 알아야 합니다.

하나님의 자녀라 할지라도 이러한 두려움에 노출되는 경우는 허다합니다. 그래서 이에 대한 하나님의 말씀을 늘 상고해야 합니다.

요1서 4:18절에 "사랑 안에 두려움이 없고 온전한 사랑이 두려운을 내어 쫓나니…"하였습니다.

어느 선생님께서 사랑하던 여 제자가 좋은 신랑감을 만나 결혼을 하게 되어 너무나 기뻤습니다. 그런데 그만 결혼식장에 갈 수 없는 형편이 되어 축전(祝電)이라도 보내겠다고 가까운 우체국에 갔습니다. 직원에게 축전을 부탁하고 "요1서 4:18절"을 적어 주었습니다.

마침 그 직원도 교회를 다녀본 사람이라 자신있게 자기가 대신하여 보냈습니다. "축 결혼! 요4:18절의 말씀대로 되시기를!"

결혼한 여 제자가 축전을 받아보고서 얼른 성경을 찾아 보았습니다.

요4:18절 "네가 남편 다섯이 있었으나, 지금 있는 자는 네 남편이 아니니…"

축전을 본 여 제자는 나머지를 채 다 읽지도 못하고 쓸어졌나니!

그렇습니다. 언제 어느 때에 우리를 엄습할지 모를 두려움에 대해서는 오직 "하나님의 사랑"만이 두려움을 내어 쫓는 능력이 됩니다.

여러분!

언제든지 하나님의 사랑가운데에서 살아가는 성도가 되십시다!

할렐루야! 아멘.

시편(詩篇) - 60

내가 새벽을 깨우리로다?

"(다윗의 믹담 시 영장으로 알다스헷에 맞춘 노래 다윗이 사울을 피하여 굴에 있던 때에) 하나님이여 나를 긍휼히 여기시고 나를 긍휼히 여기소서 내 영혼이 주께로 피하되 주의 날개 그늘 아래서 이 재앙이 지나기까지 피하리이다 내가 지극히 높으신 하나님께 부르짖음이여 곧 나를 위하여 모든 것을 이루시는 하나님께로다 저가 하늘에서 보내사 나를 삼키려는 자의 비방에서 나를 구원하실지라(셀라) 하나님이 그 인자와 진리를 보내시리로다 내 혼이 사자 중에 처하며 내가 불사르는 자 중에 누웠으니 곧 인생 중에라 저희 이는 창과 살이요 저희 혀는 날카로운 칼 같도다 하나님이여 주는 하늘 위에 높이 들리시며 주의 영광은 온 세계 위에 높아지기를 원하나이다 저희가 내 걸음을 장애하려고 그물을 예비하였으니 내 영혼이 억울하도다 저희가 내 앞에 웅덩이를 팠으나 스스로 그 중에 빠졌도다(셀라) 하나님이여 내 마음이 확정되었고 내 마음이 확정되었사오니 내가 노래하고 내가 찬송하리이다 내 영광아 깰지어다 비파야, 수금아, 깰지어다 내가 새벽을 깨우리로다 주여 내가 만민 중에서 주께 감사하오며 열방 중에서 주를 찬송하리이다 대저 주의 인자는 커서 하늘에 미치고 주의 진리는 궁창에 이르나이다 하나님이여 주는 하늘 위에 높이 들리시며 주의 영광은 온 세계위에 높아지기를 원하나이다."(57:1-11)

오늘의 본문 표제(標題)도 "다윗의 믹담 시 영장으로 알다스헷에 맞춘 노래 다윗이 사울을 피하여 굴에 있던 때에"라고 길게 시작합니다. 지금까지 본 표제들 중에서도 아주 긴 편에 속합니다.

그러면 표제의 내용들을 하나하나 살펴보며 전체를 돌아보십시다.

첫째, 57편도 영장으로 한 노래니 찬양대의 예배용 찬송곡입니다.

지휘자인 영장의 지도하에 잘 조직된 찬양대가 예배 때 부를 수 있도록 찬송가 가사의 바탕이 되도록 쓰여진 교훈시의 일종입니다.

둘째, 57편은 알다스헷의 곡조대로 현악기에 맞춰 연주하라는 것입니다.

다윗의 믹담(מכתם לדוד)이란 일종의 금언(金言)이라 해서 특별히 "전하고 싶은 귀한 교훈(敎訓)"을 가리켜 말하는 것입니다.

이 다윗의 믹담 시(詩)에 있는 교훈을 가지고 알다스헷의 곡조에 맞춘 노래라 하였으니 일종(一種)의 애가라고 할 수 있습니다.

원래 경쾌하고 빠른 템포의 곡(曲)들은 주로 타악기(打樂器)의 특성에 맞지만 좀 느리고, 낮고, 애조(哀調)띤 리듬의 노래를 연주(演奏)하기에 알맞은 악기(樂器)는 역시 현악기(絃樂器)입니다.

여기에 나온 알다스헷(אל-תשחת)이라는 말은 "멸망시키지 마옵소서"라는 말이지만, 실제로는 낮은 음(音)으로 부드럽고 애조 띤 소리나는 현악기로 연주할때, 노래하라는 지시어입니다. 이러한 악기의 음조에 맞춘 노래를 들으면

특히 고난당하는 자에게는 마음에 평안과 큰 위로가 될 것입니다.

셋째, 57편의 배경(背景)은 다윗이 사울을 피하여 굴에 있던 때를 회상(回想)하며 부른 노래입니다.

사울의 추격으로 말미암아 굴(窟)에 피(避)해 있던 때라면 두 군데를 생각해 볼 수 있습니다.

첫째는 삼상22장에서의 "아둘람 굴"을 말 할 수 있습니다.

1절 "그러므로 다윗이 그곳을 떠나 아둘람 굴로 도망하매…"합니다.

다윗이 사울의 칼날을 피하여 불안한 마음으로 떠돌아다니다가 찾아간 곳이 곧 아둘람 굴(מערת עדלם 므아라트 아둘람)이었습니다.

여기는 어디입니까? 베들레헴 남서(南西)쪽으로 20Km지점의 광야(曠野)요, 산악(山岳)지방으로 천연동굴(天然洞窟)들이 많은 곳으로 다윗이 베들레헴에서 아버지의 양들을 칠 때 익히 알아두었던 지형(地形)들을 이용해 피난살이를 시작한 곳입니다.

둘째는 삼상24장에서의 "엔게디 굴"을 말 할 수 있습니다.

1절 "사울이 블레셋 사람을 따르다가 돌아오매 혹이 그에게 고하여 가로되 보소서 다윗이 엔게디 황무지(荒蕪地)에 있더이다"합니다.

엔게디 황무지(מצדות עין-גדי 므차도트 엔게디)에 피신하였던 다윗은 사울이 삼천의 군사로 수색(搜索)하게 되자 동굴로 숨어들었던 것입니다. 다행히도 사울이 이곳에 들어왔다가 그냥 나가는 바람에 위기를 넘긴 다윗은 그 때에도 자신들을 살려주신 하나님의 보호하심과 지키심의 은혜를 회상하면서 찬양의 노래를 드리는 것입니다.

넷째, 57편의 주제(主題)는 다윗이 자신에게 닥친 위기에서 구원해 주신 하나님의 손길을 느끼며 찬양하며 드리는 감사의 시입니다.

본 57편은 인간으로부터 오는 위기(危機)와 하나님으로부터 오는 평안(平安)의 차이(差異)를 더욱 느끼며 깨닫게 하려는 것입니다.

6절에 "저희가 내 걸음을 장애(障碍)하려고 그물을 예비하였으니…"합니다. 대적들은 우리의 앞길에 함정을 파놓고 방해(妨害)합니다.

9절에 "주여 내가 만민 중에서 주께 감사하오며 열방 중에서 주를 찬송하리이다"합니다. 아무리 대적들이 훼방할지라도 하나님께서 구원해주시면 주를 향하여 감사와 찬송을 기쁘게 드리게 될 것입니다.

다섯째, 57편은 다윗이 가진 신앙의 절정을 보여주고 있습니다.

다윗 신앙의 절정은 주의 영광(榮光)을 높이 찬양하는 것과 주의 은혜(恩惠)를 널리 감사(感謝)하여 신앙 고백을 드리는 것입니다.

이 두 가지는 우리 모든 성도들의 영원한 신앙모델이기도 합니다.

다윗이 보여준 그의 신앙의 절정은 크게 두 가지로 나타납니다.

하나는 다윗 신앙의 절정은 주의 영광을 높이 찬양하는 일입니다.

7절에 "하나님이여! 내 마음이 확정되고 내 마음이 확정되었사오니 내가 노래하고 내가 찬송하리이다!"합니다.

여러분! 너무나 아름다운 시어(詩語) 아닙니까? 여기 확정(確定 נכון 나콘)이라는 말은 마음을 굳게 먹었다는 뜻입니다.

하나님을 향한 마음은 어떠한 난관도 상관없이 찬양하는 것입니다.

8절에도 "내 영광아! 깰지어다! 비파야, 수금아, 깰지어다! 내가 새벽을 깨우리로다"합니다.

새벽을 깨운다는 것은 세상적인 개념으로는 맞지 않는 문법(文法)입니다. 그러나 하나님에게는 이 말씀이 온전히 맞습니다! 그렇다면 우리 하나님께서 자녀들에게 주신 "세상이 감당치 못하는 능력"을 따라서 우리도 "새벽을 깨우는 위대한 능력자"가 되었으면 합니다.

다음은 다윗 신앙의 핵심은 주의 은혜에 항상 감사하는 일입니다.

9절에 "내가 만민 중에서 주께 감사하오며 열방 중에서 주를 찬송하리이다"합니다. 감사와 찬송은 우리 하나님의 자녀들에게는 생명과도 같습니다. 세상의 어떤 일보다도 감사와 찬송을 중시하며 늘 그 가운데서 살아야만 합니다. 그것이 성도의 삶이어야 합니다.

적어도 우리 하나님의 자녀들은 다음과 같이 신앙의 고백을 드릴 수 있어야 합니다.

10절에 "대저 주의 인자는 커서 하늘에 미치고 주의 진리는 궁창에 이르나이다!"

어때요?

다윗의 이 멋진 고백이 우리의 고백이 되었으면 좋겠습니다.

여러분!

다윗은 자기에게 닥친 절대 절명의 위기(危機) 때마다 사망의 위기에서 건져주시고 생명의 은혜로 감싸주신 하나님을 의지하는 것이 가장 큰 기쁨이라고 고백(告白)하지 않습니까?

우리 모두 이렇게 신앙고백하며 하나님께 영광을 돌려드리십시다!

"하나님이여! 주는 하늘 위에 높이 들리시며 주의 영광은 온 세계 위에 높아지기를 원하나이다!"

할렐루야! 아멘.

시편(詩篇) - 61

귀머거리 독사와 소멸하는 달팽이!

"(다윗의 믹담 시 영장으로 알다스헷에 맞춘 노래) 인자들아 너희가 당연히 공의를 말하겠거늘 어찌 잠잠하느뇨 너희가 정직히 판단하느뇨 오히려 너희가 중심에 악을 행하며 땅에서 너희 손의 강포를 달아주는도다 악인은 모태에서부터 멀어졌음이여 나면서부터 곁길로 나아가 거짓을 말하는도다 저희의 독은 뱀의 독 같으며 저희는 귀를 막은 귀머거리 독사 같으니 곧 술사가 아무리 공교한 방술을 행할지라도 그 소리를 듣지 아니하는 독사로다 하나님이여 저희 입에서 이를 꺾으소서 여호와여 젊은 사자의 어금니를 꺾어 내시며 저희로 급히 흐르는 물 같이 사라지게 하시며 겨누는 살이 꺾임 같게 하시며 소멸하여 가는 달팽이 같게 하시며 만기되지 못하여 출생한 자가 일광을 보지 못함 같게 하소서 가시나무 불이 가마를 더웁게 하기 전에 저가 생 것과 불붙는 것을 회리바람으로 제하여 버리시리로다 의인은 악인의 보복 당함을 보고 기뻐함이여 그 발을 악인의 피에 씻으리로다 때에 사람의 말이 진실로 의인에게 갚음이 있고 진실로 땅에서 판단하시는 하나님이 계시다 하리로다."(58:1-11)

오늘의 본문 표제(標題)도 "다윗의 믹담 시 영장으로 알다스헷에 맞춘 노래"로 시작합니다. 51편 이후로 계속된 다윗의 시(詩)로 역사적인 배경이 비교적 자세히 나타나있는 교훈시입니다.

표제의 내용을 따라서 함께 전체를 살펴보십시다.

첫째, 58편도 영장이 지휘하는 찬양대의 예배용 찬송곡입니다.

지휘자인 영장의 지도하에 예배 때 부르는 찬송곡(讚頌曲)입니다.

둘째, 58편도 역시 알다스헷이라는 음조에 맞춘 노래입니다.

다윗의 믹담(מכתם)이나 마스길(משכיל)은 일종의 금언(金言)이나 교훈적인 시(詩)로써 특별히 "꼭 전하고 싶은 말"을 가리켜 말합니다.

여기에 나온 알다스헷(אל-תשחת)이라는 말은 낮고 부드럽고 애조(哀調)띈 소리나는 현악기의 음조(音調)에 맞춘 노래라는 말입니다. 이러한 노래들은 대개 고난당하는 자들에게 마음에 평안과 위로를 주는 역할을 합니다. 역시 이렇게 연주하라는 것입니다.

셋째, 58편의 배경은 다윗이 심한 고난을 당하던 때의 일로 두 가지의 사건을 회상(回想)하며 부른 노래입니다.

하나는, 사울의 추격으로 말미암아 굴(窟)에 피(避)해 있던 때에 사울의 주변에 있는 자들을 향하여 한 경고와 책망의 경우입니다.

다음은, 압살롬의 추격으로 말미암아 심한 고난을 당하고 있을 때에 압살롬을 따르는 자들을 향하여 한 책망과 경고의 말입니다.

넷째, 58편의 주제(主題)는 인간의 악행과 하나님의 은혜를 대조한 뛰어난 영상적(映像的)인 표현에 있습니다.

인간의 악행은/ 1절에 "인자(人子)들아! 너희가 당연히 공의(公義)를 말하겠거늘 어찌 잠잠하뇨?…"합니다.

여기서 말하는 인자(人子)는 우리 예수님께서 흔히 사용하시던 그런 인자가 아닙니다. 이 인간(人間)들아! 하는 책망의 호칭입니다.

하나님의 은혜는/ 11절에 "…땅에서 판단하시는 하나님이 계시다 하리로다"합니다.

"인자들아!"로부터 시작해서 "하나님이 계시다!"로 마치는 시입니다.

58편에는 이러한 두 가지의 주제를 가지고 아주 뛰어난 영상적인 표현들을 구사(驅使)한 면(面)이 곳곳에 보입니다.

첫째는 귀머거리 독사(毒蛇)와 입에서 이를 꺾는다는 표현입니다.

4절에 "…저희는 귀를 막은 귀머거리 독사 같으니…"하는 말씀과,

6절에 "하나님이여 저희 입에서 이를 꺾으소서…"합니다.

"귀"와 "입"이라는 두 가지의 신체적 구조를 대비(對比)하여 아주 뛰어난 영상적(映像的)인 이미지(Image)로 교훈하고 있습니다.

"귀를 막은 귀머거리 독사"란 하나님의 말씀을 듣기 싫어하는 자들,

듣지 아니하는 자들, 들어도 거역하는 자들처럼 말씀을 듣는 데서 멀어진 자들을 상징하는 표현입니다. 이들의 특징은 하나님의 말씀은 거부하되 세상적인 온갖 말로 남을 해(害)하려는 자입니다.

쓸데없는 말, 남을 해치는 말, 불평(不平), 원망(怨望), 감언이설(甘言利說), 모함(謀陷), 거짓증언(證言), 거짓말하는 자들입니다.

이러한 자(者)들의 입을 열어 이를 꺾어 버리시도록 간구합니다.

둘째는 인간의 악행에 대한 몇 가지의 영상적인 표현입니다.

7절에 "급히 흐르는 물"이라는 말입니다.

급류(急流)가 되어 흐르는 물은 대부분 와디(Wadi)가 되어 흔적도 없이 사라져 버린다는 것입니다.

7절에 "겨누는 살이 꺾임같이"라는 말입니다.

표적(標的)을 향하여 정밀하게 겨누고 쏘는 화살이 중간에 꺾여서 목표를 벗어남 같이 아무 쓸모없이 만들어 버린다는 것입니다.

8절에 "소멸하여 가는 달팽이"라는 말입니다.

무겁고 딱딱한 껍데기를 뒤집어쓴 달팽이가 기어가는 곳마다 점액자국만 남기다가 가뭄에 수분이 마르면 껍질만 남고 나머지는 소멸되어 사라지는 것 같이 소멸(消滅)되어 진다는 것입니다.

8절에 "만기되지 못하여 출생한 자"라는 말입니다.

악인은 마치 만삭되지 못하여 나온 미숙아(未熟兒)가 태어나자마자 죽어 해를 보지도 못한 것 같은 의미없는 인생과 같다는 것입니다.

9절에 "가시나무 불이 회리바람으로 제하여지리라"는 말입니다.

가시나무에 불을 붙일 때 처음에는 강하게 타오르는 것 같다가 회리바람이 몰아치니 순식간에 다 날라 가버린 것과 같다는 것입니다.

악인들이 아무리 계획을 세우고 권세를 가지고 기세좋게 행한다 할지라도 하나님이 처리해버리시면 순간에 사라져 버리지 않습니까?

여러분!
영적인 귀가 열려 하나님의 소리를 들을 수 있는 것이 얼마나 귀하고 복된 일인가를 깨달아 알았으면 좋겠습니다!
하나님의 말씀은 우리 인간에게 주신 최고의 축복입니다.
할렐루야! 아멘.

시편(詩篇) - 62

내가 주께 찬송(讚頌)하오리니…

"(다윗의 믹담 시 영장으로 알다스헷에 맞춘 노래 사울이 사람을 보내어 다윗을 죽이려고 그 집을 지킨 때에) 나의 하나님이여 내 원수에게서 나를 건지시고 일어나 치려는 자에게서 나를 높이 드소서 사악을 행하는 자에게서 나를 건지시고 피 흘리기를 즐기는 자에게서 나를 구원하소서 저희가 나의 생명을 해하려고 엎드려 기다리고 강한 자가 모여 나를 치려 하오니 여호와여 이는 나의 범과를 인함이 아니요 나의 죄를 인함도 아니로소이다 내가 허물이 없으나 저희가 달려와서 스스로 준비하오니 주여 나를 도우시기 위하여 깨사 감찰하소서 만군의 하나님 여호와, 이스라엘의 하나님이여 일어나 열방을 벌하소서 무릇 간사한 악인을 긍휼히 여기지 마소서 (셀라) 저희가 저물게 돌아와서 개처럼 울며 성으로 두루 다니고 그 입으로 악을 토하며 그 입술에는 칼이 있어 이르기를 누가 들으리요 하나이다 여호와여 주께서 저희를 웃으시리니 모든 열방을 비웃으시리이다 하나님은 나의 산성이시니 저의 힘을 인하여 내가 주를 바라리이다 나의 하나님이 그 인자하심으로 나를 영접하시며 내 원수의 보응 받는 것을 나로 목도케 하시리이다 저희를 죽이지 마옵소서 나의 백성이 잊을까 하나이다 우리 방패되신 주여 주의 능력으로 저희를 흩으시고 낮추소서 저희 입술의 말은 곧 그 입의 죄라 저희의 저주와 거짓말을 인하여 저희로 그 교만한 중에서 사로잡히게 하소서 진노하심으로 소멸하시되 없기까지 소멸하사 하나님이 야곱 중에 다스리심을 땅 끝까지 알게 하소서 (셀라) 저희로 저물게 돌아와서 개처럼 울며 성으로 두루 다니게 하소서 저희는 식물을 위하여 유리하다가 배부름을 얻지 못하면 밤을 새우려니와 나는 주의 힘을 노래하며 아침에 주의 인자하심을 높이 부르오리니 주는 나의 산성이시며 나의 환난 날에 피난처심이니이다 나의 힘이시여 내가 주께 찬송하오리니 하나님은 나의 산성이시며 나를 긍휼히 여기시는 하나님이심이니이다."(59:1-17)

오늘의 본문 표제도 "다윗의 믹담 시 영장으로 알다스헷에 맞춘 노래 사울이 사람을 보내어 다윗을 죽이려고 그 집을 지킨 때에"라는 비교적 긴 제목으로 시작하고 있습니다.

표제의 내용을 따라서 함께 살펴보십시다.

첫째, 59편도 영장이 지휘하는 찬양대의 예배용 찬송곡입니다.

지휘자인 영장의 인도로 공식예배 때 부르는 찬송곡(讚頌曲)입니다.

둘째, 59편도 역시 곡조(曲調)는 알다스헷에 맞춘 노래로 낮고 느린 애가(哀歌) 형식으로 부르라는 지시입니다.

59편도 다윗의 믹담(מכתם)인데, 이는 마스길(משכיל)과 함께 일종의 금언(金言)이나 교훈시(敎訓詩)로써 꼭 "전하고자 하는 말"을 가리켜 말합니다. 59편은 꼭 받아야할 교훈을 악기로 듣는 노래입니다.

이러한 악기의 음조(音調)에 맞춘 노래들은 힘들고 어려울 때, 대가 고난당하는 자들에게는 마음에 평안과 위로를 주는 역할을 합니다.

셋째, 59편의 배경(背景)은 표제대로 다윗이 암살될 뻔한 위기를 극복한 후 그 일을 회상하며 하나님께 감사하여 부른 노래입니다.

그러므로 59편의 배경은 삼상19:11-17절까지의 내용으로 사울이 다윗을 향한 증오(憎惡)와 살의(殺意)가 등등해져서 자객을 보내 살해하려 할 때에 사울의 딸 미갈의 도움으로 위기를 극복한 후 하나님께 감사하며 그 때 구원받은 일을 회상하며 부르는 노래입니다.

넷째, 59편의 주제(主題)는 인간의 악행에 대하여 하나님께서 철저히 징계와 처벌을 해주시도록 요구하는 일종의 간구시입니다.

59편에서는 지금까지 보아왔던 다윗의 시 중에서도 이렇게 강력하게 대적들에 대하여 처벌을 요구한 적이 없을 정도로 탄원합니다.

14절에 "저희로 저물게 돌아와서 개처럼 울며 성으로 두루 다니게 하소서"하지 않습니까? 개처럼 울며 두루 다니게? 대단한 욕입니다!

59편은 1절에 "나의 하나님(אלהי 엘로히)"로부터 시작해서

11절에 "나를 긍휼히 여기시는 하나님(אלהי 엘로히)"으로 끝납니다. 철저한 신본주의 신앙입니다!

그 안에 악인의 온갖 악행이 들어있고 이에 대한 간구가 있습니다.
첫째, 일어나 치려는 자
둘째, 사악(邪惡)을 행하는 자
셋째, 피 흘리기를 즐기는 자

넷째, 강(强)한 자

다섯째, 간사(奸詐)한 악인(惡人)

여섯째, 내 원수(怨讐)라고 표현하고 있습니다.

그러나 이들의 궤계와 핍박으로도 하나님의 구원의 은총은 막을 수 없음을 고백하며 마칩니다.

16절에 "…주는 나의 산성이시며 나의 환란 날에 피란처되심이니이다"라고 하지 않습니까?

다윗이 대적들의 죄악에 대해 특히 관심 갖고 본 것은 "입술의 죄악"에 관한 것입니다.

7절에 "그 입의 악(惡)…그 입술에 칼"입니다.

12절에 "저희 입술의 말…그 입의 죄(罪)"입니다.

12절에 "저희의 저주(詛呪)와…거짓말"입니다.

사탄이 성도들을 공격하는 무기에 대한 경고의 말씀입니다.

마귀는 다음과 같은 방법을 통해서 하나님의 자녀들을 공격합니다.

첫째는 위협(威脅)의 단계입니다.

초신자들이나 믿음의 기초가 연약한 자들을 공격하는 방법입니다.

둘째는 유혹(誘惑)의 단계입니다.

어느 정도 믿음이 자라난 자녀들에게는 돈이나, 이성(異性)이나, 명예(名譽)를 동원하여 미혹(迷惑)시켜서 공격하는 방법입니다.

셋째는 이간(離間)의 단계입니다.

믿음이 오래된 자들에게는 서로가 세력다툼을 벌이게 하여서 양쪽을 다 이간(離間)질로 속여서 다툼과 분쟁(紛爭)을 일으켜 공격하는 방법입니다.

이때에 제일 조심해야할 부분이 곧 "입술의 죄악과 거짓말"입니다.

여러분!

이러한 어려운 일이 일어날 때는 17절의 말씀처럼 "내가 주께 찬송하오리니" 하신 것처럼 입술로 죄짓지 마시고 찬송과 기도로 하나님께 맡기시면 됩니다.

할렐루야! 아멘.

시편(詩篇) - 63

주를 경외하는 자에게 기(旗)를 주시고!

"(다윗이 교훈하기 위하여 지은 믹담 영장으로 수산에듯에 맞춘 노래 다윗이 아람 나하라임과 아람 소바와 싸우는 중에 요압이 돌아와 에돔을 염곡에서 쳐서 일만 이천인을 죽인 때에) 하나님이여 주께서 우리를 버려 흩으셨고 분노하셨사오나 지금은 우리를 회복시키소서 주께서 땅을 진동시키사 갈라지게 하셨사오니 그 틈을 기우소서 땅이 요동함이니이다 주께서 주의 백성에게 어려움을 보이시고 B 척거리게 하는 포도주로 우리에게 마시우셨나이다 주를 경외하는 자에게 기를 주시고 진리를 우 하여 달게 하셨나이다(셀라) 주의 사랑하시는 자를 건지시기 위하여 우리에게 응답하사 오른손으로 구원하소서 하나님이 그 거룩하심으로 말씀하시되 내가 뛰놀리라 내가 세겜을 나누며 숙곳 골짜기를 척량하리라 길르앗이 내 것이요 므낫세도 내 것이며 에브라임은 내 머리의 보호자요 유다는 나의 홀이며 모압은 내 목욕통이라 에돔에는 내 신을 던지리라 블레셋아 나를 인하여 외치라 하셨도다 누가 나를 이끌어 견고한 성에 들이며 누가 나를 에돔에 인도할꼬 하나님이여 주께서 우리를 버리지 아니하셨나이까 하나님이여 주께서 우리 군대와 함께 나아가지 아니하시나이다 우리를 도와 대적을 치게 하소서 사람의 구원은 헛됨이니이다 우리가 하나님을 의지하고 용감히 행하리니 저는 우리의 대적을 밟으실 자심이로다."(60:1-12)

오늘의 본문 표제는 "다윗이 교훈하기 위하여 지은 믹담 영장으로 수산에듯에 맞춘 노래 다윗이 아람 나하라임과 아람 소바와 싸우는 중에 요압이 돌아와 에돔을 염곡에서 쳐서 일만 이천인을 죽인 때에"라는 지금까지 중에서도 가장 긴 제목으로 시작하고 있습니다.

그러면 이 긴 표제의 내용들과 함께 하나하나 살펴보도록 하십시다.

첫째, 60편도 영장이 지휘하는 찬양대의 공식예배용 찬송입니다.

지휘자인 영장의 인도로 공식예배 때 부르는 찬송곡(讚頌曲)입니다.

영장은 찬양대를 지휘하기도 하지만 시(詩)를 찬송(讚頌)으로 작곡(作曲)도 하고, 찬송을 시로 쓰기도 하며 예배를 예배답게 하는데에 중심적인 역할을 한 예배의 꽃이라 할 수 있습니다.

둘째, 60편은 수산에듯이란 곡조(曲調)에 맞춰 부르는 노래입니다.

원래 수산에둣(שושן עדות)이라는 말은 "증거의 백합화"라는 뜻을 가진 말인데, 여기에 나온 수산에둣은 명료(明瞭)하고 높은 소리 나는 목관악기(木管樂器)로 연주(演奏)할 때에 거기에 맞추는 곡조(曲調)를 말합니다. 이는 주로 전쟁의 승(勝)과 패(敗)에 따른 곡조(曲調)를 다르게 부르는 것을 맞춰서 따르는 음조(音調)입니다.

또한 60편은 다윗의 믹담(מכתם)으로써 일종의 교훈시(詩)입니다.

셋째, 60편의 배경(背景)은 표제대로 다윗이 블레셋등 주변의 나라들과 전쟁하며 승전한 것을 감사하며 하나님께 드린 찬송입니다.

본문의 배경은 삼하8장과 대상18장의 전쟁 때의 일로 보여 집니다.

그런데 이때의 사건에 대한 기록에는 약간의 오차가 있기는 합니다.

먼저는 삼하8장에서 요압이 아니라 아비새가 쳐 죽였다 하였으나 대상18장에서는 요압이 아니라 다윗이 쳐 죽였다고 합니다.

인원도 일만 이천이 아닌 일만 팔천 명으로 차이가 나타납니다.

그러나 중요한 것은 인원이나, 사람의 차이가 아니라 이렇게 끊임없이 계속된 위험한 전쟁 중에서도 하나님께서 항상 자신에게 함께해주셔서 연전연승(連戰連勝)을 거두게 해주신 은혜에 대하여 회상하며 감사의 기도를 드리게 되었다는 것입니다.

대상18:6,13절이나, 삼하8:6,14절에 "다윗이 어디를 가든지 여호와께서 이기게 하시니라"하신 말씀이 바로 이러한 감사기도에 대한 근거(根據)가 아니겠습니까?

넷째, 60편의 주제(主題)는 인간의 실패를 통해서도 오히려 하나님 은혜를 더 크게 깨닫게 하심에 대한 일종의 감사의 노래입니다.

60편은 그 표제처럼 에돔과의 전쟁에서 초반전(初盤戰)에는 비록 패배하였으나 하나님께 간구하므로 최후에는 대승을 거두도록 역사해주신 하나님의 은혜를 감사하는 내용의 노래입니다.

다윗이 아람의 연합군과의 전쟁에 주력하고 있는 동안에 에돔이 남부 이스라엘을 침공하므로 다윗이 급히 군사를 이끌고 내려왔으나 첫 번 교전(交戰)에서 실패한 후에 하나님께 간절히 기도합니다.

1절에 "하나님이여 주께서 우리를 버려 흩으셨고 분노하셨사오나…"

10절에 "하나님이여 주께서 우리를 버리지 아니하셨나이까?" 합니다.

그런 후에는 이전처럼 하나님이 함께해주시는 "신의 전쟁"으로 다시 회복시켜 주실 것을 확신(確信)하며 구원을 위해 기도하게 됩니다.

4절에 "주를 경외하는 자에게 기(旗)를 주시고…" 하신 말씀과 5절에 "주의 사랑하시는 자를 건지시기 위하여 우리에게 응답하사 오른 손으로 구원하소서…" 하신 말씀을 대조해 보세요!

12절에 "우리가 하나님을 의지하고 용감히 행하리니…" 합니다.

결국에는 하나님 손길의 도우심을 힘입어 대승을 거두게 됩니다.

무릇 전쟁이란 우리에게 다음과 같은 몇 가지의 교훈을 줍니다.

첫째는 전쟁은 패배를 통해서도 하나님의 은혜를 깨닫게하십니다.

1절에 "하나님이여 주께서 우리를 버려 흩으셨으나…지금은 우리를 회복(恢復)시키소서…" 합니다.

전쟁에서의 패배는 그 자체가 멸망이 아닙니다. 실수는 잠간이나 그것을 돌아보고 고치지 아니하면 영원한 실패로 굳어지게 됩니다.

여호수아에게 있어서 "아이 성의 패배"는 "여리고 성의 승리"만큼이나 가나안 정복전쟁을 승리로 이끄는데 중요한 역할을 하였습니다.

다윗은 잠간의 실패를 개의치 않고 얼른 그 원인을 찾아 기도하며 다시 하나님께 간구하여 패배를 승리로 바꾸는 지혜를 보입니다.

둘째는 전쟁의 승리를 통해서도 하나님의 교훈을 받게해주십니다.

5절에 "주의 사랑하시는 자를 건지시기 위하여 우리에게 응답하사"

6절에 "…내가 세겜을 나누며…, 숙곳골짜기를 척량하리라…" 합니다.

7절에 "길르앗이 내 것이요,…므낫세도 내 것이며…"합니다.

이 말씀은 요단 동편에 기업을 받은 므낫세 반지파와 르우벤, 갓지파의 본 고장인 길르앗 야베스를 말하는 것으로 이방족속들이 여기를 침략해 온 것을 다윗이 구원하려 왔다가 어려움을 당한 것을 말합니다.

이어서 연속으로 전쟁을 벌였던 나라들에 대한 증거입니다.

8절-9절에 "모압, 에돔, 블레셋, 그리고 에돔"까지 드러냅니다.

셋째는 전쟁의 승리나 패배보다도 더 귀중한 것은 하나님과의 관계를 얼마나 잘 맺었느냐에 있다는 것을 교훈하신 것입니다.

다윗이 승승장구(乘勝長驅)하던 가운데에서 처음으로 패배하였던 이 사건은 그에게는 가히 충격적이었을 것입니다.

그러나 결국에는 그의 간절한 기도로 최후의 승리를 얻게 되었지만, 전쟁이란 승패를 떠나서 우리가 얼마나 하나님을 의지하고 신앙하느냐? 하는데 있고 얼마나 하나님과 동행하느냐? 하는데 있음을 다윗은 뼈저리게 느끼고 깨닫게 된 것입니다.

12절에 "우리가 하나님을 의지(依支)하고 용감히 행하리니…"하지 않습니까?

어떠한 일이든 우리가 얼마나 하나님을 의지(依支)하느냐? 하는 것이 우리의 승패(勝敗)를 가르는 기준(基準)이 된다는 말입니다.

여러분!

하나님은 하나님만을 의지하고 기도하는 자의 편이 되어 주십니다!

모든 일을 오직 하나님께만 의지하는 지혜로운 성도가 되십시다!

할렐루야! 아멘.

시편(詩篇) - 64

땅 끝에서부터 부르짖는 기도로!

"(다윗의 시, 영장으로 현악에 맞춘 노래) 하나님이여 나의 부르짖음을 들으시며 내 기도에 유의하소서 내 마음이 눌릴 때에 땅 끝에서부터 주께 부르짖으오리니 나보다 높은 바위에 나를 인도하소서 주는 나의 피난처시요 원수를 피하는 견고한 망대심이니이다 내가 영원히 주의 장막에 거하며 내가 주의 날개 밑에 피하리이다(셀라) 하나님이여 내 서원을 들으시고 주의 이름을 경외하는 자의 얻을 기업을 내게 주셨나이다 주께서 왕으로 장수케 하사 그 나이 여러 대에 미치게 하시리이다 저가 영원히 하나님 앞에 거하리니 인자와 진리를 예비하사 저를 보호하소서 그리하시면 내가 주의 이름을 영원히 찬양하며 매일 나의 서원을 이행하리이다."(61:1-8)

오늘의 본문 표제도 "다윗의 시, 영장으로 현악에 맞춘 노래"로 시작하고 있습니다. 표제의 내용을 따라서 함께 살펴보십시다.

첫째, 61편도 영장이 지휘하는 찬양대의 예배용 찬송곡입니다.

지휘자인 영장의 인도로 현악기에 맞춰 부르는 예배용 찬송입니다.

둘째, 61편 표제의 지시어를 보면 승리의 기쁨을 노래한 것이 아니라 시련과 연단을 극복하기 위한 위로와 호소의 노래로 봅니다.

그동안의 표제들에 나타난 지시어(指示語)들을 보면 승리와 큰 행사를 위한 찬양의 노래보다는 시련과 고난을 극복하기 위한 위로의 노래나 하나님께 호소하는 노래들이 훨씬 더 많았습니다.

대개 승리의 노래들은 가볍고 경쾌한 분위기의 타악기(打樂器)나 관악기(管樂器)를 사용하는데 반해서 위로를 위한 노래들은 낮고, 부드럽고, 장중한 분위기의 현악기(絃樂器)들을 많이 사용하고 있음을 봅니다. 그래서 그런지 지금까지는 주로 현악에 맞춘 노래가 많았습니다.

오늘 본 본문의 지시어도 역시 현악에 맞춘 노래로 지시합니다.

이는 본문의 배경이 바로 이러한 고난과 시련의 때에 하나님의 도우심을 통해 위로받았음을 회상하며 드리는 찬양이기 때문입니다.

셋째, 61편의 배경은 다윗이 압살롬의 반역을 피할 때로 봅니다.

표제에 나타나지는 않았지만, 내용을 미루어보아서 다윗이 압살롬의 반역을 피하여 피난살이 할 때의 일이라고 봅니다.

그렇다면 본문의 배경은 삼하17장에서의 내용으로 다윗이 "마하나임"이라는 곳에서 압살롬의 추격(追擊)을 피하고 있을 때에 하나님으로부터의 위로받기를 간구하며 지은 시(詩)로 봅니다.

넷째, 61편의 주제는 하나님을 향한 다윗의 기도와 서원입니다.

61편 전체 중에서 가장 강력하게 표현된 말은 "기도(祈禱)"와 "서원(誓願)"이라는 말입니다.

기도(祈禱)에 대하여

1절에 "하나님이여 나의 부르짖음을 들으시고…"와

1절에 "내 기도(祈禱)에 유의(留意)하소서"라고 합니다.

2절에도 "땅 끝에서부터 주께 부르짖으오리니…"합니다.

서원(誓願)에 대하여

5절에는 "하나님이여 내 서원(誓願)을 들으시고…"합니다.

8절에도 "…매일(每日) 나의 서원을 이행(履行)하리이다"합니다.

그러면 도대체 왜 이 기도와 서원이 이렇게 강조 되었을까요?

다윗이 하나님에게서 가장 받고 싶었던 것이 곧 하나님께서 인자와 긍휼하심의 은혜이었습니다.

또 하나는 하나님의 진리(眞理)를 그렇게 배우고 싶었고, 받고 싶었고, 깨닫고 싶었던 것입니다.

다섯째, 61편의 목적은 하나님의 인자와 진리를 구하는 것입니다.

다윗은 하나님이 자기를 이 어려운 사태에서 구원하시고 보호하실 것이 곧 인자(仁慈 חסד 헤세드)와 진리(眞理 אמת 에메트)뿐임을 고백하며 그것을 간구한 것입니다.

다윗이 마하나임으로 피신했을 때, 아들 압살롬이 추격해 왔습니다.

압살롬에게는 강력한 군대(軍隊)가 있었으나 다윗에게는 없습니다.

압살롬에게는 백성들도 다 따랐으나 다윗에게는 얼마 없었습니다.

압살롬에게는 "아히도벨"같은 뛰어난 전략가와 용감한 부하들이 많았으나 다윗에게는 "후새"같은 이도 떠나 압살롬에게로 갔습니다. 다윗은 이러한 불리한 조건 하에서 그가 할 수 있는 것은 오직 하나님의 "인자와 진리"를 구하는 "기도와 서원" 밖에 없음을 깨닫고 간절하게 기도하는 다윗에게 나타내 보여주신 하나님의 소망은 지금까지 그의 인생에서 보여주셨던 다음과 같은 모습들이었습니다.

여기에서 다윗은 하나님이 자기에게 어떻게 해주실 것인가?를 생각하며 "나보다 높은 바위"라는 묘한 표현으로 하나님을 비유합니다.

첫째는 3절/ 피난처(避難處) 역할을 하는 바위입니다.

다윗이 유대광야에서 피신하던 때에 큰 바위들 틈에 숨어 무사히 피신하였던 것을 기억하며 피난처 되신 하나님을 생각한 것입니다.

둘째는 3절/ 견고(堅固)한 망대(望臺) 역할을 하는 바위입니다.

적들의 동태를 살피고 자신들의 진(陣)들을 보호하는데 가장 좋았던 바위요새를 기억하며 망대 역할을 해주신 하나님을 생각합니다.

셋째는 4절/ 주의 장막(帳幕) 역할을 하는 바위입니다.

주로 바위 속에 있던 동굴 속에서 은신(隱身)하며 어려운 때에 장막으로 삼았던 것을 기억하며 장막되어 주신 하나님을 생각합니다.

넷째는 4절/ 주(主)의 날개 밑 역할을 하는 바위입니다.

지금까지 위기 때마다 그를 보호해주시던 하나님의 역할(役割)에

대하여 은유적(隱喩的)인 표현들을 통해 하나님의 사랑과 은혜(恩惠)에 감사하며 또 다시 간구하는 간절한 찬양의 시입니다.

여러분!

하나님은 우리의 간절한 기도를 뿌리치지 못하십니다.

우리에게도 이와 같은 은혜의 모습으로 임재해주실 것을 믿습니다.

하나님의 인자하심과 진리에 대한 언약적 이행을 확신하며 항상 기도와 서원의 삶으로 하나님을 의지하십시다!

할렐루야! 아멘.

시편(詩篇) - 65

하나님은 우리의 피난처시로다. 셀라!

"(다윗의 시, 영장으로 여두둔의 법칙을 의지하여 한 노래) 나의 영혼이 잠잠히 하나님만 바람이여 나의 구원이 그에게서 나는도다 오직 저만 나의 반석이시요 나의 구원이시요 나의 산성이시니 내가 크게 요동치 아니하리로다넘어지는 담과 흔들리는 울타리 같은 사람을 죽이려고 너희가 일제히 박격하기를 언제까지 하려느냐 저희가 그를 그 높은 위에서 떨어뜨리기만 꾀하고 거짓을 즐겨 하니 입으로는 축복이요 속으로는 저주로다(셀라) 나의 영혼아 잠잠히 하나님만 바라라 대저 나의 소망이 저로 좇아 나는도다 오직 저만 나의 반석이시요 나의 구원이시요 나의 산성이시니 내가 요동치 아니하리로다 나의 구원과 영광이 하나님께 있음이여 내 힘의 반석과 피난처도 하나님께 있도다 백성들아 시시로 저를 의지하고 그 앞에 마음을 토하라 하나님은 우리의 피난처시로다(셀라) 진실로 천한 자도 헛되고 높은 자도 거짓되니 저울에 달면 들려 입김보다 경하리로다 포학을 의지하지 말며 탈취한 것으로 허망하여지지 말며 재물이 늘어도 거기 치심치 말지어다 하나님이 한두번 하신 말씀을 내가 들었나니 권능은 하나님께 속하였다 하셨도다 주여 인자함도 주께 속하였사오니 주께서 각 사람이 행한 대로 갚으심이니이다."(62:1-12)

오늘 본문의 표제는 "다윗의 시, 영장으로 여두둔의 법칙을 의지하여 한 노래"로 시작하고 있습니다. 오늘의 표제는 그 내용에 특이한 지시어(指示語)가 들어있지요? "여두둔의 법칙을 의지하라!"는 것입니다. 그러면 말씀을 따라서 함께 살펴보도록 하십시다.

첫째, 62편도 영장이라는 말이 있으니 예배용 찬송곡이 맞습니다.

다윗 시대의 유명한 영장(슈長 מנצח메낫체흐)인 여두둔이 지휘한 궁중 찬양대의 예배용 찬송곡입니다. "여두둔(ידותון)"이라는 이름으로 된 시(詩)중에는 39편, 62편과 77편이 있습니다.

둘째, 62편의 지시어를 보면 여두둔의 법칙을 의지하라고 합니다.

이 말은 당시의 유명한 악장(樂匠)이었던 여두둔에 의해 작곡되었던 "음계(音階)의 법칙(法則)"을 따라서 부르는 곡조라는 말입니다.

대상 25:1절에 "다윗이…아삽과 헤만과 여두둔의 자손 중에서 구별하여 섬기게 하여…신령한 노래를 하게 하였으니…"하신 말씀이 있지요? 여기 아삽이나, 헤만, 여두둔 같은 이들은 바로 궁중(宮中) 성가대의 유명한 지휘자(指揮者)들, 곧 영장들입니다. 다윗이 심혈을 기울여 찬양대를 조직하고 작곡부터 공식예배의 찬양대 합창 지휘(指揮)에 이르기까지 전폭으로 맡긴 것이 그 배경입니다.

셋째, 62편의 배경은 압살롬이 반역하던 때의 일로 생각됩니다.

표제에 나타나지는 않았지만, 내용을 미루어보아서 다윗이 압살롬의 반역을 피하여 기드론 시내를 건너 요단강으로 피신할 때의 일이라 봅니다. 자식이 일으킨 반역이니 누구를 원망하고 욕하고 할 것 없이 오직 하나님의 은혜만을 바라보며 하나님께만 호소한 시입니다.

1절의 "나의 영혼이 잠잠히 하나님만 바람이여 나의 구원이 그에게서 나는도다"하는 기도의 내용이 그렇지 않습니까?

그래서 2절에 "오직 저만 나의 반석이시오, 나의 구원이시오, 나의 산성이시니…"하고 자신의 처지를 하나님께 고백하고 있습니다.

넷째, 62편의 주제는 오직 하나님만이 다윗의 소망이라 합니다.

5절에 "…대저 나의 소망(所望)이 저로 좇아 나는도다"하신 말씀과

7절에 "나의 구원과 영광이 하나님께 있음이여 내 힘의 반석과 피난처도 하나님께 있도다" 하신 말씀을 비교하면 알 수 있습니다.

그리고 11절에 "…권능은 하나님께 속하였다 하셨도다"라고 합니다.

다윗이 이렇게 오직 하나님만을 소망이라고 의지하며 붙드는 데에는 자기를 에워싼 인간들의 궤계와 반역이 극심하여 마음에 큰 절망과 고통을 받았기 때문입니다.

다섯째, 62편의 구조는 악한 자의 마음을 통해서나 주의 자녀들의 마음을 통해서나 오직 하나님은 영광을 받으신다는 것입니다.

62편에는 "셀라(סלה)"의 신앙이 분명하게 나타나있습니다.

먼저는 4절에 "…속으로는 저주로다"하니까 "셀라!"하고 화답합니다.
다음은 8절에도 "우리의 피난처시로다!"하니까 역시 "셀라!"합니다.
4절의 셀라와 8절의 셀라는 대상들이 완전히 다르지 않습니까?
그런데도 다 같이 셀라로 화답을 하는 것을 어떻게 생각하십니까?
원래 이 "셀라"라는 외침은 공식예배의 찬양 시(時)에 왕이나 지휘자와 백성 간(間)의 화답형(和答形) 교감(交感)의 한 형태입니다.
할렐루야(הללו יה)! 나 아멘(אמן)과 같은 의미(意味)의 말입니다.
그러면 "셀라(סלה)"의 신앙이 무엇인지를 살펴보도록 하십시다.
첫째는 셀라는 하나님을 찬양하는 의미로 쓰는 화답(和答)입니다.
24편에 "영광의 왕이 뉘시뇨? 만군의 여호와께서 영광의 왕이시로다" 셀라! 합니다. 하나님께 존귀와 영광으로 찬양한다는 말입니다.
둘째는 셀라는 순종한다는 의미로 쓰는 찬성(贊成)의 표시입니다.
46편에 "우리는 두려워 아니하리로다"하니 모두 "셀라!" 합니다.
하나님의 역사에 찬성하며 그대로 따르겠다는 순종의 표시입니다.
셋째는 셀라는 강조(强調)한다는 의미로 쓰는 알림의 표현입니다.
68편에 "광야에 행진 하셨을 때에 (셀라), 땅이 진동하며…"합니다.
하나님의 위대한 역사(役事)를 강조할 때에 그 부분을 좀 더 강하게 나타내고자 쓰는 강조(强調)의 부호(符號)이기도 합니다.
넷째는 셀라는 중지(中止)한다는 의미로 쓰는 정리의 표식입니다.
3편에 "주의 복을 주의 백성에게 내리소서"하고 다음은 단절됩니다.
지금까지 계속하던 것을 잠시 멈추고 쉬는 것으로(Pause), 그 뜻을 잠시 쉬고, 모아서 외치는 일종의 "시간적인 은혜"를 나타냅니다.
다섯째는 셀라는 일치(一致)하는 의미로 쓰는 단합의 표현입니다.
20절에 "네 번제를 받으시기를 원하노라", "셀라(סלה)!"
"네 마음의 소원대로 허락하시고…"하며 선(先)과 후(後)를 일치시켜 좀 더 단합된 모습을 보여주는 표현으로 쓰입니다.

여러분!

이러한 셀라를 통하여 우리도 하나님과의 일치되는 교감(交感)을 이루시는 성도가 되셨으면 합니다.

할렐루야! 아멘.

시편(詩篇) - 66

침상에서도 주를 기억하기 원합니다!

"(다윗의 시, 유다 광야에 있을 때에) 하나님이여 주는 나의 하나님이시라 내가 간절히 주를 찾되 물이 없어 마르고 곤핍한 땅에서 내 영혼이 주를 갈망하며 내 육체가 주를 앙모하나이다 내가 주의 권능과 영광을 보려 하여 이와 같이 성소에서 주를 바라보았나이다 주의 인자가 생명보다 나으므로 내 입술이 주를 찬양할 것이라 이러므로 내 평생에 주를 송축하며 주의 이름으로 인하여 내 손을 들리이다 골수와 기름진 것을 먹음과 같이 내 영혼이 만족할 것이라 내 입이 기쁜 입술로 주를 찬송하되 내가 나의 침상에서 주를 기억하며 밤중에 주를 묵상할 때에 하오리니 주는 나의 도움이 되셨음이라 내가 주의 날개 그늘에서 즐거이 부르리이다 나의 영혼이 주를 가까이 따르니 주의 오른손이 나를 붙드시거니와 나의 영혼을 찾아 멸하려 하는 저희는 땅 깊은 곳에 들어가며 칼의 세력에 붙인바 되어 시랑의 밥이 되리이다 왕은 하나님을 즐거워하리니 주로 맹세한 자마다 자랑할 것이나 거짓말 하는 자의 입은 막히리로다."(63:1-11)

오늘 본문의 표제(標題)는 "다윗의 시, 유다 광야에 있을 때에"로 시작하고 있습니다. 고난 중에서 지은 다윗의 시라는 말입니다.

첫째, 표제에 다른 지시어가 없으니 자유롭게 부르는 찬송입니다.

다만 유다 광야에 있을 때에 지은 시라는 말이니 한참 고난의 시기를 보낼 때에 하나님의 구원의 은총을 사모하며 부르는 노래입니다.

둘째, 63편의 배경은 표제대로 유다 광야에서 피신할 때입니다.

다윗이 유다 광야에 있을 때의 일이라면 다음과 같은 두 가지의 경우입니다.

먼저는 삼상23-24장 사건 때의 일로 사울에게 쫓길 때입니다.

다음은 삼하16장 사건(事件) 때의 일로 압살롬에게 쫓길 때입니다.

본문의 11절에 "왕은 하나님을 즐거워하리니…"라고 한 말씀을 미루어 보아서 여기의 왕은 다윗을 가리키므로 후자의 사건으로 봅니다.

따라서 시61편-62편-63편은 이러한 사건을 통해서 나타난 다윗의 연작(連作)으로 볼 수 있습니다.

셋째, 63편의 주제(主題)는 다윗이 하나님과의 은혜관계를 갈망함에 대하여 하나님께서 인자하심으로 맺어주심에 초점을 맞춥니다.

3절에 "주의 인자(仁慈)가 생명(生命)보다 나으므로 내 입술이 주를 찬양(讚揚)할 것이라"고 고백(告白)하지 않습니까?

아무리 고난과 시련이 극할지라도 최후에는 하나님께서 자기를 구해주시고 은혜를 베푸사 승리를 주실 것이라는 확신으로 마칩니다.

7절에 "주는 나의 도움이 되셨음이라 내가 주의 날개 그늘에서 즐거이 부르리이다" 합니다.

넷째, 63편의 특징(特徵)은 다윗의 신본주의 신앙을 보여줍니다.

1절에 "하나님이여 주는 나의 하나님이시라 내가 간절히 주를 찾되 물이 없어 마르고 곤핍한 땅에서 내 영혼이 주를 갈망하며 내 육체가 주를 앙모하나이다"라고 고백한 내용을 보면 그의 신앙 중심이 어디에 있는지를 분명하게 구별해 볼 수 있습니다.

다윗의 신본주의 신앙이라는 것이 구체적으로 어떻게 나타납니까?

첫째는 다윗은 광야에서도 주님만을 갈망하고 있음을 보여줍니다.

광야의 어렵고 구차한 생활이나 사랑하는 자식으로부터의 반역이라는 아픔 보다는 오히려 하나님 앞에 예배를 온전히 드리지 못함을 더 안타깝게 생각하고 있습니다.

둘째는 다윗은 성막에서도 주님 섬김을 더욱 귀중하게 여깁니다.

2절에 "…이와 같이 성소에서 주를 바라보았나이다"하고 말합니다.

마치 84:10절의 말씀처럼 "주의 궁전에서 한 날이 다른 곳에서 천날보다 나은즉…"하듯이 생각하며 고백하고 있습니다.

셋째는 다윗은 평생을 주를 송축하며 지내고 싶은 고백을 합니다.

4절에 "이러므로 내 평생에 주를 송축하며 주의 이름으로 인하여 내 손을 들리이다"라고 찬양합니다.

일평생 하나님을 찬양하며 살고 싶다는 신앙의 고백을 한 것입니다.

넷째는 다윗은 침상에서도 주를 기억하기를 소원한다는 것입니다.

6절에 "내가 나의 침상에서 주를 기억하며 밤중에 주를 묵상할 때에 하오리니…"하고 고백합니다.

밤 시간이란 가장 세상적(世上的)인 때요, 침상(寢牀)이란 가장 방종(放縱)하기 쉬운 자리입니다.

그런데 이렇게 어려운 자리와 시간에서도 오직 하나님만을 생각하고 신앙을 지킨다는 것은 하나님 중심의 신앙이 아니면 이룰 수 없다는 것 아닙니까?

여러분!

다윗의 하나님 중심 신앙을 바라보면서 우리의 중심에도 하나님을 뜨겁게 영접하는 역사가 나타났으면 좋겠습니다.

할렐루야! 아멘.

시편(詩篇) - 67

하나님이 저희를 쏘시리니…

"(다윗의 시, 영장으로 한 노래) 하나님이여 나의 근심하는 소리를 들으시고 원수의 두려움에서 나의 생명을 보존하소서 주는 나를 숨기사 행악자의 비밀한 꾀에서와 죄악을 짓는 자의 요란에서 벗어나게 하소서 저희가 칼 같이 자기 혀를 연마하며 화살 같이 독한 말로 겨누고 숨은 곳에서 완전한 자를 쏘려 하다가 갑자기 쏘고 두려워하지 않도다 저희는 악한 목적으로 서로 장려하며 비밀히 올무 놓기를 함께 의논하고 하는 말이 누가 보리요 하며 저희는 죄악을 도모하며 이르기를 우리가 묘책을 찾았다 하나니 각 사람의 속 뜻과 마음이 깊도다 그러나 하나님이 저희를 쏘시리니 저희가 홀연히 살에 상하리로다 이러므로 저희가 엎드러지리니 저희의 혀가 저희를 해함이라 저희를 보는 자가 다 머리를 흔들리로다 모든 사람이 두려워하여 하나님의 일을 선포하며 그 행하심을 깊이 생각하리로다 의인은 여호와를 인하여 즐거워하며 그에게 피하리니 마음이 정직한 자는 다 자랑하리로다."(64:1-10)

오늘의 본문 표제도 "다윗의 시, 영장으로 한 노래"로 시작하고 있습니다. 표제의 내용을 따라서 함께 살펴보십시다.

첫째, 64편도 영장이 지휘하는 찬양대의 예배용 찬송곡입니다.

지휘자인 영장의 인도로 현악기에 맞춰 부르는 예배용 찬송입니다.

둘째, 64편의 배경(背景)은 정확히 알 수 없고 다만 원수들의 박해나 반란으로부터 구원하시고 위로해달라는 청원의 노래로 봅니다.

표제에는 특별한 지시어(指示語)가 없으므로 정확한 배경이나 목적은 시(詩)의 내용 속에서 찾아 하나하나 음미할 수밖에 없습니다.

시련과 고난을 극복하기 위해 하나님께 호소하는 청원기도입니다.

셋째, 64편의 주제(主題)는 원수를 향한 하나님의 심판을 청구하며 오히려 의인에게는 즐거움을 주시도록 간구하는 노래입니다.

1절에 "하나님이여! 나의 근심하는 소리를 들으시고…"하며 청원하며 시작한 내용이 10절에서 "의인(義人)은 여호와를 인하여 즐거워하며…"

로 끝나는 구도(構圖)는 다윗의 신본주의 신앙의 가장 핵심적(核心的)인 표현이라고 볼 수 있습니다.

그러면 본문에 나타난 다윗의 신앙 안목을 살펴보십시다.
본문에서 다윗의 노래는 다음과 같은 몇 가지의 의미를 보입니다.
첫째는 다윗의 시(詩)에는 선(善)과 악(惡)에 대한 2분법(分法)적인 구도(構圖)가 아주 선명하게 나타나고 있습니다.
다윗을 핍박하는 자에 대한 표현입니다.
(1) 1절에서 "원수(怨讐)"
(2) 2절에서 "행악자(行惡者)"
(3) 2절에서 "죄악(罪惡)을 짓는 자(者)"
핍박받는 당사자인 다윗 자신에 대한 표현입니다.
(1) 4절에서 "완전(完全)한 자"
(2) 10절에서 "의인(義人)"
(3) 10절에서 "마음이 정직한 자"
둘째는 다윗의 기도(祈禱)에는 상대방에 대한 적대감(敵對感)을 직설적(直說的)으로 나타냅니다.

다윗은 하나님을 찬양하는 노래로써는 전혀 어울리지 않게 상대방에 대하여는 적대적(敵對的)인 감정을 표현함에 있어서 여과(濾過)과정을 전혀 거치지 않고 나온 감정대로 그대로 표출합니다.

2절에 "행악자의 비밀한 꾀에서…벗어나게 하소서…"합니다.

3절에 "저희가 칼 같이 자기 혀를 연마하며 화살같이 독한 말로 겨누고…"합니다.

5절에 "저희는 악한 목적으로 서로 장려하며 비밀히 올무 놓기를 함께 의논하며…"합니다.

6절에 "저희는 죄악을 도모하며…우리가 묘책을 찾았다…"합니다.

셋째는 다윗의 찬양(讚揚)은 신앙과 시련의 관계를 하나님께 고백하며 즐겁게 드립니다.

10절에 "의인은 여호와를 인하여 즐거워하며 그에게 피하리니 마음이 정직한 자는 다 자랑하리로다"합니다.

다윗은 아무리 어려운 일이 있어도 하나님을 향한 찬양에는 조금도 게을리 하지 않고 즐겁게 자랑스럽게 찬양을 드립니다.

흔히 과학(科學)에 관한 이야기를 하면 아주 어렵고 복잡한 것으로만 생각하는데, 사실은 그 기본(基本)되는 원리(原理)만 잘 이해하면 아주 쉽게 알 수 있고 간단하게 풀리기도 합니다.

이 원리는 우리 신앙의 문제에 있어서도 똑 같습니다.

본문을 보면서 느껴지는 가장 강한 인상은 "왜 다윗의 신앙은 그렇게 좋은데, 그에게 왜 그리 시련과 연단이 많은가?" 하는 것입니다.

그러면 다윗의 시련과 신앙의 함수관계(函數關係)를 살펴보실까요?

첫째, 시련은 신앙의 진위(眞僞)를 가리는 요소라는 것입니다.

"송죽(松竹)의 절개(節槪)는 엄동설한(嚴冬雪寒)의 계절에서 드러난다"라는 말이 있는 것처럼 시련을 겪을 때에 비로소 참된 신앙의 모습이 드러나게 된다는 것입니다. 다윗의 생애에 나타난 일련의 시련들은 바로 다윗의 신앙이 얼마나 진실한가를 드러낸 요소입니다.

둘째, 시련은 신앙 속에 포함된 불순물을 제거하는 요소입니다.

하나님께서 우리에게 신앙을 주실 때는 아주 순수하였는데, 우리의 삶 속에서 온갖 죄와 악으로 물들어 불순물들이 꽉차버린 것을 시련을 통해서 다 제거(除去)해버리는 청결제(淸潔劑)의 역할을 하는 것입니다. 다윗에게 계속되었던 시련들도 똑같이 그의 신앙을 청결하게 하여 하나님의 마음에 쏙 들게 만든 요소가 되었던 것입니다.

셋째, 시련은 신앙을 성장시키는 촉매제(觸媒劑) 역할도 합니다.

나무나 풀들이 자랄 때에는 적당한 변화(變化)와 자극(刺戟)과 양분(養分)의 요소가 있어야 잘 자라는 것처럼 신앙이 성장하는 데에는 적당한 시련(試鍊)과 연단이 있어야 신앙의 성장을 이끄는 촉매제 역할을 할 수 있습니다.

다윗에게 임하였던 모든 시련들도 이러한 안목에서 보면 그의 신앙에 얼마나 귀한 거름의 역할을 하였는지를 깨닫게 될 것입니다.

여러분!

우리도 다윗의 신앙 안목처럼 우리 앞에 이루어지는 시련의 모든 일을 신앙으로 바라볼 수 있기를 바랍니다.

할렐루야! 아멘.

시편(詩篇) - 68

다 즐거이 외치고 노래하자!

"(다윗의 시, 영장으로 한 노래) 하나님이여 찬송이 시온에서 주를 기다리오며 사람이 서원을 주께 이행하리이다 기도를 들으시는 주여 모든 육체가 주께 나아오리이다 죄악이 나를 이기었사오니 우리의 죄과를 주께서 사하시리이다 주께서 택하시고 가까이 오게 하사 주의 뜰에 거하게 하신 사람은 복이 있나이다 우리가 주의 집 곧 주의 성전의 아름다움으로 만족하리이다 우리 구원의 하나님이시여 땅의 모든 끝과 먼 바다에 있는 자의 의지할 주께서 의를 좇아 엄위하신 일로 우리에게 응답하시리이다 주는 주의 힘으로 산을 세우시며 권능으로 띠를 띠시며 바다의 흉용과 물결의 요동과 만민의 훤화까지 진정하시나이다 땅 끝에 거하는 자가 주의 징조를 두려워하나이다 주께서 아침 되는 것과 저녁 되는 것을 즐거워하게 하시며 땅을 권고하사 물을 대어 심히 윤택케 하시며 하나님의 강에 물이 가득하게 하시고 이 같이 땅을 예비하신 후에 저희에게 곡식을 주시나이다 주께서 밭고랑에 물을 넉넉히 대사 그 이랑을 평평하게 하시며 또 단 비로 부드럽게 하시고 그 싹에 복 주시나이다 주의 은택으로 연사에 관 씌우시니 주의 길에는 기름이 떨어지며 들의 초장에도 떨어지니 작은 산들이 기쁨으로 띠를 띠었나이다 초장에는 양떼가 입혔고 골짜기에는 곡식이 덮였으매 저희가 다 즐거이 외치고 또 노래하나이다."(65:1-13)

오늘의 본문 표제도 "다윗의 시, 영장으로 한 노래"로 시작하고 있습니다만 그 내용의 색깔이 전편인 64편과는 조금 차이가 납니다.

먼저 보았던 64편과 65편의 표제를 비교해보면 다음과 같습니다.

64편은: "다윗의 시, 영장으로 한 노래 למנצח מזמור לדוד 르메나체흐 미즈모르 르다윗"이라 해서 다윗의 "시(詩)"라는 말입니다.

65편은: "다윗의 시, 영장으로 한 노래 למנצח מזמור לדוד שיר 르메나체흐 미즈모르 르다윗 쉬르"라고 해서 다윗의 "노래"라는 말입니다.

양쪽의 시편을 비교해보면 64편이 어둡고 낮은 묵직한 느낌의 찬양이라면 65편은 좀 더 밝고 경쾌한 느낌의 찬양이라 할 수 있습니다.

이러한 표제를 따라서 다음의 내용들을 하나하나 살펴보십시다.

첫째, 65편도 영장이 지휘하는 찬양대의 예배용 찬송곡입니다.

지휘자인 영장의 인도로 종교적인 큰 행사인 맥추절을 지키며 백성들이 기쁨과 감사함으로 드리는 예배에 맞춘 찬송곡으로 봅니다.

둘째, 65편의 배경(背景)도 역시 정확하지는 않지만, 무슨 절기를 맞이하여 범국가적인 행사 때에 부르는 찬양대의 노래 같습니다.

표제에는 특별한 지시어(指示語)가 없지만 내용을 따라서 보면 절기용으로 성막에서 많은 예배자들이 함께 부르는 노래로 보입니다.

셋째, 65편에 가장 두드러지게 나타난 것은 다윗의 신관입니다.

사람들이 어떤 사건(事件)이나 사물(事物)의 현상(現狀)들을 보면서 나름대로 자신의 생각으로 판단하여 정리하는 것을 가리켜 "관(觀)"을 세웠다고 합니다.

자기 스스로 독자적으로 정립한 관을 주관(主觀)이라 하고 다른 사람들도 다 같이 생각하는 공통된 생각을 객관(客觀)이라 합니다.

이런 관은 우리 인생의 삶속에 매우 중요한 영향을 미치게 됩니다.

세상을 보는 세계관(世界觀),

물질을 보는 물질관(物質觀),

인생을 보는 인생관(人生觀),

역사를 보는 역사관(歷史觀)등등이 모든 면에서 영향을 미칩니다.

그중에서도 특별히 우리의 삶 속에 많은 영향을 미치는 것은 우리의 신앙에 관한 신앙관(信仰觀)입니다.

하나님을 어떻게 보느냐?에 따른 신관(神觀)이 있습니다.

구원을 어떻게 보느냐?에 따른 구원관(救援觀)이 있습니다.

성경을 어떻게 보느냐?에 따른 성경관(聖經觀)이 있습니다.

이렇게 관(觀)을 세워서 설(說)로, 다시 론(論)으로, 더하여 학(學)으로의 진리를 이루는 과정 중에서 가장 기초적인 것은 관입니다.

본문에는 다윗의 하나님에 대한 신관(神觀)이 뚜렷하게 나타납니다.

첫째는 하나님은 찬양받으시기에 합당하신 분.

1절에 "하나님이여 찬송이 시온에서 주(主)를 기다리오며…"합니다.

둘째는 하나님은 기도받으시고 응답하시는 분.

2절에 "기도를 들으시는 주여!…"합니다.

셋째는 하나님은 죄(罪)를 사(赦)해주시는 분.

3절에 "…우리의 죄과(罪過)를 주께서 사(赦)하시리이다"합니다.

넷째는 하나님은 우리에게 복(福) 주시는 분.

4절에 "주께서 택하시고 가까이 오게 하사 주의 뜰에 거하게 하신 사람은 복이 있나이다"합니다.

다섯째는 하나님은 무(無)에서 유(有)를 창조(創造)하신 분.

5-8절 "주는 주의 힘으로 산을 세우시며 권능으로 띠를 띠시며…"합니다.

여섯째는 하나님은 섭리(攝理)를 통해 은혜를 베푸시는 분.

11절 "주의 은택으로 년사(年事)에 관(冠) 씌우시며…"로 시작해서

13절 "초장에는 양떼가 입혔고 골짜기에는 곡식이 덮였으며 저희가 다 즐거이 외치고 또 노래하나이다"로 마칩니다.

이제 다윗은 풍성한 하나님의 축복을 감사하며 그 은총을 찬양합니다. 다윗의 철저한 신관(神觀)이 참 멋있고 아름답지 않습니까?

여러분!

우리의 신앙관을 올바르게 정립하며 하나님과의 관계를 잘 맺으시기를 축원합니다.

할렐루야! 아멘.

시편(詩篇) - 69

섭리와 기적과 시험의 역사를!

"(시 영장으로 한 노래) 온 땅이여 하나님께 즐거운 소리를 발할지어다 그 이름의 영광을 찬양하고 영화롭게 찬송할지어다 하나님께 고하기를 주의 일이 어찌 그리 엄위하신지요 주의 큰 권능으로 인하여 주의 원수가 주께 복종할 것이며 온 땅이 주께 경배하고 주를 찬양하며 주의 이름을 찬양하리이다 할지어다(셀라) 와서 하나님의 행하신 것을 보라 인생에게 행하심이 엄위하시도다 하나님이 바다를 변하여 육지 되게 하셨으므로 무리가 도보로 강을 통과하고 우리가 거기서 주로 인하여 기뻐하였도다 저가 그 능으로 영원히 치리하시며 눈으로 열방을 감찰하시나니 거역하는 자는 자고하지 말지어다(셀라)만민들아 우리 하나님을 송축하며 그 송축 소리로 들리게 할지어다 그는 우리 영혼을 살려 두시고 우리의 실족함을 허락지 아니하시는 주시로다 하나님이여 주께서 우리를 시험하시되 우리를 단련하시기를 은을 단련함 같이 하셨으며 우리를 끌어 그물에 들게 하시며 어려운 짐을 우리 허리에 두셨으며 사람들로 우리 머리 위로 타고 가게 하셨나이다 우리가 불과 물을 통행하였더니 주께서 우리를 끌어내사 풍부한 곳에 들이셨나이다 내가 번제를 가지고 주의 집에 들어가서 나의 서원을 갚으리니 이는 내 입술이 발한 것이요 내 환난 때에 내 입이 말한 것이니이다 내가 수양의 향기와 함께 살진 것으로 주께 번제를 드리며 수소와 염소를 드리리이다(셀라) 하나님을 두려워하는 너희들아 다 와서 들으라 하나님이 내 영혼을 위하여 행하신 일을 내가 선포하리로다 내가 내 입으로 그에게 부르짖으며 내 혀로 높이 찬송하였도다 내가 내 마음에 죄악을 품으면 주께서 듣지 아니하시리라 그러나 하나님이 실로 들으셨으며 내 기도 소리에 주의하셨도다 하나님을 찬송하리로다 저가 내 기도를 물리치지 아니하시고 그 인자하심을 내게서 거두지도 아니하셨도다."(66:1-20)

오늘의 본문 표제는 "시, 영장으로 한 노래 מזמור שיר למנצח르메낫체흐 쉬르 미즈모르"로 시작하고 있습니다. 다윗의 이름이 빠졌습니다.

첫째, 66편도 영장이라는 말이 등장하니 찬양대의 찬송곡입니다.

지휘자인 영장의 인도로 공식예배용 찬송곡으로 부르는 노래입니다.

둘째, 66편의 배경에 대해서는 알 수 없으나 다윗의 시로 봅니다.

지금까지 계속되어온 표제대로 보면 본문에는 "다윗의 시 לדוד르다윗"이라는 말이 빠져있기 때문에 다윗의 저작을 부인하기도 합니다. 그래서 다윗의 이름이 빠져있다고 다윗의 한참 후대(後代)인 여호사밧이나 히스기야나 또 다른 유대의 왕까지로 저자(著者)를 넓혀보는 견해(見解)도 있기는 하지만, 본 시편의 내용이나, 편집상(編輯上)의 문제로 보았을 때, 이 66편도 다윗의 시(詩)임에 틀림없는 것 같습니다. 왜냐하면 시편 제2권의 마지막인 72편의 끝 절에 기록한대로 "…아멘, 아멘 이새의 아들 다윗의 기도가 필(畢)하다"라는 말씀을 보면 72편에 이르기까지의 대부분의 시편들은 다윗의 저작(著作)으로 나타나있기 때문입니다.

셋째, 66편에 뛰어나게 표현된 것은 하나님 역사에 대한 이해입니다.

세상만사(世上萬事) 모든 것은 다 하나님의 역사로 진행됩니다.

하나님께서 자녀들을 이끄시고 인도하시는 역사(役事)의 방법은 그 모양과 형태가 다양(多樣)해서 우리 인간들의 얕은 이성(理性)과 제한된 경험으로는 결코 다 알 수 없습니다.

그래서 바울은 롬11:33절에서 "깊도다! 하나님의 지혜와 지식의 부요함이여! 그의 판단은 측량치 못할 것이며 그의 길은 찾지 못할 것이로다" 하지 않습니까?

이 하나님의 역사(役事)하심에 대하여 본문은 크게 세 가지의 내용으로 나누고 있습니다. 이 세 가지의 내용들에는 4절, 7절, 15절에서 각각 셀라(סלה)의 외침으로 표현되고 있습니다.

첫째는 섭리(攝理)입니다. (1절-4절)

3절에 "…주의 일이 어찌 그리 엄위(嚴威)하신지요"하시는 말씀과,

4절에 "온 땅이 주께 경배하고, 주를 찬양하며, 주의 이름을 찬송하리이다"하시는 말씀을 통해서 하나님의 섭리역사를 알 수 있습니다.

섭리(攝理)란 하나님의 살아계신 증거로, 이 세상에서 모든 하나님의 백성들에게 나타내 보이시는 역사 중의 역사를 가리켜 말합니다.

섭리의 목적은 성도들의 삶 속에 하나님의 축복을 전하여 영광을 얻으시는 것입니다.

그러나 섭리는 오늘이나 내일의 삶 속에서 발견하기는 쉽지 않고 오히려 지나간 과거를 돌이켜볼 때, 깨달아지는 경우가 많습니다.

둘째는 기적(奇蹟)입니다. (5절-7절)

5절에 "와서 하나님의 행하신 것을 보라!"하신 말씀과

6절에 "하나님이 바다를 변하여 육지되게 하셨으므로…"하신 말씀을 통해서 보시면 하나님의 기적의 역사라는 것을 볼 수 있습니다.

기적(奇蹟)이란 하나님의 자녀들의 문제를 해결하시기 위해 자연의 법칙을 초월하여 베푸시는 하나님의 또 다른 역사 중의 하나입니다.

기적의 목적은 성도들의 삶 속에 하나님의 뜻을 전하여 영광을 얻으시고 성도에게는 축복이 되어지는 하나님의 역사입니다.

기적은 현실적인 위기를 타개하는 가장 좋은 비상섭리입니다.

셋째는 시험(試驗)입니다. (8절-15절)

10절에 "하나님이여! 주께서 우리를 시험하시되…"하시는 말씀과,

11절에 "우리를 끌어 그물에 들게 하시며 어려운 짐을 우리 허리에 두셨으며…"하심을 통하여 하나님의 시험의 역사를 알게 하십니다.

시험(試驗)이란 하나님 자녀들의 신앙을 더욱 견고히 세우고 성장시키시려고 삶에 고난(苦難)을 베푸시는 일종의 하나님 역사입니다.

약1:12절에 "시험을 참는 자는 복이 있도다 이것에 옳다 인정하심을 받은 후에 생명의 면류관을 얻을 것임이니라"하신 말씀을 보세요! 시험은 변장(變裝)한 하나님 축복의 한쪽 모습인 것입니다.

넷째는 선포(宣布)입니다. (15-20절)

16절에 "하나님을 두려워하는 너희들아! 다 와서 들으라!"합니다.

하나님의 섭리(攝理)하심과 기적(奇蹟)행하심과 시험(試驗)하심을

통하여 하나님의 역사를 체험한 성도들에게 하나님은 영광과 은혜를 선포(宣布)하여 축복해주십니다.

여러분!

온 마음과 정성으로 하나님을 찬양합시다! 날마다 하나님을 향하여 찬송(讚頌)하며 기도(祈禱)합시다!

할렐루야! 아멘.

시편(詩篇) - 70

열방은 기쁘고 즐겁게 노래할지니…

"(시 곧 노래 영장으로 현악에 맞춘 것) 하나님은 우리를 긍휼히 여기사 복을 주시고 그 얼굴 빛으로 우리에게 비취사(셀라) 주의 도를 땅 위에, 주의 구원을 만방 중에 알리소서 하나님이여 민족들로 주를 찬 송케 하시며 모든 민족으로 주를 찬송케 하소서 열방은 기쁘고 즐겁게 노래할지니 주는 민족들을 공평히 판단하시며 땅 위에 열방을 치리하실 것임이니이다(셀라) 땅이 그 소산을 내었도다 하나님 곧 우리 하나님이 우리에게 복을 주시리로다 하나님이 우리에게 복을 주시리니 땅의 모든 끝이 하나님을 경외하리로다."(67:1-7)

오늘의 본문 표제는 "시, 곧 노래 영장으로 현악에 맞춘 것"하고 시작합니다. 말하자면 "시(詩)로 만든 노래(מזמור שיר 쉬르 미즈모르)"라는 말입니다.

이 말은 현금(絃琴)수가 많은 현악기와 함께 하는 찬양대의 웅장하고 아름답고, 즐겁고, 기쁘게 부르는 노래라는 말입니다.

첫째, 67편도 영장이라는 말이 등장하니 찬양대의 찬송곡입니다.
지휘자인 영장의 인도로 공식예배용 찬송곡으로 부르는 노래입니다. 특히 추수감사절 같은 큰 종교행사에 걸 맞는 합창용 찬송곡입니다.

둘째, 67편의 배경(背景)은 미상(未詳)이나 다윗의 시 같습니다.
역시 본문의 표제에서도 66편처럼 "다윗의 시 לדוד 르다윗"이라는 말이 빠져있기 때문에 다윗의 저작을 부인하는 견해도 많이 있습니다.

연대(年代)나 저작(著作)자에 대한 배경이 없어서 정확하게 알 수는 없지만 내용이나 편집의 문제로 보면 이 67편도 다윗의 시(詩)로 생각됩니다. 왜냐하면 시편 제 2권의 마지막인 72편의 끝 절에 기록한대로 "…아멘, 아멘 이새의 아들 다윗의 기도가 필(畢)하다"라는 말씀을 따라서 72편에 이르기까지의 대부분의 시편들은 다윗의 저작(著作)으로 나타나있기 때문입니다.

셋째, 67편은 전체 시편 중에서도 가장 뛰어난 선교적(宣敎的)인 메시지를 담은 구원의 선포(宣布)라고 할 수 있습니다.

이 67편은 시편 전체 150편중에서 10절미만의 짧은 시편에 속하였으면서도 그 내용은 가장 광범위(廣範圍)한 시편이라고 봅니다.

1. 온 땅 위에.
2. 만방(萬邦).
3. 모든 민족(民族).
4. 열방(列邦).
5. 땅의 모든 끝. 같은 단어(單語)들을 비교해보셔도 알 것입니다.

67편은 아주 짧고 간결하면서도 강력한 복음전도의 길을 보입니다.

첫째는 2절에 "주(主)의 도(道)를 땅 위에, 주의 구원을 만방 중에 알리소서…"하고 시작한 이 선교적인 메시지는 주의 복음(福音)을 온 세계의 모든 민족들에게 전하고 선포하여 우리의 신앙을 온 우주적으로 확장(擴張)케 하시기를 원하신 우리 주님의 뜻을 담은 그릇입니다.

둘째는 6절에 "땅이 그 소산을 내었도다! 우리 하나님이 복을 주시리로다"합니다. 이어서 7절에 "하나님이 우리에게 복을 주시리니 땅의 모든 끝이 하나님을 경외하리로다!"하고 메시지를 마칩니다.

참으로 복음에 관한한 최고로 강력한 메시지(Message)아닙니까?

이 말씀은 우리 예수님께서 승천하시기 전에 제자들에게 주신 선교의 대사명(The Great Commission)인 마28:19절의 "그러므로 너희는 가서 모든 족속(族屬)으로 제자를 삼아…"하신 말씀의 예언적(豫言的)근거요, 복음전도의 예표(豫標)라고 할 수 있습니다.

셋째는 2절에 "주(主)의 도(道)를 땅 위에, 주의 구원을 만방 중에 알리소서…"하신 말씀의 주제는 구원이고 구원의 바탕은 말씀에 있습니다. 주의 복음을 만방과 모든 민족에게 전하는데 있어서의 주역(主役)은 단연코 도(道), 즉 하나님의 말씀인 성경(聖經)입니다.

하나님의 말씀에는 다음과 같은 원리가 있습니다.

첫째, 하나님의 말씀을 아는 자는 복(福)된 자(者)입니다.

아무리 신앙의 경륜이 오래되고, 뜨거운 열정으로 가득 차있는 사람이라 할지라도 하나님의 말씀을 알지 못하면 아무 소용이 없습니다. 우리의 신앙은 말씀을 아는 것으로부터 출발하고 있기 때문입니다.

호6:3절에 "그러므로 우리가 여호와를 알자! 힘써 여호와를 알자!"하고 강조하고 있지 않습니까?

둘째, 하나님의 말씀을 전(傳)하는 자는 더욱 복(福)된 자입니다.

우리의 신앙에서 말씀을 아는 것도 중요하지만 이 말씀을 전하는 것은 더욱 중요한 일입니다.

하나님의 말씀은 나의 생명뿐만 아니라 말씀을 듣는 자의 생명까지도 구원하는 능력이 되기 때문입니다.

롬10:15절에 "…아름답도다 좋은 소식을 전하는 자들의 발이여!"하시는 말씀 기억하시지요? 바로 그와 같습니다.

셋째, 하나님의 말씀으로 하나님께 찬양(讚揚)으로 돌려드릴 수 있는 자는 더 더욱 복(福)된 자입니다.

하나님 말씀의 궁극적(窮極的)인 목적(目的)은 하나님을 찬양해드리는 것이기도 합니다.

세상 사람들에게서 나오는 말들은 주로 원망(怨望), 불평(不評), 불만(不滿), 저주(詛呪)의 소리들인데, 그런 가운데에서 하나님의 말씀으로 찬양을 드리는 자가 있다면 하나님께서 얼마나 귀하게 보시고 기뻐하실 것인가를 생각해 보십시오! 본문4절에 "열방은 기쁘고 즐겁게 노래할지니…"하신 말씀이 바로 그것입니다!

여러분!

우리 모두 하나님을 찬양하며 경배 드립시다.

할렐루야! 아멘.

시편(詩篇) - 71

날마다 우리 짐을 지시는 주(主)

"(다윗의 시, 영장으로 한 노래) 하나님은 일어나사 원수를 흩으시며 주를 미워하는 자로 주의 앞에서 도망하게 하소서 연기가 몰려감 같이 저희를 몰아내소서 불 앞에서 밀이 녹음 같이 악인이 하나님 앞에서 망하게 하소서 의인은 기뻐하여 하나님 앞에서 뛰놀며 기뻐하고 즐거워할지어다 하나님께 노래하며 그 이름을 찬양하라 타고 광야에 행하시던 자를 위하여 대로를 수축하라 그 이름은 여호와시니 그 앞에서 뛰놀지어다 그 거룩한 처소에 계신 하나님은 고아의 아버지시며 과부의 재판장이시라 하나님은 고독한 자로 가속 중에 처하게 하시며 수금된 자를 이끌어 내사 형통케 하시느니라 오직 거역하는 자의 거처는 메마른 땅이로다 하나님이여 주의 백성 앞에서 앞서 나가사 광야에 행진하셨을 때에(셀라) 땅이 진동하며 하늘이 하나님 앞에서 떨어지며 저 시내산도 하나님 곧 이스라엘의 하나님 앞에서 진동하였나이다 하나님이여 흡족한 비를 보내사 주의 산업이 곤핍할 때에 견고케 하셨고 주의 회중으로 그 가운데 거하게 하셨나이다 하나님이여 가난한 자를 위하여 주의 은택을 준비하셨나이다 주께서 말씀을 주시니 소식을 공포하는 여자가 큰 무리라 여러 군대의 왕들이 도망하고 도망하니 집에 거한 여자도 탈취물을 나누도다 너희가 양 우리에 누울 때에는 그 날개를 은으로 입히고 그 깃을 황금으로 입힌 비둘기 같도다 전능하신 자가 열왕을 그 중에서 흩으실 때에는 살몬에 눈이 날림 같도다 바산의 산은 하나님의 산임이여 바산의 산은 높은 산이로다 너희 높은 산들아 어찌하여 하나님이 거하시려 하는 산을 시기하여 보느뇨 진실로 여호와께서 이 산에 영영히 거하시리로다 하나님의 병거가 천천이요 만만이라 주께서 그 중에 계심이 시내산 성소에 계심 같도다 주께서 높은 곳으로 오르시며 사로잡은 자를 끌고 선물을 인간에게서, 또는 패역자 중에서 받으시니 여호와 하나님이 저희와 함께 거하려하심이로다 날마다 우리 짐을 지시는 주 곧 우리의 구원이신 하나님을 찬송할지로다 하나님은 우리에게 구원의 하나님이시라 사망에서 피함이 주 여호와께로 말미암거니와 그 원수의 머리 곧 그 죄과에 항상 행하는 자의 정수리는 하나님이 쳐서 깨치시리로다 주께서 말씀하시기를 내가 저희를 바산에서 돌아오게 하며 바다 깊은데서 도로 나오게 하고 너로 저희를 심히 치고 그 피에 네 발을 잠그게 하며 네 개의 혀로 네 원수에게서 제 분깃을 얻게 하리라 하시도다 하나님이여 저희가 주의 행차하심을 보았으니 곧 나의 하나님, 나의 왕이 성소에 행차하시는 것이라 소고 치는 동녀 중에 가객은 앞서고 악사는 뒤따르나이다 이스라엘의 근원에서 나온 너희여 대회 중에서 하나님 곧 주를 송축할지어다 거기는 저희 주관자 작은 베냐민과 유다의 방백과 그 무리와 스불론의 방백과 납달리의 방백이 있도다 네 하나님이 네 힘을 명하셨도다 하나님이여 우리를 위하여 행하신 것을 견고히 하소서 예루살렘에 있는 주의 전을 위하여 왕들이 주께 예물을 드리리이다 갈밭의 들짐승과 수소의 무리와 만민의 송아지를 꾸짖으시고 은조각을 발 아래 밟으소서 저가 전쟁을 즐기는 백성을 흩으셨도다 방백들은 애굽에서 나오고 구스인은 하나님을 향하여 그 손을 신속히 들리로다 땅의 열방들아 하나님께 노래하고 주께 찬송할지어다(셀라) 옛적 하늘들의 하늘을 타신 자에게 찬송하라 주께서 그 소리를 발하시니 웅장한 소리로다 너희는 하나님께 능력을 돌릴지어다 그 위엄이 이스라엘 위에 있고 그 능력이 하늘에 있도다 하나님이여 위엄을 성소에서 나타내시나이다 이스라엘의 하나님은 그 백성에게 힘과 능을 주시나니 하나님을 찬송할지어다."(68:1-35)

오늘의 본문 표제는 다시 "다윗의 시, 영장으로 한 노래לדוד מזמור שיר למנצח"로 시작하고 있습니다. 66편, 67편을 건너서 다시 다윗의 시가 시편의 제2권이 끝날 때까지 연이어지고 있다는 말입니다.

첫째, 68편도 영장이라는 말이 있으니 예배용 찬양곡입니다.

지휘자인 영장의 인도로 공식예배용 찬송곡으로 부르는 노래입니다.

본(本) 시(詩)에 들어있는 다양한 주제를 따라서 그 때마다 맞춰 부르는 합창용(合唱用) 찬송곡으로 볼 수 있습니다.

둘째, 68편의 배경은 시대나 사건이 매우 복잡한 "모듬시" 입니다.

68편은 그 내용이나 구성이 복잡한 것처럼 여러 시대나, 많은 사건에 관하여 모아 놓은 것으로 복합적인 시로 볼 수 있습니다.

본문의 내용은 우선 그 장르(Genre)가 다양(多樣)합니다.

1. 기도(祈禱)(1-3, 28-31절)

2. 찬송(讚頌)(4-6, 19-35절)

3. 감사(感謝)(11-18절)

4. 고백(告白)(7-10절)

또한 찬양의 주제(主題)에 있어서도 그 대상(對象)이 다양합니다.

1. 전쟁에서의 승리에 대한 감사의 노래입니다. (12절)

2. 가나안 정착 시에 도우신 것을 감사하는 노래입니다. (7-27절)

3. 반역을 한 대적들을 물리쳐주심을 감사하는 노래입니다. (6절)

4. 장차 영광으로 축복하실 하나님을 찬양하는 노래입니다. (35절)

셋째, 68편은 다윗의 신앙체험을 바탕으로 한 신앙고백입니다.

이 68편은 그 내용과 구성이 복잡한 것처럼 여러 사건(事件)이나, 많은 시간(時間)을 지나면서 그동안 몸소 체험한 일들을 묶어서 신앙의 고백으로 노래한 것입니다.

그러니까 이 68편의 특징은 체험신앙의 신앙고백적인 시로 봅니다.

특히 체험신앙의 백미(白眉)는 19절의 말씀입니다.

"날마다 우리 짐을 지시는 주 곧 우리의 구원이신 하나님을 찬송할지로다"합니다.

날마다(רוֹם-רוֹם 욤-욤) 우리가 져야할 "인생의 짐"들을 대신 져주시는 은혜를 체험한 감동(感動)과 감격(感激)과 감사(感謝)를 고백하고 있습니다.

우리가 인생의 삶을 살아가는 동안에는 반드시 져야할 "짐"이라는 것이 있습니다. 이는 반드시 풀어야할 우리의 지속적인 숙제입니다.

1. 죄(罪)가 곧 짐입니다.
2. 병(病)도 곧 짐입니다.
3. 삶(生)도 곧 짐입니다.
4. 신(信, 믿음)도 곧 짐입니다.

다윗은 이러한 짐들에 대해서 하나님께서 함께해주신 은혜를 체험하고 하나님께 찬양을 드렸습니다.

1. 짐을 진 고통을 잊게 해 주셨습니다.
2. 짐을 가볍게 느끼게 해 주셨습니다.
3. 짐을 안 져도 되게 지혜를 주셨습니다.
4. 짐을 대신(代身) 져 주셨습니다.

이는 우리 주님이 정의해주신 짐에 대한 진리의 예표가 되었습니다.

마11:28절에 "수고하고 무거운 짐진 자들아 다 내게로 오라 내가 너희를 쉬게하리라", 30절에 "이는 내 멍에는 쉽고 내 짐은 가벼움이라"하신 그대로입니다.

여러분!

시55:22절 말씀에 "네 짐을 여호와께 맡겨버리라"하신대로 이제 우리도 이러한 짐들을 우리 하나님께 다 맡기는 지혜로운 성도가 다 되십시다!
할렐루야! 아멘.

시편(詩篇) - 72

모순지사(矛盾之事)? 당연지사(當然之事)!

"(다윗의 시, 영장으로 소산님에 맞춘 노래) 하나님이여 나를 구원하소서 물들이 내 영혼까지 흘러 들어왔나이다 내가 설 곳이 없는 깊은 수렁에 빠지며 깊은 물에 들어가니 큰 물이 내게 넘치나이다 내가 부르짖음으로 피곤하여 내 목이 마르며 내 하나님을 바람으로 내 눈이 쇠하였나이다 무고히 나를 미워하는 자가 내 머리털보다 많고 무리히 내 원수가 되어 나를 끊으려 하는 자가 강하였으니 내가 취치 아니한 것도 물어 주게 되었나이다 하나님이여 나의 우매함을 아시오니 내 죄가 주의 앞에서 숨김이 없나이다 만군의 주 여호와여 주를 바라는 자로 나를 인하여 수치를 당케 마옵소서 이스라엘의 하나님이여 주를 찾는 자로 나를 인하여 욕을 당케 마옵소서 내가 주를 위하여 훼방을 받았사오니 수치가 내 얼굴에 덮였나이다 내가 내 형제에게는 객이 되고 내 모친의 자녀에게는 외인이 되었나이다 주의 집을 위하는 열성이 나를 삼키고 주를 훼방하는 훼방이 내게 미쳤나이다 내가 곡하고 금식함으로 내 영혼을 경계하였더니 그것이 도리어 나의 욕이 되었으며 내가 굵은 베로 내 옷을 삼았더니 내가 저희의 말거리가 되었나이다 성문에 앉은 자가 나를 말하며 취한 무리가 나를 가져 노래하나이다 여호와여 열납하시는 때에 나는 주께 기도하오니 하나님이여 많은 인자와 구원의 진리로 내게 응답하소서 나를 수렁에서 건지사 빠지지 말게 하시고 나를 미워하는 자에게서와 깊은 물에서 건지소서 큰 물이 나를 엄몰하거나 깊음이 나를 삼키지 못하게 하시며 웅덩이로 내 위에 그 입을 닫지 못하게 하소서 여호와여 주의 인자하심이 선하시오니 내게 응답하시며 주의 많은 긍휼을 따라 내게로 돌이키소서 주의 얼굴을 주의 종에게서 숨기지 마소서 내가 환난 중에 있사오니 속히 내게 응답하소서 내 영혼에게 가까이하사 구속하시며 내 원수를 인하여 나를 속량하소서 주께서 나의 훼방과 수치와 능욕을 아시나이다 내 대적이 다 주의 앞에 있나이다 훼방이 내 마음을 상하여 근심이 충만하니 긍휼히 여길 자를 바라나 없고 안위할 자를 바라나 찾지 못하였나이다 저희가 쓸개를 나의 식물로 주며 갈할 때에 초로 마시웠사오니 저희 앞에 밥상이 올무가 되게 하시며 저희 평안이 덫이 되게 하소서 저희 눈이 어두워 보지 못하게 하시며 그 허리가 항상 떨리게 하소서 주의 분노를 저희 위에 부으시며 주의 맹렬하신 노로 저희에게 미치게 하소서 저희 처소로 황폐하게 하시며 그 장막에 거하는 자가 없게 하소서 대저 저희가 주의 치신 자를 핍박하며 주께서 상케 하신 자의 슬픔을 말하였사오니 저희 죄악에 죄악을 더 정하사 주의 의에 들어오지 못하게 하소서 저희를 생명책에서 도말하사 의인과 함께 기록되게 마소서 오직 나는 가난하고 슬프오니 하나님이여 주의 구원으로 나를 높이소서 내가 노래로 하나님의 이름을 찬송하며 감사함으로 하나님을 광대하시다 하리니 이것이 소 곧 뿔과 굽이 있는 황소를 드림보다 여호와를 더욱 기쁘시게 함이 될 것이라 온유한 자가 이를 보고 기뻐하나니 하나님을 찾는 너희들아 너희 마음을 소생케 할지어다 여호와는 궁핍한 자를 들으시며 자기를 인하여 수금된 자를 멸시치 아니하시나니 천지가 그를 찬송할 것이요 바다와 그 중의 모든 동물도 그리할지로다 하나님이 시온을 구원하시고 유다 성읍들을 건설하시리니 무리가 거기 거하여 소유를 삼으리로다 그 종들의 후손이 또한 이를 상속하고 그 이름을 사랑하는 자가 그 중에 거하리로다."(69:1-36)

오늘 본문의 표제도 "다윗의 시, 영장으로 소산님에 맞춘 노래לדוד
למנצח על-ששנים"로 시작하고 있습니다. 66편부터 계속된 다윗의 시가 시편의 제2권이 끝날 때까지 연이어지고 있습니다.

첫째, 69편도 영장이라는 말이 있으니 예배용 찬양곡입니다.

지휘자인 영장의 인도로 공식예배용 찬송곡으로 부르는 노래입니다.

68편과 비슷하지만 좀 더 행사(行事)를 중심으로 한 합창용(合唱用) 찬송곡으로 볼 수 있습니다.

둘째, "소산님"이라는 지시어를 따라 부르는 축가(祝歌)입니다.

소산님(ששנים)이라는 지시어는 난외주기(欄外註記)에 있는 것처럼 "백합화 곡조(曲調)"로 부르라는 의미인데, 이는 "밝고 경쾌한 리듬(Rythem)"인 "알레그로(Allegro)" 스타일로 노래하라는 뜻입니다.

그러니까 이러한 형태의 노래는 결혼식(結婚式)의 축가나, 국가의 경축일(慶祝日)같은 데에서 부르는 가볍고 신나는 노래에 속하는데 실제로 전개되는 내용은 정반대로 비참한 고난과 비탄의 시입니다.

그러니까 처음 표제에 나타난 지시어와 실제로 전개되는 내용이 불일치(不一致)하는 특이한 모순(矛盾) 상태로 나타나고 있습니다.

셋째, 따라서 69편의 주제는 한정된 인간의 인식과 무한한 하나님의 능력 사이에 나타나는 모순을 극복하려는 노력의 표현입니다.

이 69편은 초반부의 내용과 구성은 쓰라린 고통이 압도적입니다.

1절에 "하나님이여…물들이 내 영혼까지 흘러 들어왔나이다"합니다.

2절에 "내가 설 곳이 없는 깊은 수렁에 빠지며…"하며 한탄합니다.

그런데 후반부에 가서는 오히려 기쁨과 즐거움의 대역전으로 나타나고 있습니다. 처음과 나중의 분위기가 완전히 뒤집어지지요?

30절에 "내가 노래로 하나님의 이름을 찬송하며 감사함으로 하나님을 광대하시다 하리니…"합니다.

"고난으로 인한 비탄의 노래가 구원으로 인한 감사의 찬양"으로 완전히 한 바퀴 돌아옵니다.

모순적(矛盾的)인 인클루지오(inclusio)가 선명하게 나타나는 시(詩)라고 볼 수 있습니다.

69편의 내용은 한 마디로 하나님의 섭리역사(攝理役事)의 모순적(矛盾的)인 구조(構造)가 그 주제(主題)가 됩니다.

처음에/ 물들(1절), 깊은 수렁(2절), 깊은 물(2절), 큰 물(2절),

나중에/ 주의 구원(29절), 찬송(34절), 건설(35절), 상속(36절)이라는 말들이 서로 상반(相反)된 모순을 일으킵니다.

넷째, 이 모순구조(矛盾構造)의 역사적(歷史的)인 배경(背景)은 삼상 23-24장에서의 다윗의 위기와 승리의 이야기에서 도출됩니다.

삼상23:13절에 "다윗과 그의 사람 600명가량이 일어나…"피합니다.

삼상24:2절에 "사울이 택한사람 3천을 거느리고"다윗을 추격합니다.

사울은 선택한 정예군(精銳軍)이고, 다윗을 따르는 600명은 오합지졸(烏合之卒)같은 사람들이라 도망 다니기에 급급한 상황입니다.

그런데도 사울이 다윗을 번번히 놓칩니다! 놓칠 뿐만 아니라 오히려 사울의 생명이 다윗의 손안에 놓인 적이 한두 번이 아닙니다.

상황을 잘 살펴보세요! 모순 중의 모순입니다. 도대체 왜 그럴까요?

젊었던 시절에 필자가 매형되시는 분과 장기를 둔 적이 있었습니다. 그분은 장기에 도사(道士)요, 필자는 그분에게 사사 받는 제자시절에 한 판! 붙었습니다. 그런데 참 희한한 일은 다 이겨가다가도 마지막 몇 수를 넘기지 못하고는 번번이 깨지는 것입니다. 은근히 열 받아서 이길 때까지 머리에 쥐가 나도록 요리조리 굴려가며 판을 써보았지만 꼭 끝판에 가서는 뒤집어지는 것이었습니다.

그때에 깨달은 확실한 진리는 판을 다 알고 두는 사람과 그냥 자기 머리로 이리조리 돌려서 두는 사람은 반드시 끝판에 가서 차이가 난다는 사실입니다. 왜 오늘 이러한 장기판 이야기를 합니까?

오늘 우리가 본 말씀이 꼭 이 장기판의 수 쓰는 것과 아주 흡사(恰似)하기 때문입니다. 사울은 온 힘을 기울여 다윗을 잡아 죽이려고 별 짓을 다 동원(動員)해 발버둥 쳐봅니다. 그런데도 다윗은 요리조리 잘도 피해버립니다. 다 잡았다 싶으면 그냥 쏙 빠져나가고, 독안에 든 쥐다! 하면 어느 결엔가 사라져버리고, 이젠 완전히 포위됐다 하면, 마지막에 없어져버립니다. 도무지 잡히질 않습니다. 왜 그럴까요? 하나님께서 보호하시기 때문에 잡을 수 없는 것입니다. 아무리 인간들의 잔꾀를 가지고 돌려본들 하나님께서 판을 다 아시고 읽어보고 계시거든요!

삼상23:14절에 "…사울이 매일(每日)찾되 하나님이 그를 그의 손에 붙이지 아니하시니라"하지 않습니까?

바로 그것입니다! 하나님께서 다윗을 보호해주시면 사울이 아무리 손을 써도 잡을 수 없습니다. 모든 수를 다 알고 계신 하나님이 보호하시지 않습니까? 세상적인 안목으로 살펴보면 모순(矛盾)이지만 하나님 보시기에는 지극히 합당한 일입니다.

이러한 모순적인 역사는 성경에 수없이 반복되어 나타납니다.

· 여리고성의 수백분지 일도 안 되는 아이 성에서 대패한 일입니다.

· 미디안의 10만 대군을 겨우 300명으로 대승한 기드온의 일입니다.

· 318명의 목자로 연합군을 대패시킨 아브라함의 승리이야기입니다.

· 한 분 예수님께서 십자가를 지심으로 모든 인류가 구원을 얻을 수 있는 길을 여신 것도 마찬가지입니다.

하나님께서 사랑하시는 자들에게 고난과 역경을 통하여 훈련하시므로 축복의 은혜를 베푸시는 것도 모순적 사랑이라고 생각합니다.

여러분!

우리의 생각에 모순지사(矛盾之事)라고 불평하는 것도 하나님 편에서는 당연지사(當然之事)임을 잊지 마시고 항상 감사하며 삽시다.

할렐루야! 아멘.

시편(詩篇) - 73

건지소서! 도우소서! 임하소서!

"(다윗의 기념케 하는 시 영장으로 한 노래) 하나님이여 속히 나를 건지소서 여호와여 속히 나를 도우소서 내 영혼을 찾는 자로 수치와 무안을 당케 하시며 나의 상함을 기뻐하는 자로 물러가 욕을 받게 하소서 아하, 아하 하는 자로 자기 수치를 인하여 물러가게 하소서 주를 찾는 모든 자로 주를 인하여 기뻐하고 즐거워하게 하시며 주의 구원을 사모하는 자로 항상 말하기를 하나님은 광대하시다 하게 하소서 나는 가난하고 궁핍하오니 하나님이여 속히 내게 임하소서 주는 나의 도움이시요 나를 건지시는 자시오니 여호와여 지체치 마소서."(70:1-5)

시편 70편은 다음과 같은 두 가지의 면(面)에서 38편과, 40편의 표절(剽竊)에 대한 의혹(疑惑)이 제기(提起)되기도 하였습니다.

먼저, 표제(標題)에 대해서입니다.

오늘의 본문 표제(標題)는 "다윗의 기념케 하는 시 영장으로 한 노래"라는 말로 시작하고 있습니다. 38편의 표제와 아주 비슷합니다.

"다윗의 기념케 하는 시(למנצח לדוד להזכיר 르메나체흐 르다윗 르하즈키르)"라는 것인데, 사실은 비슷하기는 해도 다른 점이 많습니다.

38편에는 노래(מזמור 미즈모르)라는 말로부터 시작되는데 반해 70편에서는 영장(למנצח)이란 말이 나오니 상당히 다르지 않습니까?

다음, 내용(內容)에 대해서입니다.

이 70편의 내용은 40편의 13절-17절의 내용을 그대로 옮겨온 것같습니다. 물론 전체적 구조는 구분하기 어려울 정도로 비슷합니다.

70편 1절의 "하나님이여 속히 나를 건지소서"부터 5절에 "여호와여 지체치 마소서"하는 내용과,

40편 13절의 "…여호와여 속히 나를 도우소서…"로부터 17절에 "나의

하나님이여 지체하지 마소서"와 너무 닮은꼴 같이 보입니다.

그런데 그 구조를 보면 비슷한 것 같지만, 언어(言語)의 용법과 구사면에서 많이 다르게 나타나기 때문에 표절이라 하기 어렵습니다.

40편에서 쓰인 "여호와", "도우소서"와 같은 용어가 뒤바뀌어서, 70편에서는 "하나님", "건지소서"합니다. 미묘한 차이가 보이지요?

여호와(יהוה)를 하나님(אלהים)으로!, 도우소서를 건지소서로!

어쨌든 70편도 짧기는 하나 완전히 독립된 시편임에 틀림없습니다. 이러한 전제로 70편의 내용을 살펴보십시다.

첫째, 70편도 영장이라는 말이 있으니 공식예배용 찬양곡입니다.

지휘자인 영장의 인도로 공식예배용 찬송곡으로 부르는 노래입니다.

둘째, 70편의 배경(背景)은 다윗의 피난시절을 회상한 노래입니다.

5절에 "나는 가난하고 궁핍하오니…"하는 말을 미루어보면 사울에게 쫓겨 다니던 때이거나 아니면 압살롬의 반역 때의 그 어렵던 시절에 하나님을 의지하면서 간절하게 기도(祈禱)하던 것을 회상(回想)해보며 그래도 건져주신 은혜에 감사하며 노래로 만든 것입니다.

셋째, 70편의 주제(主題)는 다윗의 기도와 하나님의 응답의 역사가 항상 일정한 방식에 의해서 이루어지고 있음을 증거합니다.

다윗은 항상 자신에게 임하는 어떠한 고난과 시련에서도 일정한 신앙자세를 유지하며 하나님께 의지하여 문제를 극복하려 합니다.

우리가 어떠한 운동(運動)을 하든지 반드시 먼저 그 운동에 맞는 기본자세(Form)가 갖추어져야 합니다. 이 기본자세가 갖춰지지 아니하면 갈수록 발전이 안 되고 더욱 어려워질 뿐입니다.

이러한 원리(原理)는 우리의 신앙에서도 마찬가지인데 그렇다면 신앙에 있어서 가장 중요한 부분은 기본자세에 있지 않겠습니까?

신앙에서도 기본자세가 갖춰지지 아니하면 아무리 많은 세월이 흐르고 아무리 열심히 충성봉사해도 온전하게 성장할 수 없습니다.

다윗은 신앙의 기본자세가 아주 잘 되어있어 항상 하나님의 사랑을 받고 도우심을 힙입는 멋있는 신앙생활을 즐겼습니다.

그러면 오늘의 본문에 나타난 그의 신앙의 기본자세를 보십시다.

첫째는 건지소서! 합니다.

1절에 "하나님이여! 속히 나를 건지소서!"합니다

대적(對敵)들의 함정(陷穽)에서든, 자신이 저지른 죄악의 구렁텅이에서든 자신을 먼저 "건져 달라"고 하나님께 간구합니다.

하나님으로부터 건짐을 받는 것이 모든 구원역사의 시작입니다.

둘째는 도우소서! 합니다.

1절에 "여호와여! 속히 나를 도우소서!"합니다.

하나님의 도우심이 없이는 단 일분, 일초라도 견딜 수 없음을 알고 하나님의 도우심을 간구합니다.

시121:1절에 "내가 산을 향하여 눈을 들리라 나의 도움이 어디서 올꼬? 나의 도움이 천지를 지으신 여호와에게서로다"하는 고백과 같지 않습니까?

셋째는 임하소서! 합니다.

5절에 "하나님이여! 속히 내게 임하소서!"합니다.

여기, 임한다는 말은 멀리 계시던 분이 이제 가까이 오신다는 뜻보다는 항상 함께 계시던 분이 나의 일에 더욱 강하게 역사(役事)하신다는 뜻에 더욱 가까운 것입니다.

먼저는, 4절에 "주를 찾는 모든 자"들에게는 주를 인하여 기뻐하고 즐거워하도록 강하게 역사해 달라는 것입니다.

다음은, 4절에 "주의 구원을 사모하는 자"들에게는 하나님의 광대하신 구원의 은총을 고백하게 강한 역사를 베풀어주시라는 것입니다.

여러분!
우리도 신앙의 기본자세에 충실하도록 늘 기도하는 성도가 됩시다!
할렐루야! 아멘.

시편(詩篇) - 74

내가 늙어 백수가 될 때에도…

"여호와여 내가 주께 피하오니 나로 영영히 수치를 당케 마소서 주의 의로 나를 건지시며 나를 풀어주시며 주의 귀를 내게 기울이사 나를 구원하소서 주는 나의 무시로 피하여 거할 바위가 되소서 주께서 나를 구원하라 명하셨으니 이는 주께서 나의 반석이시요 나의 산성이심이니이다 나의 하나님이여 나를 악인의 손 곧 불의한 자와 흉악한 자의 장중에서 피하게 하소서 주 여호와여 주는 나의 소망이요 나의 어릴 때부터 의지라 내가 모태에서부터 주의 붙드신 바 되었으며 내 어미 배에서 주의 취하여 내신바 되었사오니 나는 항상 주를 찬송하리이다 나는 무리에게 이상함이 되었사오나 주는 나의 견고한 피난처시오니 주를 찬송함과 주를 존숭함이 종일토록 내 입에 가득하리이다 나를 늙은 때에 버리지 마시며 내 힘이 쇠약한 때에 떠나지 마소서 나의 원수들이 내게 대하여 말하며 나의 영혼을 엿보는 자가 서로 피하여 이르기를 하나님이 저를 버리셨은즉 따라 잡으라 건질 자가 없다하오니 하나님이여 나를 멀리 마소서 나의 하나님이여 속히 나를 도우소서 내 영혼을 대적하는 자로 수치와 멸망을 당케 하시며 나를 모해하려 하는 자에게는 욕과 수욕이 덮이게 하소서 나는 항상 소망을 품고 주를 더욱 더욱 찬송하리이다 내가 측량할 수 없는 주의 의와 구원을 내 입으로 종일 전하리이다 내가 주 여호와의 능하신 행적을 가지고 오겠사오며 주의 의 곧 주의 의만 진술하겠나이다 하나님이여 나를 어려서부터 교훈하셨으므로 내가 지금까지 주의 기사를 전하였나이다 하나님이여 내가 늙어 백수가 될 때에도 나를 버리지 마시며 내가 주의 힘을 후대에 전하고 주의 능을 장래 모든 사람에게 전하기까지 나를 버리지 마소서 하나님이여 주의 의가 또한 지극히 높으시니이다 하나님이여 주께서 대사를 행하셨사오니 누가 주와 같으리이까 우리에게 많고 심한 고난을 보이신 주께서 우리를 다시 살리시며 땅 깊은 곳에서 다시 이끌어 올리시리이다 나를 더욱 창대하게 하시고 돌이키사 나를 위로하소서 나의 하나님이여 내가 또 비파로 주를 찬양하며 주의 성실을 찬양하리이다 이스라엘의 거룩하신 주여 내가 수금으로 주를 찬양하리이다 내가 주를 찬양할 때에 내 입술이 기뻐 외치며 주께서 구속하신 내 영혼이 즐거워하리이다 내 혀도 종일토록 주의 의를 말씀하오리니 나를 모해하려하던 자가 수치와 무안을 당함이니이다."(71:1-24)

오늘 우리가 본 본문 71편에는 표제(標題)도 없고, 어떠한 지시어(指示語)도 없고, 별다른 설명(說明)이 없는 독립적인 시입니다.

시편 1-2권에 걸쳐서 이렇게 표제나 지시어가 없는 시편은 1편, 10편, 33편, 43편, 그리고 본문인 71편등 다섯 편에 이릅니다.

이러한 경우는 대개가 바로 전편(前篇)과 연결된 형태로 나누어진 것이라든지, 아니면 다음에 나오는 후편과 유사구조(類似構造)를 이루는 경우가 대부분입니다. 71편은 70편과 연계된 시입니다.

첫째, 71편은 70편과 연계된 시로 보아 역시 예배용 찬송입니다.

70편을 기준으로 보면 다윗의 시로 영장이 찬양대의 찬송을 위해 합창곡으로 작곡하며 부르는 찬양곡 임에 틀림없습니다.

오늘의 본문은 표제가 없지만, 그 내용을 보면 다윗이 즐겨 사용하는 언어적인 용법을 따라서 볼 때, 다윗의 저작임이 상당 부분에서 나타나고 있으며 따라서 시편 1권이나, 2권의 대부분을 구성하고 있는 다윗의 시로 후대 사람들이 2권에 편집해 넣은 것 같습니다.

둘째, 71편의 배경(背景)은 다윗의 젊은 시절과 늙은 시절의 차이를 비교(比較)하며 회상(回想)한 노래입니다.

5절에 "…나의 어릴 때부터 의지(依支)시라…"하는 말씀과,

9절에 "…나를 늙은 때에…"하는 말씀과, 18절에 "…내가 늙어 백수가 될 때…"하는 말씀들을 비교해보면 사울에게 쫓겨 다니고, 압살롬의 반역에 피난 다닐 때의 그 어렵던 시절에도 하나님께 철저히 의지하니, 친히 돌아보시고 인도해주신 것을 회상하며 은혜에 감사하는 노래입니다. 특히 본문에는 다윗이 자주 사용하던 관용구(慣用句)들의 쓰임새를 보아서 다윗이 저자(著者)라는 것이 밝혀집니다.

3절에 "주는 나의 피하여 거할 바위가 되시며…"라든지,

3절에 "주께서 나의 반석(磐石)이시오, 나의 산성(山城)이시다"든지

5절에 "주는 나의 소망이시오, 나의 의지이시라"하는 말씀입니다.

10절에 "나의 원수(怨讐)들이…"하는 말이나,

22절에 "내가 수금(竪琴)으로 주를 찬양하리이다"하는 말 등입니다.

셋째, 71편의 주제(主題)는 다윗의 노년에 드리는 기도로 그 간구가 항상 일정한 방식에 의해서 이루어지고 있음을 증거합니다.

다윗은 항상 자신에게 임하는 어떠한 고난과 시련에서도 일정한 기도와 간구의 형태를 통해서 하나님과의 관계를 유지하였습니다.

첫째는 2절에/ 나를 구원(救援)하소서!

둘째는 12절에/ 나를 도우소서!

셋째는 21절에/ 나를 위로(慰勞)하소서! 하는 스타일입니다.

다윗의 이러한 신앙스타일을 보면 하나님과 자신의 관계가 얼마나 중요한가? 하는 것을 무엇보다 더 귀중히 여김을 보여 줍니다.

넷째, 71편의 구조는 다윗의 일생을 시제적 안목으로 보게 합니다.

다윗은 하나님께서 자신의 일생을 주관하심에 감사하며 기도합니다.

6절에 "내 어미의 배에서 주의 취하여 내신바"된 존재임을 압니다.

그래서 18절에 "내가 늙어 백수(白首)가 될 때에도…" 버리지 말아 달라고 기도합니다.

딤후4:6-8절에서 사도 바울이 "나의 떠날 기약이 가까웠도다…내가 믿음을 지켰으니…이제 후로는 나를 위하여 의의 면류관이 예비되었으므로…"하고 회상한 것처럼 다윗도 하나님께 드리는 아름다운 노년(老年)의 기도(祈禱)를 드리고 있습니다.

첫째는 지난 날에 대하여는 감사의 기도를 드립니다. (5-6, 17절)

자신의 존재(存在)의 근원(根源)이 부모(父母)로부터 된 것 같지만 실제로는 하나님께서 보내주셨음을 알고 감사기도를 드린 것입니다.

둘째는 현재의 삶에 대하여는 찬양으로 영광돌립니다. (8,22-23절)

주의 교훈(敎訓)하심에(17절), 주의 대사(大事)에(19절), 주의 성실(誠實)하심에(22절), 주의 거룩하심에(22절), 주의 구원(救援)하심에 대해서 항상 현재에 함께하신 하나님을 찬양하고 있습니다.

셋째는 앞날에 대하여는 소망(所望)으로 간구합니다. (9,18-21절)

여러분!

다윗이 하나님께 아름다운 찬송으로 느긋하게 부르는 모습처럼 우리의 모습이 이렇게 아름다운 찬양의 모습으로 보여지기 원합니다.

할렐루야! 아멘.

시편(詩篇) - 75

먼저 그 나라와 의(義)를 구하라!

"(솔로몬의 시) 하나님이여 주의 판단력을 왕에게 주시고 주의 의를 왕의 아들에게 주소서 저가 주의 백성을 의로 판단하며 주의 가난한 자를 공의로 판단하리니 의로 인하여 산들이 백성에게 평강을 주며 작은 산들도 그리하리로다 저가 백성의 가난한 자를 신원하며 궁핍한 자의 자손을 구원하며 압박하는 자를 꺾으리로다 저희가 해가 있을 동안에 주를 두려워하며 달이 있을 동안에 대대로 그리하리로다 저는 벤 풀에 내리는 비 같이, 땅을 적시는 소낙비 같이 임하리니 저의 날에 의인이 흥왕하여 평강의 풍성함이 달이 다할 때까지 이르리로다 저가 바다에서부터 바다까지와 강에서부터 땅 끝까지 다스리리니 광야에 거하는 자는 저의 앞에 굽히며 그 원수들은 티끌을 핥을 것이며 다시스와 섬의 왕들이 공세를 바치며 스바와 시바 왕들이 예물을 드리리로다 만왕이 그 앞에 부복하며 열방이 다 그를 섬기리로다 저는 궁핍한 자의 부르짖을 때에 건지며 도움이 없는 가난한 자도 건지며 저는 가난한 자와 궁핍한 자를 긍휼히 여기며 궁핍한 자의 생명을 구원하며 저희 생명을 압박과 강포에서 구속하리니 저희 피가 그 목전에 귀하리로다 저희가 생존하여 스바의 금을 저에게 드리며 사람들이 저를 위하여 항상 기도하고 종일 찬송하리로다 산꼭대기의 땅에도 화곡이 풍성하고 그 열매가 레바논 같이 흔들리며 성에 있는 자가 땅의 풀 같이 왕성하리로다 그 이름이 영구함이여 그 이름이 해와 같이 장구하리로다 사람들이 그로 인하여 복을 받으리니 열방이 다 그를 복되다 하리로다 홀로 기사를 행하시는 여호와 하나님 곧 이스라엘의 하나님을 찬송하며 그 영화로운 이름을 영원히 찬송할지어다 온 땅에 그 영광이 충만할지어다 아멘 아멘 이새의 아들 다윗의 기도가 필하다."(72:1-19)

오늘 본문의 표제는 "솔로몬의 시 לשלמה르솔로마"로 되어 있습니다. 여기에 제시된 표제의 뜻이 "솔로몬이 지은 시(by)"인지, 아니면 "솔로몬을 위한 시(for)"인지에 대하여는 여러 논란이 있습니다.

그러나 이러한 논란(論難)은 학자(學者)들의 흰 머리에 맡기고 우리는 본문(本文)을 중심(中心)으로 2권의 마지막을 풀어 가십시다.

첫째, 72편은 여전히 다윗의 시로 인정하고 최종적인 시로 봅니다.

지금까지 시편의 1-2권은 대부분이 다윗의 시로 계속되어 왔고, 그리고 본문의 마지막에 보면 "아멘, 아멘, 이새의 아들 다윗의 기도가 필(畢)하다"로 마치고 있음을 볼 때, 72편도 다윗의 시라고 볼 수 있고 더하여 다윗의 마지막 작품이라고 평(評)합니다. 그렇다면 이 72편은 "솔로몬을 위한 다윗의 시"를 줄인 말이라고 봅니다.

둘째, 72편의 배경은 다윗의 시대가 끝나고 솔로몬 통치의 시대가 막 시작되려 하는 때로 봅니다.

1절에 "하나님이여!…주의 의(義)를 왕의 아들에게 주소서!"하신 말씀을 보면 왕은 다윗, 자신을 말하는 것이고, 왕의 아들(לבן-מלך 르벤 멜렉)인 솔로몬을 지칭(指稱)하는 것입니다.

아들 솔로몬에게 왕권(王權)을 양위(讓位)하며 의(義)롭고 지혜롭게 나라를 다스려 줄 것을 원하면서 하나님께 기도하는 내용입니다

본문의 배경은 역대하28:20절에 "그 아들 솔로몬에게 이르되 너는 강하고 담대하게 이 일을 행하고 두려워 말고 놀라지 말라"하신 말씀으로 보면 됩니다.

아들 솔로몬에게 앞으로 왕위에 올라 행하여야하는 일에 대하여 교훈하며 이 일을 잘할 수 있도록 하나님께 구하며 간구한 시 입니다.

셋째, 72편의 주제(主題)는 다윗이 솔로몬을 위하여 구한 의(義)와 평강(平康)과 지혜(智慧)를 위한 기도입니다.

다윗이 아들 솔로몬에게 왕위를 이양(移讓)할 때에는 이스라엘이 태평성대를 누리던 때가 아니었습니다.

첫째는 장남 암논이 이복여동생 다말을 겁탈하고 쫓아내는 범죄를 저질러서 아버지 다윗을 큰 혼란에 빠뜨리는 죄악이 나타났습니다.

둘째는 다말의 오라비인 압살롬이 원한을 가진 마음으로 이복 형(兄)인 암논을 살해(殺害)하고 외가(外家)집으로 도망치게 됩니다.

셋째는 요압의 간계에 따라 압살롬을 왕궁으로 다시 데려오지만 결국에는 반역(反逆)을 일으켜 아버지를 쫓아내고 왕위에 오릅니다.

넷째는 반란은 진압되었지만 요압에 의해 압살롬이 살해됩니다.

다섯째는 사울의 후예인 세바의 반란이 일어나 혼란이 가중됩니다.

여섯째는 네번째 아들인 아도니야가 다윗이 아직도 죽지도 아니했는데 쿠테타를 일으키고 스스로 왕위에 올라 반역을 합니다.

이러한 모든 일들이 연속으로 일어나며 다윗의 노혼상에 큰 타격을 주는 어수선한 상황에서야 비로소 솔로몬에게 왕위를 계승합니다.

바로 이러한 상황에서 다윗이 솔로몬을 위하여 하나님께 간구한 간절한 소망은 그와 그의 나라 이스라엘에 꼭 필요한 다음과 같은 세 가지의 요소들입니다.

첫째, 의(義)를 위한 기도(祈禱)입니다.

1절에 "주의 의(義)를 왕의 아들에게 주소서!"하며 간구합니다.

2절에도 "저가 주의 백성을 의로 판단하며…"하는 말씀 생각나지요?

3절에 "의(義)로 인하여 산들이 백성에게 평강을 주며…"합니다.

아들 압살롬의 대(代)에 하나님의 공의(公義)가 충만하게 실현(實現)되기를 간절히 간구하고 있습니다.

둘째, 평강(平康)을 위한 기도(祈禱)입니다.

3절에 "…백성에게 평강(平康)을 주며…"하신 말씀과

7절에 "저의 날에 의인이 흥왕하여 평강의 풍성함이…"하신 말씀을 보세요! 그의 아들 대(代)에는 평강의 은혜가 넘치기를 간구합니다.

다윗은 그의 생애(生涯)에 가장 소원하였던 것이 곧 평강(平康)의 은혜였습니다. 왜요? 그의 평생에 평강의 은혜를 누려보지 못했기 때문입니다. 여부스의 성채(城砦)를 빼앗아 예루살렘 성전을 짓고 그 성에서 통치하며 왕의 삶을 누렸지만 평화를 누리지 못했습니다.

평화의 도시인 예루살렘에서 조차 평강을 누리지 못한 것입니다.

셋째, 지혜(智慧)를 위한 기도(祈禱)입니다.

1절에 "하나님이여! 주의 판단력(判斷力)을 왕에게 주시고…"하신 말쏨에서의 판단력(判斷力משפטים미쉬파팀)이라 하는 말은 "통치자에게 주시는 지혜(智慧)"를 말합니다.

하나님을 잘 섬기며, 백성들을 잘 이끌며, 나라를 잘 다스릴 수 있도록 하나님께서 주시는 지혜를 가리켜 말하는 것입니다.

실제로 솔로몬은 일천번제를 드린 후에 하나님께서 주신 지혜를 받지 않습니까? 이 지혜의 축복으로 "솔로몬의 지혜"가 생겨났습니다.

우리는 이 본문에서의 다윗의 간구를 보면서 참 놀라운 사실을 발견합니다.

본문 표제에 나온대로 솔로몬 자신이 스스로 하나님께 드리는 "솔로몬의 기도"가 되었었다면 얼마나 좋았을까? 하는 생각입니다.

아버지 다윗이 아들 솔로몬을 위하여 하나님께 간구한 간절한 기도의 제목인데, 아들이 이 기도의 제목대로 받았었다면 참 좋았을 것입니다.

그런데 솔로몬은 지혜와 평강의 복을 마음껏 누렸으면서도 "의(義)"를 제대로 구하지도 않고 실천하지도 않아서 그의 말년에는 그의 "불의(不義)"로 말미암아 하나님의 버리심을 받게 된 것입니다.

여러분!

우리는 다윗의 간절한 기도처럼 평강도 좋고, 지혜도 좋지만 "의(義)"를 위해 더 구하고 그 의를 따라 살기를 원해야 합니다.

마6:33절에 "너희는 먼저 그의 나라와 그의 의(義)를 구하라!"하신 말씀을 상고(詳考)하십시다.

할렐루야! 아멘.

맺음 말

여호와라는 이름에 대하여…

우리나라에서 지금까지 사용하여왔던 성경의 역본(譯本)들은 우리말 개역성경(改譯聖經)이든, 개역개정성경(改譯改訂聖經)이든 하나님의 이름에 대한 호칭(呼稱)으로 "여호와"라고 표기하여 왔습니다.

16세기(世紀) King James Version을 모체(母體)로 삼은 역본들은 아직도 יהוה를 여호와(Jehovah)라 호칭하는 영향을 받고 있습니다.

이후(以後)로 여러 세기(世紀)를 지내오며 각국에서의 이 이름에 대한 호칭은 다양하게 표기하기도 합니다.

영어(英語)로는 야웨(Yahweh)로, 불어(佛語)로는 야훼(Yahvê)로, 독어(獨語)로는 야베(Yahwe)로 각각 발음(發音)하고 있습니다.

물론 이 이름에 대한 정확한 발음은 원본(原本)이라할 히브리인들에 의해서 밝혀져야 하겠지만, 이들도 아직 정확한 발음에 대하여는 정답을 쥐고 있지는 않습니다.

우리 예수님 오시기 훨씬 이전(以前)부터도 이들은 하나님의 이름 יהוה(YHWH)을 성경에서 대할 때마다 그대로 발음하기를 삼가면서 그 대신 아도나이(אדוני)라는 뜻인 주(主)라고 불렀습니다.

이러한 관행(慣行)이 B.C 200년 경에 완성된 LXX(70인경)에서는 아예 주(主 Κύριος)로 공공연히 사용하였습니다.

이제 현대(現代)에 이르러서는 유대인들 중에는 하나님을 호칭하는데 "그 이름(השם하쉠)"이라고 부르기도 합니다.

이와 같이 현재의 여러 나라의 번역과 전통을 따라서 여호와 하나님의 이름을 주로 "주(主)"라는 말로 대신하여 읽는 경우도 많습니다. 그렇다고 우리나라의 여러 성경도 여호와를 주로 갑자기 바꾸는 것은 무리라고 생각됩니다.

현재 우리 성경에 표기한 "여호와"라는 호칭에 대하여는 여러 가지의 논란(論難)을 야기하는 분들이 있지만, 우리나라의 외래어(外來語) 표기법에 따라 이미 오랫동안 굳어진 명칭은 관습대로 그냥 그대로 표기하는 것이 합당하다고 봅니다.

여기에 대하여는 우리의 교계(敎界)에서 좀 더 많은 논의(論議)를 거친 후에 정리하는 것이 옳다고 봅니다.

따라서 현재 사용 중에 있는 "여호와"를 개별적으로 갑자기 "야훼" 등으로 바꾸어 부르는 경우는 약간의 혼란을 야기할 수 있습니다.

이에 대하여는 더 좋은 의견이 있었으면 좋겠습니다.

2013년 10월

저자(著者) 이세용 목사